企业税务风险自查与防范（实战案例版）

创业中国年度十大杰出会计师栾庆忠教您防范税务风险

栾庆忠◎著

中国市场出版社
China Market Press

图书在版编目（CIP）数据

企业税务风险自查与防范/栾庆忠著．—北京：中国市场出版社，2012.12
ISBN 978－7－5092－0954－7

Ⅰ．①企… Ⅱ．①栾… Ⅲ．①企业管理-税收管理-风险管理-中国 Ⅳ．①F812.423

中国版本图书馆 CIP 数据核字（2012）第 243255 号

书　　名：企业税务风险自查与防范
作　　者：栾庆忠　著
责任编辑：胡超平
出版发行：中国市场出版社
地　　址：北京市西城区月坛北小街 2 号院 3 号楼（100837）
电　　话：编辑部（010）68037344　读者服务部（010）68022950
发行部（010）68021338　68020340　68053489
68024335　68033577　68033539
经　　销：新华书店
印　　刷：河北省高碑店市鑫宏源印刷包装有限责任公司
规　　格：787×1 092　1/16 开　18.75 印张　450 千字
版　　本：2012 年 12 月第 1 版
印　　次：2012 年 12 月第 1 次印刷
书　　号：ISBN 978－7－5092－0954－7
定　　价：50.00 元

前言
PREFACE

税务风险，是每一位纳税人都必须面对的问题，如果处理不好，危害很大。本书将为您揭示企业常见的税务风险点，极具操作性和实战价值，有助于您真正提升税务风险自查与防范的能力。

本书从纳税人角度出发，为纳税人服务，以“快速提高财务人员税务实际操作水平、真正降低纳税人税务风险、切实减轻纳税人税收负担”为目的进行编写，相比同类书籍，本书有如下特色：

1. 本书贴近实际，来源于生活。本书精选 199 个税务风险案例（含第一章的 6 个案例），涉及千余个税务风险点，是在笔者对近三年来参与纳税检查和税务咨询的几百家中小企业的真实案例梳理、汇总、分析、精选的基础上，根据最新税收政策精心编著而成，基本上包括了中小企业日常账务处理中可能涉及的常见税务风险点，每个税务风险点都具有普遍性和典型性。

2. 本书以实用性、可操作性为标准。本书突破了传统查账、审计类书籍的固有模式，舍弃了传统查账、审计类书籍中枯燥乏味的理论知识，将理论融汇于案例之中，将大量的案例场景展现在读者面前，图文并茂，通俗易懂，不但丰富了案例内容，也激发了读者的兴趣，便于读者学习领会和实际操作。

3. 本书可读性强、仿真性强。本书以大量的税务风险案例进行企业实景仿真自查，文字说明、凭证、账簿、报表完全根据真实业务设计，不但丰富了案例的表现形式，也增加了可读性和趣味性，相信本书能够带领读者朋友们迅速掌握税务风险自查方法和技巧，识别企业存在的税务风险，避免企业发生税务风险。另外，本书也可以作为税务检查人员的工具书，短时间内提升税收检查水平。

4. 本书案例清晰，条理性强。每个案例都包括“案例资料”、“税收政策”、“税务风险”、“自查切入点”、“相关阅读”几个部分，阅读起来轻松而方便。

“案例资料”主要包括根据企业真实案例改编的文字说明，通俗易懂，并选取部分案例设计了相应的账簿、纳税申报表、记账凭证及其附件（原始凭证）等资料，简洁明了；

“税收政策”主要包括该业务涉及的税收政策，依法纳税，有理有据，便于读者查找与核实；

“税务风险”主要分析该业务潜在的税务风险和防范建议，明白透彻；

“自查切入点”主要列出可能存在税务风险的会计科目、报表、发票、合同等事项，为快捷查找税务风险指明方向；

“相关阅读”主要是讲述、列举与该业务税务风险点相似的其他各类税务风险点，扩大读者的知识面，力求全面完整。

需要强调的是：“相关阅读”部分超越了案例本身，是案例的延伸与拓展，包含了更多的税务风险点，是必须阅读的部分。比如：在第二章案例 49 中的“相关阅读”部分讲述了 18 种需要作纳税调减处理的项目；在第二章案例 55 中的“相关阅读”部分讲述了 10 种在企业所得税法上不完全采用权责发生制原则确认收入的特殊情形；在第三章案例 49 中的“相关阅读”部分以表格的方式列举了纳税人销售自己使用过的固定资产、旧货、其他物品的 8 种情形下的税务处理、发票类型、计税公式等疑难问题；在第四章案例 6 的“相关阅读”部分以表格的方式列举了 8 种情况下应税消费品增值税、消费税计税依据的异同。

总之，本书是笔者倾心打造的一本实用性、操作性、可读性、仿真性极强，能够切实提高财务人员税务风险自查与防范能力、能够真正帮助纳税人降低税务风险的实战型工具书。我由衷地感谢读者的支持和厚爱，如果本书能够带给大家一点点思考和启发，为企业切实降低一点点税务风险，将是我莫大的荣幸和快乐。

能够尽我所能为广大财务人员服务，将自己的税务实战经验与大家分享，切实提高财务人员的税务风险自查与防范能力，真正降低企业税务风险，减少企业因税务风险造成的经济损失，是笔者的一份责任，更是笔者多年的心愿。继《增值税纳税实务与节税技巧》、《会计从入门到高手》（企业会计准则版）、《企业会计处理与纳税申报真账实操》、《小企业会计从入门到高手》（小企业会计准则版）之后，在中国市场出版社的大力支持下，这一愿望再次得以实现，在此，特别感谢中国市场出版社耐心细致的编辑工作，特别感谢胡超平副总编，还要感谢所有支持我、帮助我的财税朋友。

财税工作让我们相识，网络架起了我们沟通的桥梁，拉近了我们的距离，在感谢读者的同时，我希望能够得到读者的宝贵建议，希望能够和大家经常交流财税方面的业务。大家可以通过电子邮箱（caishuiywjl@163. com）与我交流。

相信读过本书的题会快速提高税务实际操作水平，切实减少企业税务风险。

笔者在写作过程中，每一个案例均严格按照最新税收政策进行编写，每一项经济业务的税务处理基本做到有相应的税法条文支持，对于一些因没有具体税法规定而产生的热点问题，笔者也在参考总局意见、政策答复、地方性文件等资料的基础上进行了分析并给出了纳税建议，同时提醒读者在实际操作中应遵循谨慎性原则，对税企存在争议的事项处理须取得当地税务机关的认可。尽管笔者精益求精，力求做到权威、专业、准确，但是限于时间和水平，本书难免会存在一些疏漏和不足之处，敬请广大读者批评指正。本书观点和建议仅供读者参考，切忌生搬硬套，实际工作中须特别关注税法政策的变化和主管税务机关的规定。

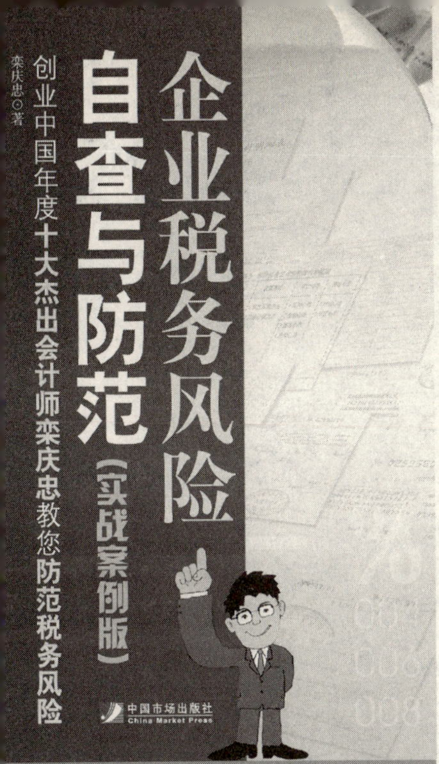
企业税务风险
自查与防范
（实战案例版）
创业中国年度十大杰出会计师栾庆忠教您防范税务风险
栾庆忠◎著
中国市场出版社
China Market Press

目录 CONTENTS

目录
CONTENTS

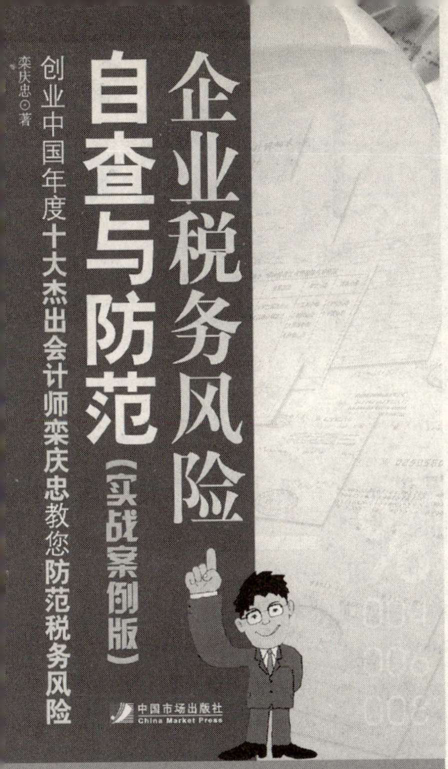
企业税务风险
自查与防范
（实战案例版）
创业中国年度十大杰出会计师栾庆忠教您防范税务风险
栾庆忠◎著
中国市场出版社
China Market Press

目 录
CONTENTS

目录

CONTENTS

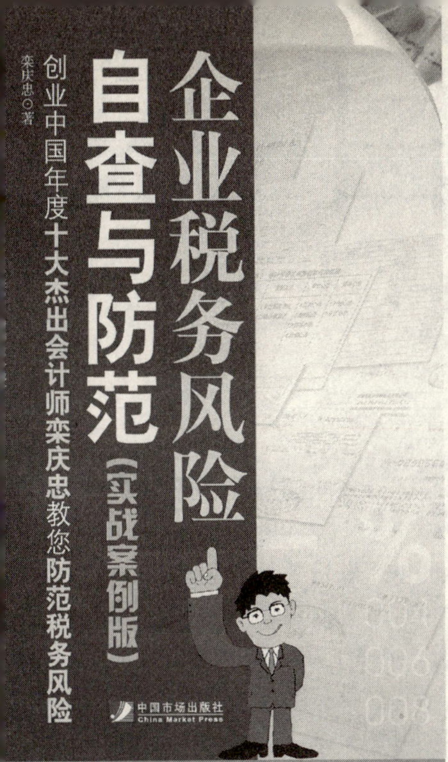

企业税务风险
自查与防范
(实战案例版)
创业中国年度十大杰出会计师栾庆忠教您防范税务风险
栾庆忠◎著
中国市场出版社
China Market Press

目录
CONTENTS

目录

CONTENTS

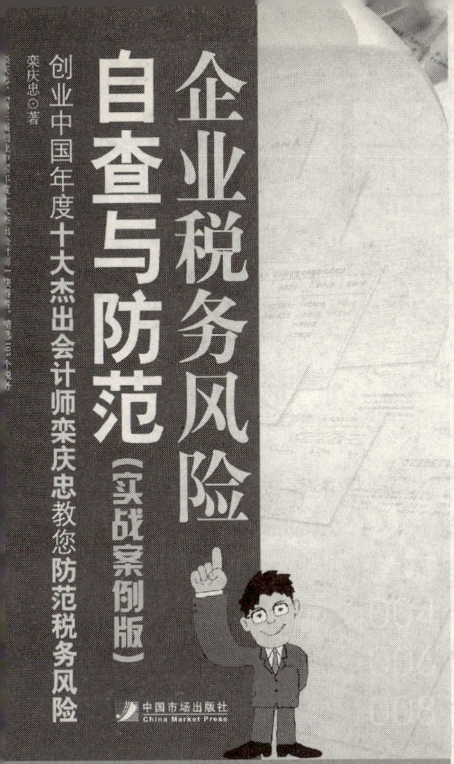
企业税务风险
自查与防范
（实战案例版）
创业中国年度十大杰出会计师栾庆忠教您防范税务风险
栾庆忠◎著
中国市场出版社
China Market Press

目录
CONTENTS

目录

CONTENTS

企业税务风险
自查与防范
（实战案例版）
创业中国年度十大杰出会计师栾庆忠教您防范税务风险
栾庆忠◎著
中国市场出版社
China Market Press

目录 CONTENTS

目录 CONTENTS

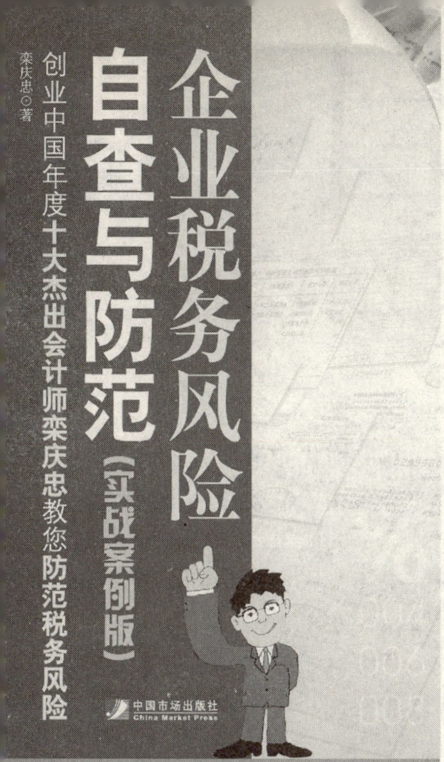
企业税务风险
自查与防范
（实战案例版）
创业中国年度十大杰出会计师栾庆忠教您防范税务风险
栾庆忠◎著
中国市场出版社
China Market Press

目录

CONTENTS

目录
CONTENTS

CHAPTER

1 第一章 聊聊税务风险

一、两个家喻户晓的故事给我们的启示

故事一：扁鹊见蔡桓公

扁鹊见蔡桓公，立有间。扁鹊曰："君有疾在腠理，不治将恐深。"桓侯曰："寡人无疾。"扁鹊出，桓侯曰："医之好治不病以为功。"居十日，扁鹊复见，曰："君之病在肌肤，不治将益深。"桓侯不应。扁鹊出，桓侯又不悦。居十日，扁鹊复见，曰："君之病在肠胃，不治将益深。"桓侯又不应。扁鹊出，桓侯又不悦。居十日，扁鹊望桓侯而还走。桓侯故使人问之，扁鹊曰："疾在腠理，汤熨之所及也；在肌肤，针石之所及也；在肠胃，火齐之所及也；在骨髓，司命之所属，无奈何也。今在骨髓，臣是以无请也。"居五日，桓侯体痛，使人索扁鹊，已逃秦矣。桓侯遂死。

故事二：魏文王问扁鹊

魏文王问扁鹊曰："子昆弟三人其孰最善为医?"扁鹊曰："长兄最善，中兄次之，扁鹊最为下。"魏文侯曰："可得闻邪?"扁鹊曰："长兄於病视神，未有形而除之，故名不出於家。中兄治病，其在毫毛，故名不出於闾。若扁鹊者，鑱血脉，投毒药，副肌肤，闲而名出闻於诸侯。"

这两个家喻户晓的故事，真正道出了"未病先防"、"已病防变"、"已变救危"的医道三重境界。防病总比治病要简单，治小病也比治大病更容易，成本自然也低得多。能提前预防让人不生病，能在大病之初及时发现并治愈，这才是真正的医家高手。当病重时再治，已是不得不治，需要付出很大的成本，若是病入膏肓，纵是神医在世，也已无力回天。

若将企业的税务风险管理比作医道，事先预防，从根源上消除"病"因、不留"病入膏肓"之隐患，乃是首善之选，否则，时间越长，税务风险越积越多，解决起来就会越来越难，甚至无法解决，即使能够解决，也会付出相当大的代价，"亡羊补牢"实为下下策。

小故事折射出大道理：真正的高手是防微杜渐、未雨绸缪。税后控制不如税中控制，税中控制不如税前控制，可惜许多企业均未能认识到这一点，等到税务风险造成了重大的实际损失，从口袋里大把往外掏银子的时候，可能已经是“亡羊补牢，为时已晚”了。

现实生活中，许多企业往往认识不到预防税务风险的重要性，总舍不得花成本来预防税务风险的产生。他们往往存在着种种侥幸心理，认为税务机关一般不会查到自己头上，认为税务风险一般不会产生。可是当税务风险真正发生的时候，早已错过最佳防范时间，要花很大的代价才能解决，而且很有可能已经解决不了了。那么，为什么不事先作打算呢？事先预防，要省力得多，也可靠得多。

“1 元事前预防＝5 元事后投资”，这是安全经济学的基本定量规律，也同样适用于企业税务风险控制：应急补救的代价远远大于预防性的投资。

《道德经》云：为之于未有，治之于未乱。做好企业税务风险预防，防微杜渐、未雨绸缪，防患于未然，善莫大焉！

二、税务风险是什么

税收是国家财政收入的主要来源，近年来，税务机关的征管、检查力度不断加强，税务风险已经日益成为每个企业都必须面对的重要问题之一，税务风险不仅直接影响到企业的经营业绩，而且会造成一定的声誉损害，严重的甚至会追究责任人的刑事责任。

国家税务总局大企业司有关负责人对企业税务风险这样解释：企业税务风险主要包括两方面，一方面是企业的纳税行为不符合税收法律法规的规定，应纳税而未纳税、少纳税，从而面临补税、罚款、加收滞纳金、刑罚处罚以及声誉损害等风险；另一方面是企业经营行为适用税法不准确，没有用足有关优惠政策，多缴纳了税款，承担了不必要的税收负担。

在税收实务中，我们经常所说的税务风险一般是指第一种，纳税人对第一种税务风险比较重视，也会采取一定的措施进行防范和规避。但是，对于第二种税务风险，纳税人往往会忽视掉，不能引起足够的重视。而作为一名合格的财务人员，这两种税务风险都应该引起重视，同等对待，不能厚此薄彼。

许多企业逐渐认识到税务风险的重要性，但由于种种原因所致，税务风险控制与防范的效果并不理想，税务风险仍然普遍存在。

许多纳税人不禁发出种种抱怨和疑问：

我们从来没想过偷税、漏税，为什么企业还是总被查出税务问题？经营风险我们都能有效控制，为什么税收风险总规避不了？为什么企业辛辛苦苦挣来的钱又被补缴税款、缴纳罚款和滞纳金？税务风险为什么总是困扰着企业？为什么有的企业因税务问题无法经营而关门停产？……

企业财务处理中都有哪些税务风险？企业怎样对税务风险进行自查补救？企业怎样提前规避税务风险防范于未然？企业怎样排除税务风险这颗“定时炸弹”？企业怎样从容应对税务“检查风暴”？企业怎样才能摆脱税务风险的阴影？企业怎样遵守税法、科学纳税？……

许多企业也开始认识到，生存发展的最大风险已不再仅仅是经营风险，还有税务风险。

企业的税务风险是多种多样的，有的明显，有的隐蔽；有的轻微，有的严重；有的经常出现，有的偶尔发生；有的是无意所致，有的却是故意为之；有的普遍存在于各类企业，有的却只在特定区域发生。

形形色色的税务风险对企业的影响程度各不相同，其产生原因众多，那么，企业税务风险产生的原因有哪些？如何有效地防范税务风险？企业常见的税务风险有哪些表现形式？在谈这些问题之前，我们先来看几个关于财务工作的小场景。

三、六个税务风险小场景

场景一：

某公司需要扩大生产规模，急需向银行贷款，需要会计师事务所出具审计报告。

审计人员：你们银行贷款审计提供的财务报表与纳税申报的财务报表怎么不相符呢？资产多了近70万元，收入多了近60万元，利润多了近40万元。

公司财务负责人：银行贷款所用财务报表包含了一部分未开票收入，公司为了合理避税，未将这部分收入进行记账和申报纳税。另外，公司还接受捐赠了一台机器设备，没有发票，为了避税也没有入账，我们提供的财务报表是符合公司实际经营情况的。

审计人员发现该公司一份《客户银行付款账户须知》的材料，证实了这一解释。材料上写得非常明确：

户名：某公司，账号：0000000800886600×××，开户行：某某银行某某支行，客户需要发票的请付款至此账户；

户名：王某某，账号：1617010201011845×××，开户行：某某银行某某支行，客户不需要发票的请付款至此账户。

不需要发票的客户付款至王某某的个人账户中，公司不记收入，不申报纳税；接受捐赠，公司以没有发票为由不确认捐赠收入。账外经营，多套报表，这种所谓的“合理避税”手段，明显属于逃避缴纳税款行为，不可避免的会产生税务风险，而税务风险就像一颗定时炸弹，不定何时就会爆炸。

场景二：

某公司每年需缴纳土地使用税60万元。最近两年，公司经营业绩不佳，产品订单减少，土地部分闲置，公司老总觉得土地使用税负担过重，缴的冤枉，遂找关系、走门路，与县地税局主管领导和税管员进行“协调”，最终获得税务局口头同意公司可以按照减免50%土地使用税进行纳税申报，但是公司并没有走正常的减免税申请审批程序。两年后，市财税收入联合检查，发现该公司两年少申报缴纳土地使用税60万元，除补缴税款外，给予罚款和加收滞纳金46万元的处罚。公司老总悔不当初，欲哭无泪。

场景三：

某公司20×1年受让国有土地面积9 000平方米，合同约定受让金额为246万元，企业实际支付246万元后，市财政局以财政支持的方式退还该公司土地款90万元作为奖励，但未具体规定资金的专项用途。财务人员对受让土地业务作如下会计处理：

支付土地价款时，

借：无形资产——土地使用权　　2 460 000

　贷：银行存款　　2 460 000

收到返还土地价款时，冲减土地账面价值，

借：银行存款　　900 000

　贷：无形资产　　900 000

该企业在年度企业所得税汇算清缴中，未对此业务进行纳税调整。

20×2年9月税务机关进行纳税检查时发现，企业该笔土地返还款30万元未并入收入总额申报缴纳企业所得税，企业财务人员此时才知道：根据税法规定，土地返还款不能冲减土地使用权的账面价值，而应计入“营业外收入”科目，缴纳企业所得税。企业财务人员尽管主观上并没有逃避缴纳税款的故意，但是却因业务水平所限造成财务处理错误而少缴税款的事实，最终，企业就此笔业务补缴企业所得税22.5万元，并被处以罚款和滞纳金12.39万元。

场景四：

某公司财务主管小李辞职，小刘接任，两人正在办理交接手续，王总监交。

小刘：账面上固定资产没有明细分类核算，每月按照固定金额计提折旧，这些固定资产都有什么？计提折旧的年限、残值都是多少？另外，其他应付款有几个明细账户金额常年挂账，不发生业务，是怎么回事？

小李：这是以前的会计遗留下来的问题，我也问过前任会计，前任会计也说不清楚，反正这是以前的会计的责任，与我们无关，不必去管它。

王总：具体财务工作我不懂，但是谁的责任我分得清。遗留问题要尽量解决，实在查不出原因我也不会怪你。

小刘接任财务主管后，也同样认为遗留问题责任不在自己，也不愿费力去查找和解决这些公司遗留问题。

后来，税务机关进行税务检查发现，该企业固定资产于五年前公司成立时购置，当时公司规模较小，老板为节省资金，购置的部分固定资产未取得发票，仅以收据入账，当时的会计对所有固定资产均计提了折旧，但是未进行明细分类核算，这部分未取得发票固定资产的折旧将不允许税前扣除。而其他应付款账户常年挂账余额实为公司最初的预收账款，后来发货时这些客户没有要求开具发票，企业又不想未开发票就交税，担心交了税以后客户再需要开具发票时会重复交税，会计又觉得预收账款余额长期挂账不好看，就把预收账款余额调整到其他应付款中去。后来由于财务人员流动频繁，其他应付款科目余额就成为谁也说不清楚的烂账。这位会计在公司埋下的两颗“定时炸弹”，未被后几任会计及时识破和排除，最终因税务检查而爆发。

场景五：

某公司业务员小李与客户甲公司于20×1年12月签订了一份货物销售合同，合同约定，12月10日该公司向甲公司提供117万元（含税）的产品，甲公司在12月20日之前付款57万元，在20×2年1月20日之前付清余款60万元。货物发出后，仓库将该批货物的出库单交到了财务部。12月20日，小李拿到了甲公司开具的转账支票交付给财务人员小赵，小赵凭借出库单开具了117万元（含税）的增值税专用发票，并进行财务处理：

借：银行存款	570 000	
应收账款——甲公司	600 000	
贷：主营业务收入		1 000 000
应交税费——应交增值税（销项税额）		170 000

根据税法规定，采取分期收款方式销售货物的，增值税和企业所得税的纳税义务发生时间均为合同约定的收款日期的当天，另外，销售货物先开具发票的，增值税纳税义务发生时间为开具发票的当天，企业所得税纳税义务不变。由于没有参与销售合同的签订，业务员也未告知销售合同内容，小赵按照直接收款方式开具发票并确认销售收入，提前缴纳了增值税和企业所得税。若20×2年企业亏损，就不是提前缴纳企业所得税，而是多缴纳企业所得税了。

场景六：

某公司因经营需要租用乙公司汽车一辆，办公室负责人直接与乙公司签订汽车租赁合同，合同规定：车辆租赁期3年，租金为4万元/年，由承租人每年1月31之前支付，租赁期内由承租人负担车辆所需的汽油费、过路过桥费、停车费、车辆保险费、折旧费等费用。

办公室负责人将签订好的汽车租赁合同复印件一份交给财务部保管。财务负责人看完合同，提出了自己的意见：这份合同条款中没有出租人向我们公司提供租赁发票的规定，另外我公司负担的车辆保险费、折旧费不得在企业所得税税前扣除，否则造成少缴税款，会被税务机关处罚的，这份合同需要修改一下。

办公室负责人觉得麻烦，也不愿意承认自己签订的合同存在问题，最终也没有修改合同。

税法与合同法是各自独立的法律，税务机关征收税款是按照税法来执行的，纳税人应交税费也是按照税法核算的。在签订经济合同时，应当考虑税法因素，不要认为合同规定承租方负担的费用就一定可以税前扣除，合同规定的金额不符合税法规定的需要进行调整。

假设每年车辆保险费、折旧费等不得税前扣除的费用为1万元，双方可以协商修改合同条款（简便起见，未考虑出租方多计收入1万元造成的企业所得税、营业税等税费支出的影响）：将合同租金改为每年5万元，出租方为承租方开具租赁费发票，车辆保险费、折旧费等费用仍然由出租方负担。这样，承租方就可以凭借租赁合同与发票在税前扣除费用5万元了。

通过上面几个场景，我们可以发现企业税务风险产生的原因。

四、企业税务风险产生的原因

（一）企业税务风险产生的内部因素

1. 企业缺乏正确的税务风险意识

场景一中的财务负责人扭曲地理解纳税筹划的内涵，采取账外经营这种不合法的手段以减少税款支出，还美其名曰“合理避税”，实则是逃避缴纳税款，为企业埋下了一颗“定时炸弹”。一经查实，企业除了必须补缴税款外，还会为此承担额外的罚款、滞纳金，甚至罚款、滞纳金比税款还多得多，企业的声誉也会受到很大的损失，若构成犯罪，还将被依法追究刑事责任，更是得不偿失。因此，企业应该树立正确的税务风险意识，以端正的态度对待企业纳税问题。

场景二中的企业老总通过关系少缴税款，本以为得了便宜，却不料聪明反被聪明误。在现实生活中，许多企业老总从思想上没有重视企业的税务问题，不从根源上防范税务风险，每当遇到税务检查时第一反应就是动用自己的社会关系和税务资源，通过找关系、走门路来解决问题。尽管有时候这种方式的确奏效，但由于税务风险客观存在，并未消失，往往会留下更多的隐患，最终有可能会付出更为沉重的代价。

企业会计避税方法不当，企业老总迷信关系税务。企业往往注重经营活动产生的经济利益，而在纳税问题上态度表现消极，从思想上没有形成正确的纳税观念，在纳税问题上缺乏正确的税务风险意识，并没有真正意识到税务风险的重要性。

2. 企业财务人员业务素质有限

场景三中的财务人员业务水平不高，对返还的土地款不知如何进行账务处理，也未请教专业人员，也不从书本中寻求帮助，想当然地进行账务处理，虽无主观上的故意，但却造成实际上的少缴税款，给公司造成了经济损失。

财务人员具备丰富的财税专业经验和较高的业务素质，及时学习和了解会计和税法的最新政策，是企业进行正确税务处理的基础，而在现实生活中，许多财务人员业务水平一般，不求上进，有的财务人员做了十年会计但水平还是第一年的水平，每当遇到税务问题时，往往一筹莫展、捉襟见肘。许多企业财务人员大都注重于对企业经营利润、往来账项等会计核算，以做出三大报表和简单的纳税申报为满足，而对税收政策却不加关注，对税法知识的了解也相当淡薄，对税收法规的精神把握不准，对税法没有全面的认识，对于企业经营的业务是否纳税、怎样纳税模糊不清，无法正确地进行税务处理，尽管主观上没有逃避缴纳税款的故意，但却容易造成纳税行为上违背税收的规定，造成事实上的逃避缴纳税款，给企业带来税务风险。

3. 企业财务人员流动频繁

场景四中的前后两任财务主管均未对以前会计的遗留问题进行处理，导致企业未能及时规避税务风险，最终给企业造成了损失。

企业财务人员流动频繁的现象在规模较小的企业表现尤为突出，在规模较大的企业也时有发生。财务人员流动越是频繁，财务工作存在的问题就会越多，税务风险也会越大。一般来说，后任会计不愿费力查找前任会计的遗留问题，财务人员频繁流动的结果，将导致企业遗留问题越来越多，账面会出现许多谁也说不清楚的会计事项，给企业带来非常大的税务风险。

4. 企业不重视财务工作

场景五中的货物销售合同签订虽然没有财务人员参与，倒也没有什么税务风险，但是在具体业务操作中，税务风险就产生了，企业提前缴纳了增值税和企业所得税，得不到应该享有的递延纳税的好处。

场景六中的车辆租赁合同签订没有财务人员参与，签订人员未考虑税法因素，在合同中就留下了税务风险，业务具体操作起来便会遇到麻烦。企业若按合同规定进行财务处理，税前扣除，难免会少缴税款留下隐患；若按税法规定调整，尽管可以依法纳税，但是企业实际支付的费用得不到税前扣除，也造成了经济上的损失。

在现实生活中，许多企业的老总们实质上并不重视财务工作，认为企业的经济效益还是要靠业务部门，财务部门只是一个服务单位而已。财务部门与业务部门相比地位较低，难以参与经济业务的全过程，难以有效地执行内部控制制度，自然不能很好地抵制其他部门不合税法规定的具有税务风险的行为。

很多企业老总都有一个认识误区，认为税务处理仅是财务上的事，签合同、做业务不考虑税务因素，等税务上出现问题再让财务来处理。须知：合同决定业务过程，业务过程产生税，业务部门才是产生税的根源！税怎么交不是看账怎么做，而要看合同怎么签、业务怎么做、资金怎么走！合同、业务、资金流都已完成，税收也已产生，财务只是事后核算而已，此时再规避税务风险已经来不及了，若财务人员通过做账来掩盖不合税法规定的合同、业务和资金流，必然会为企业带来巨大的税务风险。

正是这个认识误区的存在，许多企业的财务部门不能参与经济业务的全过程，在经济业务进行中不能得到其他部门的理解和配合，导致必要的程序与手续的不完善，致使合同条款、业务流程、收付款方式、票据等不能符合税法要求。业务部门签订经济合同时，不考虑税收因素，业务部门签订经济合同后才把合同复印件送财务部门，甚至有的企业财务部门连经济合同复印件也无法见到，直到接到开票通知或接受发票、支付货款或收到货款时才知道业务的存在。财务部门处于企业经济业务处理链条的末端，无法提前防范经济业务中的税务风险，无法及时作出正确的税务处理，其结果必然是不可避免的产生税务风险。

（二）企业税务风险产生的外部因素

上述4条都是企业税务风险产生的内部因素，除此之外，企业税务风险还受到外部因素的影响，外部因素主要包括：经济形势和产业政策；市场竞争和融资环境；适用的法律法规和监管要求；税收法规或地方性法规的完整性和适用性；上级或股东的越权或违规行为；行业惯例；灾害性因素；其他外部风险因素。

五、企业税务风险防范的措施

1. 树立正确的税务风险意识

企业应该树立正确的税务风险意识，以端正的态度对待企业纳税问题，正确地理解纳税筹划、合理避税的内涵，在依法纳税的前提下通过正确操作节省税款，而不是通过非法手段逃避缴纳税款。

2. 提高企业财务人员业务素质

企业应当鼓励和支持财务人员提高自身业务素质，利用多种渠道给财务人员提供学习税法知识和提高税务实际操作技能的机会，采取各种行之有效的措施将企业财务人员培养成为通晓税法的专业人才。企业财务人员也应该主动学习税收政策和掌握税务实际操作技能，并能及时更新财税知识，在实际工作中，能够准确区分会计核算与税务处理的差异，准确区分不同税种对同一事项的不同规定，准确识别企业潜在的税务风险，及时规避企业税务风险，运用税法维护企业合法权益，为防范企业税务风险打下坚实的基础。

3. 保持财务人员的稳定性

企业财务工作具有连贯性，如果财务人员流动频繁，难以形成有效的财务管理制度，难以规范企业财务和业务流程，难以提高财务人员的责任心，难以控制企业税务风险的发生。保持财务人员的稳定性，是规范企业财务管理、防范税务风险的基础。

4. 加强企业的税务管理

税务风险需要在企业的整个业务过程中防范。企业应当树立正确的税务管理理念，摈弃以往把税务管理工作只看作是财务部门工作的陈旧观念，要认识到不规范的业务过程才是税务风险的根源，积极理解支持财务部门的工作。在企业内部大力宣传税收知识，提高企业全体员工对税法的了解，树立全员参与、全员控制的新思维。

各个业务部门与财务部门要相互配合，相互协作，从经济合同的签订到经济业务的完成整个过程中都必须充分考虑税务因素，真正做到税前控制、税中控制，只有这样，企业才能规范纳税行为，减少税务风险，促进企业更快更好地发展。

5. 进行税务风险自查

税务风险自查是企业防范税务风险的一种重要方法，然而，在现实工作中，很多企业平时并不进行税务风险自查，只有在两种情况下才被动进行自查：第一种情况，企业纳税申报情况出现预警税务机关要求企业自查时，企业为应付税务机关而被动自查；第二种情况，企业被税务机关列为纳税检查对象，企业因担心出现税务问题在调账之前匆忙进行自查。

企业不能在税务机关检查时才“临时抱佛脚”。为了防范税务风险，在平时的工作中，企业就应当经常性地主动进行自查，及时发现和处理税务风险，将税务风险消灭在萌芽状态。在自查时，企业财务人员应熟悉税收政策，明确自查的方向和内容，采取有效的自查方法，对自查出的税务问题认真分析原因，及时采取补救措施，无法补救的依法补缴税款，及时总结经验教训，确保以后不再出现类似的税务问题。

六、企业财务人员怎样快速提升税务风险自查与防范技能

作为一位常年工作在一线的税务检查和税务咨询人员，每每遇到因为财务人员业务素质所限导致企业产生税务风险而造成本来可以避免的巨大损失的时候，我会为此感到惋惜；每每遇到企业财务人员面对税务问题茫然无助的时候，我会主动伸出援助之手；每每遇到企业财务人员误解税收政策做出错误的税务处理的时候，我会耐心为之讲解税法助其改正。

从我接触过的各类企业税务风险来看，不管何种原因，归根结底，企业税务风险的大小在很大程度上取决于企业负责人对税务风险的重视程度和财务人员的税务知识水平与实际操作能力。从某种意义上来说，后者更是起到关键性的作用。

在实际财务工作中，限于时间和精力，面对浩瀚繁杂的税收政策，企业财务人员常常不知从何处下手，常常感到力不从心，无法全面系统地学习税法知识，无法准确地理解税收政策，无法积累足够的税务知识，无法快速提高税务处理实战操作技能，无法快速识别企业存在的税务风险，无法有效地控制税务风险的产生。

许多企业财务人员不禁会问：怎样才能快速提高自己的税务知识水平和实际操作能力？怎样才能快速识别企业存在哪些税务风险？怎样才能快速提升自己的税务风险自查和防范技能？

作为一位财税工作者，我一直思考一个让财务人员短时间之内提升税务水平的方法，寻找一个让财务人员短时间之内具备迅速识别税务风险和防范税务风险的灵丹妙药。一天

中午，面对厚厚的一摞税务鉴证报告工作底稿，突然一个念头在我脑海中一闪：我终于想到了一个让财务人员快速提升税务风险自查和防范技能的灵丹妙药——案例模拟自查法。

经过几个月的时间，我从近三年来所接触过的几百家企业所发生的税务风险点中精选、整理、分析、汇总，结合最新税收政策，精心编写了 199 个企业税务风险实用案例，涉及千余个税务风险点，这些案例来源于生活，来源于工作，来源于真实的企业账务，具有很强的普遍性、代表性、实用性、可操作性，虽然不敢说包罗万象，但至少也是丰富多彩，通过这些实实在在活生生的案例，财务人员可以迅速了解现实生活中的企业常见的税务风险点，掌握日常工作中最实用的税收政策和税务处理技巧，识别企业存在的税务风险，提升自身的税务风险自查和防范技能，成长为一名优秀的税务专业人才！

今天，这些案例就摆在你的面前，这不是一本教材，这是站在纳税人的角度写就的一本适合财务人员自学成才的书。为纳税人服务，提高财务人员办税水平，减少企业税务风险，切实为企业避免税务风险带来的损失，正是本书目的所在。

如果本书能够带给大家一点点思考和启发，为企业切实降低一点点税务风险，将是我莫大的荣幸和快乐。

CHAPTER

2 第二章 税务风险案例——企业所得税

从税收收入规模来看，企业所得税收入接近一直占据榜首的增值税，成为名副其实的第二大税种，在国家税收收入中的地位日益重要。我国的企业所得税是采取“按年计算，分期预缴，年终汇算清缴”的办法征收的，预缴是为了保证税款均衡入库的一种手段，汇算清缴是纳税人在纳税年度终了后的一定时期内（税法规定为5个月）按照税收法规规定自行计算申报缴纳全年应纳企业所得税额。从中可以清晰地看出，企业所得税的汇算清缴主体是纳税人，集中体现了纳税人自主申报的税法精神，但是，纳税人自主申报的同时，也随之带来了相当的税务风险。

同时，企业所得税汇算清缴工作是对企业所得税进行的一次全面、完整、系统的计算、调整、缴纳工作，是企业涉税业务中的一项重要工作，企业所得税汇算清缴最重要的工作就是进行纳税调整。该工作与企业的会计处理密切相关，需要财务人员具备较高的税务水平。由于纳税调整事项涉及大量的税收法规，一些纳税调整事项很容易被企业忽视而造成少缴或多缴税款，给企业带来各种各样的税务风险，因此本书首先向读者介绍企业所得税所涉税务风险。

企业所得税汇算清缴纳税调整项目包括扣除类调整项目和收入类调整项目。

1. 扣除类调整项目

税法规定，企业实际发生的与取得收入有关的、合理的支出可以在计算应纳税所得额时扣除。也就是说能够扣除的成本、费用首先需要满足“真实性”、“相关性”、“合理性”的要求，否则不能在企业所得税税前扣除。而从大量案例来看，不少企业财务人员一般仅仅重视比例扣除项目及政策性限制扣除项目的纳税调整，而事实上，通过对企业成本、费用扣除项目调整的分析、汇总可知，由于不满足税法对成本、费用扣除项目“真实性”、“相关性”、“合理性”的总体要求而进行的纳税调整金额，远远大于税法规定的比例扣除项目及政策性限制扣除项目的调整金额。因此，对于非比例扣除项目及政策性限制扣除项目调整事项更应该引起企业财务人员的重视。

2. 收入类调整项目

对于企业所得税汇算清缴纳税调整，很多财务人员只是注重成本、费用扣除类项目调整，而对收入类项目的调整往往不够重视。而从大量案例来看，收入类项目的调整往往金额较大，更影响企业所得税汇算清缴，如果处理不当，容易给企业带来较大的税务风险。

为了帮助广大财务人员正确做好企业所得税汇算清缴工作，减少企业所得税汇算清缴工作中的税务风险，笔者在对众多企业所得税汇算清缴审核案例和企业所得税纳税检查案例梳理、分析的基础之上，结合最新税收政策，总结出了企业所得税汇算清缴中企业应当特别关注的常见税务风险点与防范方法，用案例的方式展现在读者面前。

案例1

不合规票据列支成本费用不得税前扣除

案例资料

表 2-1　**记账凭证**

20×2 年 12 月 02 日

记字第 03 号

附件 2 张

摘　要	一级账户	明细账户	借方金额	贷方金额
购办公用品	管理费用	办公费	500.00	
招待客人	管理费用	业务招待费	100.00	
支付费用	库存现金			600.00
合　计			600.00	600.00

会计主管：珠珠　记账：丹丹　审核：何花　出纳：娜娜　制单：丹丹

注：附件仅只列示与税务风险相关的原始凭证，下同。

表 2-2　**××省国家税务局通用机打发票**

（L 市）

发票联

（国家税务局监制章）

发票代码：000000000001

发票代码：00000002

密码

开票日期：20×2-12-01　　行业分类：商业　　00000002

客户名称：雨丰公司　　客户代码：026

地址：L 市××区××路 6 号　　银行及账号：3700000800660000×××

品名及名称	规格	单位	数量	单价	金额	备注
办公桌		张	1	500.00	500.00	

合计人民币（大写）⊗伍佰元整　　￥500.00

L 市×××办公用品商场（发票专用章）

填票人：XX　　收款人：YY

第一联　发票联（购货单位付款凭证）（手开无效）

注：1. 此发票二〇×二年底前开具有效，开具金额超过十万元无效。
2. 该公司全称为：L 市雨丰机械制造有限公司。

表 2-3　**附件——定额发票**

注：此发票二〇×二年底前开具有效

××省国家税务局通用定额发票

（省国税局监制章）

发票联

发票代码：000000000032

发票号码：00000027

密码：

壹佰元

（加盖发票专用章有效）

×国税发票字〔20×2〕1552 号 1.6 千本×50×2

＊××发发科技发展有限公司 20×2 年 10 月印＊

注：此发票票面盖有某炒鸡店发票专用章

税收政策

1.《中华人民共和国发票管理办法》（中华人民共和国国务院令第 587 号）第二十一条规定：不符合规定的发票，不得作为财务报销凭证，任何单位和个人有权拒收。

2.《国家税务总局关于进一步加强普通发票管理工作的通知》（国税发〔2008〕80 号）第八条第二款之规定：在日常检查中发现纳税人使用不符合规定发票特别是没有填

开付款方全称的发票，不得允许纳税人用于税前扣除、抵扣税款、出口退税和财务报销。

3.《国家税务总局关于认真做好2011年打击发票违法犯罪活动工作的通知》（国税发〔2011〕25号）规定：进一步加强对纳税单位和个人发票使用情况的检查。各级税务机关要将发票检查作为税务检查的必查步骤和必查项目，将纳税单位和个人发票使用情况的检查与行业税收专项检查、区域税收专项整治、重点税源企业检查、专案检查工作一同布置、一同组织、一同进行，做到“查账必查票”、“查案必查票”、“查税必查票”。

税务风险

表2-2客户名称“雨丰公司”未使用付款方全称“L市雨丰机械制造有限公司”，存在不能税前扣除的风险。表2-3某炒鸡店为餐饮业，为营业税纳税项目，应当使用地税局监制的发票，存在不能税前扣除的风险。此笔业务企业应当在企业所得税汇算清缴时进行纳税调增应纳税所得额600元。

自查切入点

成本费用支出类科目

相关阅读

在实际工作中，企业有时候很难取得合规的正式发票，就只能以白条、收据等不合规票据入账，也是无奈之举，然而，我国目前实行的是“以票控税”的管理制度，按照税法规定，应作纳税调整。但有的企业以为自己确实实际支付了这些费用而不按规定进行纳税调整，留下了税务风险。

企业使用不合规票据列支成本、费用的现象，在中小企业中相当普遍，几乎每一家中小企业都存在，有的甚至金额巨大，有必要引起足够的重视。通常，企业不合规票据的类型主要有下列几种：

1. 发票无抬头。即单位名称一栏未填写内容，或只填写“北京”、“山东”等字样；

2. 抬头名称不是本企业。即用票面为其他单位的发票列支费用，这在存在关联方的企业比较常见。

3. 抬头名称为个人。即单位名称一栏填写某人姓名，通常为公司老板、股东等人员的姓名，如在个人名下的车辆保险费用等。

4. 抬头名称不是本企业全称。这种发票最为普遍，通常填写企业的简称，像“L市雨丰商贸有限公司”填写为“雨丰”，甚至有的填写为“雨风”、“雨沣”等别字。

5. 发票未盖章。发票一般应当加盖发票专用章，未盖章的发票无效。《国务院关于修改〈中华人民共和国发票管理办法〉的决定》（中华人民共和国国务院令第587号）第九条规定：开具发票应当按照规定的时限、顺序、栏目，全部联次一次性如实开具，并加盖发票专用章。原来的规定是可以加盖发票专用章或者财务专用章，而现在只能加盖发票专用章。

6. 以前年度发票。比如，企业用开票日期为“20×2 年 10 月 1 日”的发票作为原始凭证在 20×3 年 1 月入账，违背了权责发生制原则，不能在 20×3 年度税前扣除。扣除方法参见后面案例“以前年度发生的应扣未扣支出并非不可以扣除”的讲解。

7. 过期发票，也称旧版发票。《国家税务总局关于全国统一式样发票衔接问题的通知》（国税函〔2009〕648 号）规定“本通知明确简并取消的票种可使用到 2010 年 12 月 31 日，2011 年 1 月 1 日起，使用新版统一通用发票”。也就是说，2011 年 1 月 1 日起，国税函〔2009〕648 号文件明确简并取消的发票就成了旧版发票，不再允许税前扣除。

8. 收据、白条。收据可以分为外部收据和内部收据。外部收据又分为税务部门监制、财务部门监制、部队收据三种。内部收据是单位内部的自制凭据，用于单位内部发生的业务，如材料内部调拨、收取员工押金、退还多余出差借款等，这时的内部自制收据是合法的凭据，可以作为成本费用入账。单位之间发生业务往来，收款方在收款以后不需要纳税的，收款方就可以开具税务部门监制的收据。行政事业单位发生的行政事业性收费，可以使用财政部门监制的收据。单位与部队之间发生业务往来，按照规定不需要纳税的，可以使用部队监制的收据，这种收据也是合法的凭据，可以入账。除上述几种收据外，单位或个人在收付款时使用的其他自制收据，就是日常所说的“白条”，是不能作为凭证入账的。

9. 发票开具内容笼统含糊。发票开具内容笼统含糊，往往为虚假的经济业务，此类发票内容多为“办公用品”、“计算机耗材”、“打印纸”、“烟、酒、茶”、“培训费”、“宣传费”、“会议费”、“维修费”等内容，且发票金额较大。如在大型商场购买代金券，分成若干办公用品发票开具，把酒店餐饮支出列入会议费，公费旅游支出开具培训费等。

《国家税务总局关于转发中纪委〈关于坚决制止开具虚假发票公款报销行为的通知〉的通知》（国税函〔2003〕230 号）规定：财务报销必须规范报销凭证，附正规发票，如果采购商品较多，货物名称、单价、数量等不能在发票中详细反映，还应附供应商提供的明细清单。以上要求不仅限于办公用品的购置，对会议费、培训费、印制费、物业管理、维修、劳务、软件开发、设备租赁、车辆保险等各项费用的支出，亦应按以上要求办理。

《国家税务总局稽查局关于重点企业发票使用情况检查工作相关问题的补充通知》（稽便函〔2011〕31 号）规定：对企业列支项目为“会议费”、“餐费“、“办公用品”、“佣金”和各类手续费等的发票，须列为必查发票进行重点检查。对此类发票要逐笔进行查验比对，重点检查企业是否存在利用虚假发票及其他不合法凭证虚构业务项目、虚列成本费用等问题。对必查发票要逐笔进行查验比对，通过对资金、货物等流向和发票信息的审核分析，重点检查其业务的真实性。

目前需要附证明的发票主要是会议费、差旅费、培训费、办公用品费等。会议费和培训费的证明材料应包括：会议时间、地点、出席人员、内容、目的、费用标准、会议材料（会议议程、讨论专件、领导讲话）、支付凭证等。召开董事会会议的会议费也应该按照上述规定提供资料。差旅费的证明材料包括出差时间、地点、人数、事由、天数、费用标准等。

10. 费用项目与发票不符。这主要是发生费用后无法取得发票而使用其他发票顶替入账，比如：有的企业费用项目为招待餐费，后面附的发票却是盖有鞋店章的发票；有的企业费用项目为装卸费，后面附的却是公共汽车票。

11. 假发票。有的假发票很好识别，比如：营业税应税项目的一般使用的是地税局监制的发票，增值税应税项目的一般使用的是国税局监制的发票，若不是，肯定为假发票；再比如：发票代码的 2～5 位为行政区划代码前 4 位，若行政区划代码与发票专用章上的单位所在地不符，则肯定为假发票；国税发〔2009〕142 号文件规定手工发票的限额应严格控制在百元版和千元版，若为万元版通用手工发票则肯定为假发票；又比如：一些不同日期的连号发票一般为假发票。有的假发票不易识别，需要到税务局网站查询。

12. 费用重复列支。比如国际航空旅客运输专用发票，票面印有“附机票方可报销，手开无效”，有的公司却将发票与机票分别入账，重复列支费用。

案例2

不需发票也可税前扣除的费用支出

案例资料

表 2-4 记账凭证

20×2 年 12 月 03 日

记字第 04 号
附件 2 张

摘　要	一级账户	明细账户	借方金额	贷方金额
支付合同违约金	营业外支出	违约金	10 000.00	
支付合同违约金	库存现金			10 000.00
合　计			10 000.00	10 000.00

会计主管：珠珠　记账：丹丹　审核：何花　出纳：娜娜　制单：丹丹

注：在企业所得税汇算清缴时，该公司财务人员认为该业务未取得发票，调增了应纳税所得额 10 000 元。

表 2-5 收　据　NO. 000026

20×2 年 12 月 3 日

今收到　L 市雨丰商贸有限公司　交来　合同违约金（未按合同规定日期交货）　人民币（大写）　壹万元整　￥10 000.00　■现金□支票□转账□其他

收款单位（盖章）：L 市某某有限公司

第三联付款人联

会计主管：珠珠　记账：丹丹　审核：何花　出纳：娜娜　制单：丹丹

注：收据一般分为三联：存根联、记账联、付（交）款人联。

表 2-6

商品购销合同 供方：L 市雨丰商贸有限公司 需方：L 市某某有限公司 为增强供需方的责任感和确保需方的正常生产，经双方充分协商一致，特签订本合同，以供双方遵守履行。 ……（略） 六、违约责任： 1. 供方不能交货的，按不能交货部分货款总值的 30%向需方偿付违约金。 2. 供方逾期交货的（宽限期两天），如超过宽限期的，按不能交货的货款总值的日 1%向需方偿付违约金。 3. 供方交货数量不足的，需方仍然需要的，供方应当照数补交，并按期交货。无法补办的，按不能交货处理； 4. 供方交货的产品不符合质量要求和技术标准的，供方应负责收回和更换，因更换导致不能交货或者交货时间延期的，按不能交货或者逾期交货处理。供方未更换或者更换的数量不足的，按交货数量不足论处； 5. 供方应负责需方在生产过程中所出现的质量问题； 6. 需方无故拒收供方产品或者中途无故退货的，应按拒收或者退货部分产品货款总值的 15%向供方偿付违约金。另：对供方已制成的成品应按 70%向供方偿付违约金； 7. 需方逾期付款的（宽限期 6 天），应按该货款总值的日 1%向供方偿付违约金。 ……（略）

税收政策

《中华人民共和国发票管理办法实施细则》（国家税务总局令第 25 号）第二十六条规定：填开发票的单位和个人必须在发生经营业务确认营业收入时开具发票。未发生经营业务一律不准开具发票。

税务风险

此笔业务企业财务人员因为未取得发票而调增应纳税所得额 10 000 元，造成多交企业所得税。那么，此笔业务是否因为未取得发票而不能税前扣除呢？

某一行为（项目）是否应当开具发票的关键是界定该行为（项目）是否属于经营业务，或者说是否属于应税行为。因未履行经济合同支付的违约金不具有经营性质，不属于经营业务，不属于应税行为，根据税法规定，未发生经营业务一律不准开具发票，因而付款方不需取得发票。

无法取得正式发票，公司应当以何凭证入账？《中华人民共和国税收征收管理法》第十九条规定，纳税人、扣缴义务人按照有关法律、行政法规和国务院财政、税务主管部门的规定设置账簿，根据合法、有效凭证记账，进行核算。合法、有效凭证包括套印税务机关发票监制章的发票以及经省级税务机关批准不套印发票监制章的专业发票和财政部门管理的行政性收费收据以及经财政部门、税务部门认可的其他凭证。税务部门对于纳税人实在无法取得正式发票的客观条件下，结合实际情况，以相关收据、合同等证明材料作为入账凭证的，主管税务部门一般确认其为合法有效的凭证。

需方因供方未履行经济合同而收取违约金，显然不属于应税行为，不准开具发票，供方也就不需要取得发票，凭借经济合同、收据等证明材料即可税前全额扣除。

自查切入点

成本费用支出类科目

相关阅读

实际工作中，许多财务人员甚至税收检查人员都片面地认为，只要没有取得发票的支出都不允许税前扣除，在企业所得税汇算清缴和纳税检查时全额调增应纳税所得额，企业为此存在多交税款的税务风险，给企业造成了不必要的损失。

1．“合法、有效凭证”并不仅仅是指发票，其具体形式包括：

（1）支付给我国境内的单位或个人，且上述单位或个人生产销售的产品或提供的劳务发生在一般生产经营领域中属于营业税或增值税等税收征税范围的，开具的发票为唯一合法有效凭证。比如：对于经过非货币性资产交换而取得的机器设备，也应该以发票作为税收的合法凭证。

（2）对不属于正常生产经营领域而支付给我国境内的行政事业单位的，且上述单位收取的属于国家或省级财税部门列入不征税名单的行政事业性收费（基金），以其所开具的财政收据为合法有效凭证。财政收据主要是指财政监制的各类票据，比如行政事业性收费收据、政府性基金收据、罚没票据、非税收入一般缴款书、捐赠收据、社会团体会费专用收据、工会经费收入专用收据、行政事业单位资金往来结算票据、军队票据，也包括非财政监制的税收完税凭证等。比如：防疫站收取防疫费、环保局收取环保费等，都可以使用财政部门监制的收费收据作为合法的费用凭据。

（3）对支付给我国境外的单位或个人的购货款，以上述单位或个人的签收单据为合法有效凭证；对支付给我国境外的单位或个人的非购货款，以纳税人所在地主管税务机关开具的售付汇凭证为合法有效凭证。单位和个人从中国境外取得的与纳税有关的发票或者凭证，税务机关在纳税审查时有疑义的，可以要求其提供境外公证机构或者注册会计师的确认证明，经税务机关审核认可后，方可作为合法的记账核算凭证。

（4）经国家税务总局或省地方税务局确认的其他合法有效凭证。比如：企业发生的财产非常损失，应由相应的税务机关要求的备案证明材料作为合法有效的凭证。

（5）其他符合相关税收政策的会计凭证。比如：企业支付给工人发生的支出时，根据工人的工资发放表（收款人签字确认或银行支付证明）结合劳动合同进行确认；支付给个人的青苗补偿费，结合补偿协议、相关政府部门文件等证明材料，收款人的收款收据即可确认为合法凭证；对固定资产提取折旧时，固定资产折旧计算表即可确认为合法凭证。

2．不需要发票就可以税前列支的支出。

哪些业务不需要发票就可以税前列支？这里做一个总结，以防企业因为没有取得发票而调增应纳税所得额多缴企业所得税。

(1) 工资薪金（以工资表和相应的付款单据作为合法凭据，企业应按规定保管工资分配方案、工资结算单、企业与职工签订的劳动合同、个人所得税扣缴情况以及社保机构盖章的社会保险名单清册，作为备查资料）、福利费用（职工困难补助费，合理的福利费列支范围的人员工资、补贴等，有关收据、凭证就可以作为合法凭据，而对购买属于职工福利费列支范围的实物资产和发生对外的相关费用就应取得合法发票来作为列支凭证）。

(2) 非应税项目支出，应取得相应的扣除凭证，按规定进行税前扣除：

①企业缴纳的政府性基金、行政事业性收费，以开具的财政票据为税前扣除凭证。

②企业缴纳的可在税前扣除的各类税金，以完税证明为税前扣除凭证。

③企业拨缴的职工工会经费，以工会组织开具的《工会经费收入专用收据》为税前扣除凭证。

④企业支付的土地出让金，以开具的财政票据为税前扣除凭证。

⑤企业缴纳的社会保险费，以开具的财政票据为税前扣除凭证。

⑥企业缴纳的住房公积金，以开具的专用票据为税前扣除凭证。

⑦企业通过公益性社会团体或者县级以上人民政府及其部门，用于公益事业的捐赠支出，以省级以上（含省级）财政部门印制并加盖接受捐赠单位印章的公益性捐赠票据，或加盖接受捐赠单位印章的《非税收入一般缴款书》收据联，为税前扣除凭证。

⑧企业根据法院判决、调解、仲裁等发生的支出，以法院判决书、裁定书、调解书，以及可由人民法院执行的仲裁裁决书、公证债权文书和付款单据为税前扣除凭证。

以上项目由税务部门或其他部门代收的，也可以代收凭据依法在税前扣除。

(3) 财产损失（需向税务机关提供相关材料申报备案）。

(4) 经济合同罚款支出、诉讼费（行政罚款不可以税前扣除）、违约金（但作为价外费用时需要取得发票）、银行罚息、青苗补偿费等支出；

(5) 银行费用。

(6) 支付给境外的费用（企业支付给中国境外单位或个人的款项，应当提供合同、外汇支付单据、境外单位或个人签收单据等。税务机关有疑义的，可要求企业提供境外公证机构的确认证明，经税务机关审核认可后，可作为税前扣除凭证）。

(7) 自建固定资产计提折旧（凭购入材料发票和相关合法凭证作为原始凭证转入固定资产。《中华人民共和国企业所得税法实施条例》第五十八条第二项规定，自行建造的固定资产，以竣工结算前发生的支出为计税基础）。

(8) 接受捐赠的资产计提折旧。

《中华人民共和国企业所得税法》第六条第八项规定，接受捐赠收入组成企业所得税收入总额。《中华人民共和国企业所得税法实施条例》第二十一条规定，接受捐赠收入是指企业接受的来自其他企业、组织或者个人无偿给予的货币性资产、非货币性资产。接受捐赠收入按实际收到的日期确认收入实现。在计税价格的确认上，企业接受捐赠的非货币性资产，须按接受捐赠时资产的公允价值确认收入，并入当期应纳税所得，并按规定计提折旧。

（9）未竣工结算的在建工程、已投入使用的资产计提折旧。

《企业会计准则第 4 号——固定资产》应用指南规定：“已达到预定可使用状态但尚未办理竣工决算的固定资产，应当按照估计价值确定其成本，并计提折旧；待办理竣工决算后，再按实际成本调整原来的暂估价值，但不需要调整原已计提的折旧额。”

《关于贯彻落实企业所得税法若干税收问题的通知》（国税函〔2010〕79 号）规定：允许暂估固定资产成本并计提折旧。企业固定资产投入使用后，因工程款项尚未结清未取得全额发票时，可暂按合同规定的金额计入固定资产计税基础计提折旧，待发票取得后进行调整。但该项调整应在固定资产投入使用后 12 个月内进行。

（10）股权转让不属于流转税的征税范围，不征流转税。因而受让股权的一方取得的该项投资无需取得发票，应将股东会议决议、资产评估报告、股权转让合同、股权价款支付凭证等资料作为入账的依据。

（11）税法明确规定允许税前扣除的准备金支出。

具体项目参考下列文件规定：《关于保险公司准备金支出企业所得税税前扣除有关政策问题的通知》（财税〔2012〕45 号）、《关于保险公司农业巨灾风险准备金企业所得税税前扣除政策的通知》（财税〔2012〕23 号）、《关于中小企业信用担保机构有关准备金企业所得税税前扣除政策的通知》（财税〔2012〕25 号）、《关于证券行业准备金支出企业所得税税前扣除有关政策问题的通知》（财税〔2012〕11 号）、《关于金融企业贷款损失准备金企业所得税税前扣除政策的通知》（财税〔2012〕5 号）、《财政部 国家税务总局关于延长金融企业涉农贷款和中小企业贷款损失准备金税前扣除政策执行期限的通知》（财税〔2011〕104 号）

案例3

并非所有罚款支出都不能税前扣除

案例资料

实际工作中，某些企业财务人员根据《中华人民共和国企业所得税法》第十条“在计算应纳税所得额时，下列支出不得扣除：……四、罚金、罚款和被没收财物的损失……”之规定，将包括经济合同罚款在内的所有的罚款支出都在企业所得税汇算清缴时全额调增应纳税所得额，那么，企业所有的罚金、罚款和被没收财物的损失都不可以税前扣除吗？

税收政策

1.《中华人民共和国企业所得税法》（中华人民共和国主席令第 63 号）第八条规定：企业实际发生的与取得收入有关的、合理的支出，包括成本、费用、税金、损失和其他支出，准予在计算应纳税所得额时扣除。

2.《中华人民共和国企业所得税法》第十条规定：在计算应纳税所得额时，下列支出不得扣除：……（四）罚金、罚款和被没收财物的损失……

3.《国家税务总局关于印发〈中华人民共和国企业所得税年度纳税申报表〉的通知》（国税发〔2008〕101号）明确规定："罚金、罚款和被没收财物的损失"不包括纳税人按照经济合同规定支付的违约金（包括银行罚息）、罚款和诉讼费。

税务风险

企业财务人员将经济合同罚款支出调增应纳税所得额，多缴纳了企业所得税。那么，是否所有罚款都不允许税前扣除呢？答案是否定的。

罚款通常分为两类：

一类是行政性罚款，其大多依据的是国家法律、行政法规，具有较强的法定性和强制性，如工商登记部门、税务部门、公安部门对企业的罚款。

另一类是经营性罚款，主要是根据经济合同或行业惯例，对企业在经营活动中的违约行为给予的惩罚，如纳税人按照经济合同规定支付的违约金（包括银行罚息）、罚款和诉讼费等。

罚款性质不同，税前扣除规定也不同。行政性罚款不得在税前扣除，而经营性罚款可在企业所得税前全额扣除。

很明显，企业因未能按时交货而支付的违约金为经营性罚款，可在企业所得税前全额扣除。

自查切入点

营业外支出、管理费用科目

相关阅读

经营性罚款并非都不需要取得发票，在作为价外费用时必须取得发票才能列支。

1. 签订购销合同的双方，如合同未履行，收到违约金的一方作为营业外收入，并入当期应纳税所得税额，计算缴纳所得税。因为未发生经营活动，所以不涉及流转税问题，不需要取得发票。

2. 签订购销合同的双方，如销售方不能按期交货等（不包括质量问题）原因造成违约，购货方收到的违约金，作为营业外收入，并入当期应纳税所得税额，计算缴纳所得税。因为未实际发生销售商品、提供服务等经营活动，所以不涉及流转税问题，不需要取得发票。

3. 签订购销合同的双方，如销售方因质量问题造成违约，则属销售折让的范畴，购货方收到的违约金应作进项转出处理。购货方需提供主管税务机关出具的销售折让或退货证明，销售方凭此开具红字发票。

4. 合同已履行，因购货方违约而付给销售方的违约金，则该违约金应属于价外费用，要随同价款一起计征流转税。此时，销售方收到的违约金应出具发票。

5. 购货方（付款方）收取违约金，无论对方在何时违约，都不需要开具发票，只需开具收据。开具发票的前提是销售商品、提供劳务等而取得了经营收入，而购货方收取违约金并不是经营收入，因此不需要开具发票。

销售方应当出具发票的，购货方必须以发票作为合法凭证，否则不得税前扣除。

案例4

付款人代缴税款申请代开发票有风险

案例资料

某公司用一份以个人姓名作为抬头的税票作为附件进行账务处理，税票上的税款2 240元计入了营业税金及附加，并在税前扣除。原因是这样的：该公司租赁个人的汽车用于经营，年租金4万元，该个人收取租金时，只提供收据却不提供发票，因为个人需要去税务机关代开发票并承担5.6%（综合征收率，各地不一样）的税款。该公司为了规范账务处理，以租赁方的名义去税务机关代开了4万元的发票用于账务处理，代出租方负担的5.6%的税款2 240元计入了公司的营业税金及附加，并税前扣除。

税收政策

1.《企业所得税法实施条例》第三十一条规定：企业所得税法第八条所称税金，是指企业发生的除企业所得税和允许抵扣的增值税以外的各项税金及其附加。

2.《国家税务总局关于加强和规范税务机关代开普通发票工作的通知》（国税函〔2004〕1024号）规定：代开发票，是指由税务机关根据收款方（或提供劳务服务方）的申请，依照法规、规章以及其他规范性文件的规定，代为向付款方（或接受劳务服务方）开具发票的行为。

税务风险

实际工作中，许多企业发生经济业务但没有取得对方提供的发票，为了能够取得合规票据入账，企业自行负担税款去税务局代开发票，没想到这也会产生税务风险。

该公司代个人负担的税款不能税前扣除，因为这部分税款应当由出租方负担，不属于税法规定的企业发生的与取得收入有关的、合理的支出。

该公司租赁费也有不能税前扣除的风险，因为该份租赁费发票是由付款方去申请代开的，不符合代开发票的规定，属于未按规定取得的发票，不能税前扣除。

自查切入点

营业税金及附加、应交税费科目，税务机关代开发票

案例5

列支不合理的汽油费应补缴企业所得税

案例资料

某企业使用大量的汽油发票在销售费用中列支费用，通过与企业固定资产账中的车辆数量核对，这些油费远远超出车辆的正常行驶里程，汽油费的列支严重超出正常值。

税收政策

1.《中华人民共和国企业所得税法》第八条规定：企业实际发生的与取得收入有关的、合理的支出，包括成本、费用、税金、损失和其他支出，准予在计算应纳税所得额时扣除。

2.《中华人民共和国企业所得税法实施条例》第二十七条规定：企业所得税法第八条所称有关的支出，是指与取得收入直接相关的支出。企业所得税法第八条所称合理的支出，是指符合生产经营活动常规，应当计入当期损益或者有关资产成本的必要和正常的支出。

税务风险

实际工作中，某些企业的费用都根据合规发票列支并进行了税前扣除，但是有的费用并非合理，不合理的支出即使有合规发票也不可以在计算应纳税所得额时扣除。该企业汽油费严重超出正常值，就属于不合理的费用。

企业应结合企业的车辆管理记录，对各车辆的行车里程记录、每公里耗油量等进行确认，以此来合理测算油费列支的正常值，从而确定不合理的油费支出，进行纳税调整，以减少税务风险。

自查切入点

销售费用、管理费用、固定资产等科目

案例6

业务招待费不能与其他费用混淆

案例资料

甲公司20×2年度销售收入合计96 067 090.89元，业务招待费账面发生额790 709.80元。扣除限额为474 425.88元（96 067 090.89×5‰＝480 335.45元与790 709.80×60%＝474 425.88元的较小者），企业进行了纳税调整，调增应纳税所得额790 709.80－474 425.88＝316 283.92元。

经税务检查，该企业在日常账务处理过程中，除了将餐费发票列支在招待费中外，其他的香烟、酒水、礼品发票及旅游门票等并未在招待费中列支，而是列支在办公费、福利费等其他费用中，经汇总计算该企业应列未列招待费89 990.09元。另外，还查增企业视同销售收入18 090.90元。

税收政策

1.《中华人民共和国企业所得税法实施条例》（中华人民共和国国务院令第512号）第四十三条规定：企业发生的与生产经营活动有关的业务招待费支出，按照发生额的60%扣除，但最高不得超过当年销售（营业）收入的5‰。

2.《国家税务总局关于〈中华人民共和国企业所得税年度纳税申报表〉的补充通知》（国税函〔2008〕1081号）附件《企业所得税年度纳税申报表及附表填报说明》附表一《收入明细表》填报说明中规定：第1行“销售（营业）收入合计”：填报纳税人根据国家统一会计制度确认的主营业务收入、其他业务收入，以及根据税收规定确认的视同销售收入。本行数据作为计算业务招待费、广告费和业务宣传费支出扣除限额的计算基数。

3.《国家税务总局关于企业所得税执行中若干税务处理问题的通知》（国税函〔2009〕202号）第一条规定：企业在计算业务招待费、广告费和业务宣传费等费用扣除限额时，其销售（营业）收入额应包括《实施条例》第二十五条规定的视同销售（营业）收入额。

税务风险

实际工作中，许多企业财务人员经常将业务招待费与会议费、差旅费、业务宣传费等其他费用混淆，将本属于业务招待费的支出计入其他费用，少缴纳企业所得税；将不属于业务招待费的支出计入业务招待费，多缴纳企业所得税，特别是在扣除限额临界点时将给企业带来更大的税务风险。

该公司应列未列招待费89 990.09元，应并入业务招待费。业务招待费发生额应为790 709.80＋89 990.09＝880 699.89元，扣除限额880 699.89×60%＝528 419.93元，大于96 067 090.89×5‰＝480 335.45元，应调整应纳税所得额880 699.89－480 335.45＝400 364.44元，企业少调增400 364.44－316 283.92＝84 080.52元。

企业将招待费列支在其他费用中，造成招待费核算不准确，少调整应纳税所得额。视同销售收入未申报，查增后也不能再作为招待费扣除基数，造成招待费扣除限额减少，得不到多税前列支的好处。

自查切入点

管理费用、销售费用等成本费用类科目

相关阅读

1. 业务招待费的列支范围。

在业务招待费的列支范围上，不论是会计还是税法都未给予准确的界定。在税务执法实践中，通常将业务招待费的支付范围界定为与企业生产经营活动有关的餐饮、香烟、酒水、食品、赠送的礼品、土特产品、旅游门票、正常的娱乐活动等费用支出。企业应准备足够有效的材料来证明与生产经营有关，并同时保证业务招待费用的真实性，越客观的证据越有效。

企业应将业务招待费与会议费、业务宣传费等其他费用严格区分，不得将业务招待费挤入其他费用。同时要严格区分给客户的回扣、贿赂等非法支出，对此不能作为业务招待费而应直接作纳税调整。

一般来讲，外购礼品用于赠送的，应作为业务招待费，但如果礼品是纳税人自行生产或经过委托加工，赠送给潜在客户，对企业的形象、产品有标记及宣传作用的，也可作为业务宣传费；但是，赠送给既有客户，是用来维系客户关系的一种手段，不能起到宣传企业形象的作用，应作为业务招待费。

2. 业务招待费≠餐费，餐费≠业务招待费。

在实际工作中，有的企业财务人员认为餐费就是业务招待费，也有的企业财务人员认为业务招待费就是餐费，错误地把餐费和业务招待费划上等号，导致企业多缴或少缴企业所得税。其实餐费与业务招待费不是一回事！

(1) 业务招待费≠餐费：业务招待费除了用于接待的餐费，还包括向客户赠送的礼品、正常的娱乐活动等。

(2) 餐费≠业务招待费：①重大节日的员工聚餐、加班工作餐等，与接待客户根本没有关系，只是企业内部员工发生的餐费，显然不属于业务招待费，聚餐可以在福利费列支，工作餐则可以在办公费列支。②差旅费中发生的餐费可全额税前扣除。差旅费是指出差旅途中的费用支出，包括购买车、船、火车、飞机的票费，住宿费，伙食补助费及其他方面的支出。使用餐费发票报销出差旅途中的用餐费用需填写差旅费报销单，列明出差人员姓名、地点、时间、任务等内容，与车票、住宿费发票等支付凭证等一起作为附件。

在证明资料不足的情况下，为了减少税企争议，建议企业最好不用餐费发票报销，而改用发放误餐补助的方式，不但在企业所得税前可以扣除，也不征收个人所得税。

根据《财政部国家税务总局关于误餐补助范围确定问题的通知》（财税字〔1995〕82号）的规定，对个人因公在城区、郊区工作，不能在工作单位或返回就餐，确实需要在外就餐，根据实际误餐顿数，按合理的标准领取的误餐费不征税；对一些单位以误餐补助名义发给职工的补贴、津贴，应当并入当月工资、薪金所得计征个人所得税。

③会议费中发生的餐费可全额税前扣除。会议费是指召开会议所发生的一切合理费用，包括租用会议场所费用、会议资料费、交通费、茶水费、餐费、住宿费等支出。但企业要保存好会议费的证明材料，具体包括会议时间、地点、出席人员、内容、目的、费用标准、支付凭证等。另外，最好不要单独开具餐费发票，而应根据实际用途一并按会议费开具发票。

为了准确划分餐费的费用项目，建议企业完善财务制度，将业务招待费与差旅费、会议费和职工福利费严格区分，不得将业务招待费挤入这些费用，同时把不属于业务招待费的餐费分离出来，但注意保留能够证明费用项目的资料，以备税务机关检查，避免不必要的税务风险。

3. 业务招待费的扣除基数。

根据国税函〔2008〕1081号文件规定，企业计算年度可在企业所得税前扣除的业务招待费，应以《收入明细表》中的“销售（营业）收入合计”即主营业务收入、其他业务收入和视同销售收入之和为基数计算确定。对经税务机关查增的收入，企业纳税申报时未在“销售（营业）收入合计”中申报，大部分税务机关认为是企业对扣除权利的放弃，其数据不可以追加作为所属年度业务招待费的计算基数。

但是，《河北省国家税务局河北省地方税务局关于明确企业所得税若干业务问题的公告》（河北省国家税务局、河北省地方税务局公告2012年第1号）第十二条规定：对纳税人在稽查、检查过程中查补的收入，可以作为所属年度企业业务招待费、广告费和业务宣传费的计算基数。河北省是个特例，其他省市无此规定的不可以参考。

4. 从事股权投资业务的企业业务招待费扣除限额。

《国家税务总局关于贯彻落实企业所得税法若干税收问题的通知》（国税函〔2010〕79号）第八条规定：对从事股权投资业务的企业（包括集团公司总部、创业投资企业等），其从被投资企业所分配的股息、红利以及股权转让收入，可以按规定的比例计算业务招待费扣除限额。计算基数仅包括从被投资企业所分配的股息、红利以及股权转让收入三项收入，不包括权益法核算的账面投资收益，以及按公允价值计量金额资产的公允价值变动。

案例7

广告费和业务宣传费税前扣除的几个税务风险点

案例资料

某公司20×2年产品销售收入2 200万元，其他业务收入600万元，视同销售收入

200万元，债务重组收入150万元，“销售费用——广告费”400万元（某广告公司广告费100万元于次年2月份支付），“销售费用——业务宣传费”110万元（其中包含列支赞助球赛20万元），会计利润100万元（假设无其他纳税调整事项）。

（1）广告费与业务宣传费计提基数为：2 200＋600＋200＋150＝3 150万元。

（2）广告费与业务宣传费扣除限额为：3 150×15％＝472.5万元，实际发生400－100＋110＝410万元，低于扣除限额，因此，税前扣除金额为410万元。尚未支付的广告费100万元，为可抵扣暂时性差异，准予在以后纳税年度结转扣除，递延所得税资产为100×25％＝25万元，调增应纳税所得额100万元，应交所得税为（100＋100）×25％＝50万元，会计处理为：

借：所得税费用	250 000	
递延所得税资产	250 000	
贷：应交税费——应交所得税		500 000

税收政策

1.《企业所得税法实施条例》第四十四条规定：企业发生的符合条件的广告费和业务宣传费支出，除国务院财政、税务主管部门另有规定外，不超过当年销售（营业）收入15％的部分，准予扣除；超过部分，准予在以后纳税年度结转扣除。

2.《国家税务总局关于〈中华人民共和国企业所得税年度纳税申报表〉的补充通知》（国税函〔2008〕1081号）附件《企业所得税年度纳税申报表及附表填报说明》附表一《收入明细表》填报说明，见案例6。

3.《企业所得税法》第十条第六项规定：在计算应纳税所得额时，赞助支出不得扣除。

4.《企业所得税法实施条例》第五十四条规定：企业所得税法第十条第（六）项所称赞助支出，是指企业发生的与生产经营活动无关的各种非广告性质支出。

税务风险

对上述政策解释如下：

1. 发生：按权责发生制原则属于当期负担的广告宣传费，不管是否在当期支付，不超过当年销售（营业）收入15％的部分，可以在当期扣除；超过部分，准予在以后纳税年度结转扣除。《企业所得税税前扣除办法》（国税发〔2000〕84号）文件已经失效，其第四十一条关于广告费支出必须符合已实际支付费用的条件也随之失效。

2. 符合条件：广告费的支付对象应当具有广告业从业资质。

3. 不再区分广告费和业务宣传费，广告费和业务宣传费实行合并扣除。

广告费，是指企业通过一定的媒介和形式直接或间接地介绍自己所推销的商品或者所提供的服务，以达到促销目的所支付给广告经营者、发布者的费用。

业务宣传费，是指企业开展业务宣传活动所支付的费用，主要是指未通过媒体传播的广告性支出，包括企业发放的印有企业标志的礼品、纪念品等。

广告费和业务宣传费的区别主要为是否取得广告业发票。

4. 广告费和业务宣传费支出扣除限额的计算基数“销售（营业）收入合计”包括纳税人根据国家统一会计制度确认的主营业务收入、其他业务收入，以及根据税收规定确认的视同销售收入，与业务招待费扣除限额的计算基数相同。

5. 企业申报扣除的广告费和业务宣传费支出应与赞助支出严格区分。企业发生的与生产经营活动无关的各种非广告性质的赞助支出不得扣除。因此，对于业务宣传费，如果要在税前扣除，企业必须整理有关证据，按照业务宣传费税前扣除的有关规定，证明属于与生产经营有关的业务宣传费性质支出，才能税前扣除，否则视为赞助支出，一律不得扣除。

根据上述政策，该公司税务处理中有三点不正确：不应将债务重组收入150万元作为计算基数，年末尚未支付的广告费100万元不必进行纳税调整，业务宣传费科目中列支的赞助球赛20万元实为赞助支出，不允许税前扣除。正确的税务处理如下：

（1）广告费与业务宣传费计提基数为2 200＋600＋200＝3 000万元。

（2）广告费与业务宣传费扣除限额为3 000×15％＝450万元，实际发生400＋110－20＝490万元，超出部分为40万元，为可抵扣暂时性差异，准予在以后纳税年度结转扣除，递延所得税资产为40×25％＝10万元，调增应纳税所得额。

（3）赞助支出20万元，不允许税前扣除，调增应纳税所得额。

（4）企业共应调增应纳税所得额40＋20＝60元，应交所得税为（100＋60）×25％＝40万元，会计处理为：

借：所得税费用	300 000	
递延所得税资产	100 000	
贷：应交税费——应交所得税		400 000

自查切入点

销售费用、管理费用、营业外收入、营业外支出等科目，企业所得税年度纳税申报表

相关阅读

1. 业务招待费与业务宣传费的区分：

（1）是否对企业的形象、产品有宣传作用。外购礼品用于赠送的，应作为业务招待费，纳税人自行生产或经过委托加工对企业的形象、产品有标记及宣传作用的礼品，赠送潜在客户的，也可作为业务宣传费。

（2）赠送的对象是潜在客户还是既有客户。作为业务宣传费列支的必须是企业潜在的客户而不是既有的客户，向路人赠送企业简介和产品说明书，向路人散发宣传单，在重要场所悬挂横幅，向不特定潜在客户赠送的标有本企业名称、电话号码、产品标识等带有广告性质的礼品等，都是对潜在客户的一种宣传，可以作为业务宣传费按规定在税前扣除，但应提供证据证明其与生产经营的宣传有关。如果将礼品送给既有客户，这些客户对企业已经有所了解，起不到宣传企业形象的作用，故应作为业务招待费。这种赠送礼品的行为只是维系客户关系的一种业务手段。

2. 广告费与业务宣传费扣税凭证：广告费应取得服务业（广告业）发票，而业务宣

传费可以是服务业发票，也可以是增值税发票（如印刷费、加工制作费等等），也可以取得建筑安装业发票，如灯箱、广告牌安装费等。

3. 税法规定不得税前扣除的赞助支出是指非广告性质的赞助支出，而广告性质的赞助支出可以作为广告费和业务宣传费扣除，在实际处理广告性质的赞助支出时，应与相关接受赞助方签订协议或合同，约定广告宣传的具体内容，并通过拍照或录像的方式保留广告宣传具体内容的影像证明资料等。对取得的发票、收据等资料内容应注意不得有“赞助费”的字样。

4.《国家税务总局关于贯彻落实企业所得税法若干税收问题的通知》（国税函〔2010〕79号）第八条规定：对从事股权投资业务的企业（包括集团公司总部、创业投资企业等），其从被投资企业所分配的股息、红利以及股权转让收入，可以按规定的比例计算业务招待费扣除限额。但是对股息、红利以及股权转让收入可否作为计算广告费和业务宣传费扣除限额目前没有相关文件规定，对该问题在税务总局没有文件明确前，各地执行不一致，比如：

北京市西城区国家税务局：从事股权投资的企业（包括集团公司总部、创业投资企业等）从被投资企业所分配的股息、红利以及股权转让收入，不得作为广告费和业务宣传费的扣除基数。

浙江省国家税务局：从事股权投资业务的企业（包括集团公司总部、创业投资企业等），其从被投资企业分得的股息、红利以及股权转让收入可以按规定的比例计算广告费和业务宣传费扣除限额。

各地税务机关执行口径存在差异，企业应关注当地税务机关的规定。在没有明确规定的省份，从事股权投资业务的企业还需遵循谨慎性原则，暂按广告费和业务宣传费不得税前扣除处理。

5. 广告费和业务宣传费支出税前扣除的特殊规定：

《财政部国家税务总局关于广告费和业务宣传费支出税前扣除政策的通知》（财税〔2012〕48号）规定：

(1) 对化妆品制造与销售、医药制造和饮料制造（不含酒类制造，下同）企业发生的广告费和业务宣传费支出，不超过当年销售（营业）收入30%的部分，准予扣除；超过部分，准予在以后纳税年度结转扣除。

(2) 对签订广告费和业务宣传费分摊协议（以下简称分摊协议）的关联企业，其中一方发生的不超过当年销售（营业）收入税前扣除限额比例内的广告费和业务宣传费支出可以在本企业扣除，也可以将其中的部分或全部按照分摊协议归集至另一方扣除。另一方在计算本企业广告费和业务宣传费支出企业所得税税前扣除限额时，可将按照上述办法归集至本企业的广告费和业务宣传费不计算在内。

(3) 烟草企业的烟草广告费和业务宣传费支出，一律不得在计算应纳税所得额时扣除。

(4) 本通知自2011年1月1日起至2015年12月31日止执行。

案例8

不符合税法规定的研究开发费用不得加计扣除

案例资料

表 2-7 研发支出明细分类账

科目：研发支出

20×2年		凭证号	摘要	合计	直接人工	直接材料	折旧	其他
月	日							
			……					
12	31	34	设备维修费	21 660.20				21 660.20
12	31	45	会议费	12 000.00				12 000.00
12	31	46	差旅费	2 190.18				2 190.18
12	31	51	计提职工薪酬	51 600.00	51 600.00			
12	31	52	分配领用材料	281 153.60		281 153.60		
12	31	53	分配折旧费用	33 229.80			33 229.80	
			……					

该企业职工薪酬中包含社会保险费，折旧费用包含从事研发活动的实验室折旧费。该企业按照全年研发支出发生额进行了加计扣除。

税收政策

1.《企业研究开发费用税前扣除管理办法（试行）》（国税发〔2008〕116号）第四条规定：

企业从事《国家重点支持的高新技术领域》和国家发展改革委员会等部门公布的《当前优先发展的高技术产业化重点领域指南（2007年度）》规定项目的研究开发活动，其在一个纳税年度中实际发生的下列费用支出，允许在计算应纳税所得额时按照规定实行加计扣除。

（1）新产品设计费、新工艺规程制定费以及与研发活动直接相关的技术图书资料费、资料翻译费。

（2）从事研发活动直接消耗的材料、燃料和动力费用。

（3）在职直接从事研发活动人员的工资、薪金、奖金、津贴、补贴。

（4）专门用于研发活动的仪器、设备的折旧费或租赁费。

（5）专门用于研发活动的软件、专利权、非专利技术等无形资产的摊销费用。

（6）专门用于中间试验和产品试制的模具、工艺装备开发及制造费。

（7）勘探开发技术的现场试验费。

（8）研发成果的论证、评审、验收费用。

2.《企业研究开发费用税前扣除管理办法（试行）》第七条规定：

企业根据财务会计核算和研发项目的实际情况，对发生的研发费用进行收益化或资本化处理的，可按下述规定计算加计扣除：

（1）研发费用计入当期损益未形成无形资产的，允许再按其当年研发费用实际发生额的50%，直接抵扣当年的应纳税所得额。

（2）研发费用形成无形资产的，按照该无形资产成本的150%在税前摊销。除法律另有规定外，摊销年限不得低于10年。

3.《企业研究开发费用税前扣除管理办法（试行）》第八条规定：法律、行政法规和国家税务总局规定不允许企业所得税前扣除的费用和支出项目，均不允许计入研究开发费用。

税务风险

实际工作中，许多企业列支的研发支出并不符合税法规定的加计扣除标准，但是都进行了加计扣除处理，给企业留下了一定的税务风险。

该企业不得加计扣除的研发支出有设备维修费、会议费、差旅费、社会保险费、从事研发活动的实验室折旧费等，应将这些费用剔除后加计扣除。

可以加计扣除的研发支出必须是国税发〔2008〕116号文件中列举的八大项目，未列举的研发费支出不得加计扣除。对下列按照财务核算口径归集的研究开发费用不得加计扣除：

1. 企业在职研发人员的社会保险费、住房公积金等人工费用以及外聘研发人员的劳务费用。

2. 用于研发活动的房屋的折旧费或租赁费，以及仪器、设备、房屋等相关固定资产的运行维护、维修等费用。专门用于研发活动的设备不含汽车等交通运输工具。

3. 用于中间试验和产品试制的设备调整及检验费，样品、样机及一般测试手段购置费，试制产品的检验费等。

4. 研发成果的评估以及知识产权的申请费、注册费、代理费等费用。

5. 与研发活动直接相关的其他费用，包括会议费、差旅费、办公费、外事费、研发人员培训费、培养费、专家咨询费、高新科技研发保险费用等。

6. 在研究开发费用加计扣除时，企业研发人员指直接从事研究开发活动的在职人员，不包括外聘的专业技术人员以及为研究开发活动提供直接服务的管理人员。

自查切入点

研发支出、无形资产、管理费用等科目

相关阅读

1. 技术开发费中如果包括财政拨款，由于财政拨款属于不征税收入，其相应的支出也不得扣除，也不得作为技术开发费加计扣除的计算基数。

2.《国家税务总局关于企业所得税若干税务事项衔接问题的通知》（国税函〔2009〕98号）第八条规定，企业技术开发费加计扣除部分已形成企业年度亏损，可以用以后年度所得弥补，但结转年限最长不得超过5年。

3. 企业未设立专门的研发机构或企业研发机构同时承担生产经营任务的，应对研发费用和生产经营费用分开进行核算，准确、合理地计算各项研究开发费用支出，对划分不清的，不得实行加计扣除。

企业必须对研究开发费用实行专账管理，同时必须按照本办法附表的规定项目，准确归集填写年度可加计扣除的各项研究开发费用实际发生金额。企业应于年度汇算清缴所得税申报时向主管税务机关报送本办法规定的相应资料。申报的研究开发费用不真实或者资料不齐全的，不得享受研究开发费用加计扣除，主管税务机关有权对企业申报的结果进行合理调整。

企业在一个纳税年度内进行多个研究开发活动的，应按照不同开发项目分别归集可加计扣除的研究开发费用额。

4. 企业实际发生的研究开发费，在年度中间预缴所得税时，允许据实计算扣除，在年度终了进行所得税年度申报和汇算清缴时，再依照税法规定计算加计扣除。

5. 企业一定要严格按照税法规定进行研究开发费用的加计扣除，防止因随意扩大研发费用加计扣除范围或对研发费用把握不准确可能带来的税务风险，特别提醒纳税人：可以加计扣除的研发费用远远小于申请高新技术企业中的研发费用，更不同于财务核算中的研发费用，企业必须区分研究开发费用的三个口径：高新技术企业认定口径（国科发火〔2008〕362号）、会计核算口径（财企〔2007〕194号））、企业所得税加计扣除口径（国税发〔2008〕116号），三者不能混淆。研究开发费用三项口径对照表，见表2-8。

表2-8　　研究开发费用三项口径对照表

项目	会计核算口径 《财政部关于企业加强研发费用财务管理的若干意见》（财企〔2007〕194号）	高新技术企业认定口径 《高新技术企业认定管理工作指引》国科发火〔2008〕362号	企业所得税加计扣除口径 《企业研究开发费用税前扣除管理办法（试行）》（国税发〔2008〕116号）
直接材料、燃料和动力费	研发活动直接消耗的材料、燃料和动力费用。	企业为实施研究开发项目而购买的原材料等相关支出。如：水和燃料（包括煤气和电）使用费等。	从事研发活动直接消耗的材料、燃料和动力费用。
人工费用	企业在职研发人员的工资、奖金、津贴、补贴、社会保险费、住房公积金等人工费用以及外聘研发人员的劳务费用。	从事研究开发活动人员（也称研发人员）全年工资薪金，包括基本工资、奖金、津贴、补贴、年终加薪、加班工资以及与其任职或者受雇有关的其他支出。	在职直接从事研发活动人员的工资、薪金、奖金、津贴、补贴。
仪器、设备、房屋等固定资产折旧费或租赁费以及相关费用	用于研发活动的仪器、设备、房屋等固定资产的折旧费或租赁费以及相关固定资产的运行维护、维修等费用。	为执行研究开发活动而购置的仪器和设备以及研究开发项目在用建筑物的折旧费用，包括研发设施改建、改装、装修和修理过程中发生的长期待摊费用。用于研究开发活动的仪器设备的简单维护费；以经营租赁方式租入的固定资产发生的租赁费等。	专门用于研发活动的仪器、设备的折旧费或租赁费。

续表

项目	会计核算口径 《财政部关于企业加强研发费用财务管理的若干意见》(财企〔2007〕194号)	高新技术企业认定口径 《高新技术企业认定管理工作指引》国科发火〔2008〕362号	企业所得税加计扣除口径 《企业研究开发费用税前扣除管理办法（试行）》(国税发〔2008〕116号)
无形资产摊销	用于研发活动的软件、专利权、非专利技术等无形资产的摊销费用。	因研究开发活动需要购入的专有技术（包括专利、非专利发明、许可证、专有技术、设计和计算方法等）所发生的费用摊销。	专门用于研发活动的软件、专利权、非专利技术等无形资产的摊销费用。
中间试验和产品试制的模具、工艺装备开发及制造费等	用于中间试验和产品试制的模具、工艺装备开发及制造费，设备调整及检验费，样品、样机及一般测试手段购置费，试制产品的检验费等。	用于中间试验和产品试制达不到固定资产标准的模具、样品、样机及一般测试手段购置费、试制产品的检验费等。装备调试费主要包括工装准备过程中研究开发活动所发生的费用（如研制生产机器、模具和工具，改变生产和质量控制程序，或制定新方法及标准等）。为大规模批量化和商业化生产所进行的常规性工装准备和工业工程发生的费用不能计入。	专门用于中间试验和产品试制的模具、工艺装备开发及制造费。
研发成果论证、评审、验收费用	研发成果的论证、评审、验收、评估以及知识产权的申请费、注册费、代理费等费用。	无	研发成果的论证、评审、验收费用。
现场试验费	无	无	勘探开发技术的现场试验费。
设计费用	无	为新产品和新工艺的构思、开发和制造，进行工序、技术规范、操作特性方面的设计等发生的费用。	新产品设计费和新工艺规程制定费。
合作开发、委托外部研究开发费用	通过外包、合作研发等方式，委托其他单位、个人或者与之合作进行研发而支付的费用。	委托外部研究开发费用，是指企业委托境内其他企业、大学、研究机构、转制院所、技术专业服务机构和境外机构进行研究开发活动所发生的费用（项目成果为企业拥有，且与企业的主要经营业务紧密相关）。委托外部研究开发费用的发生金额应按照独立交易原则确定。认定过程中，按照委托外部研究开发费用发生额的80%计入研发费用总额。	对企业共同合作开发的项目，凡符合上述条件的，由合作各方就自身承担的研发费用分别按照规定计算加计扣除。(国税发〔2008〕116号第五条规定) 对企业委托给外单位进行开发的研发费用，凡符合上述条件的，由委托方按照规定计算加计扣除，受托方不得再进行加计扣除。对委托开发的项目，受托方应向委托方提供该研发项目的费用支出明细情况，否则，该委托开发项目的费用支出不得实行加计扣除。(国税发〔2008〕116号第六条规定)

续表

项目	会计核算口径 《财政部关于企业加强研发费用财务管理的若干意见》（财企〔2007〕194号）	高新技术企业认定口径 《高新技术企业认定管理工作指引》国科发火〔2008〕362号	企业所得税加计扣除口径 《企业研究开发费用税前扣除管理办法（试行）》（国税发〔2008〕116号）
与研发活动直接相关的其他费用	与研发活动直接相关的其他费用，包括技术图书资料费、资料翻译费、会议费、差旅费、办公费、外事费、研发人员培训费、培养费、专家咨询费、高新科技研发保险费用等。	为研究开发活动所发生的其他费用，如办公费、通讯费、专利申请维护费、高新科技研发保险费等。此项费用一般不得超过研究开发总费用的10%，另有规定的除外。	研发活动直接相关的技术图书资料费、资料翻译费。

案例9

向关联方借款的利息支出超过标准不得税前扣除

案例资料

甲公司（非金融企业）的注册资本为3 300万元。20×2年按同期金融机构贷款利率从其关联方借款9 900万元，发生借款利息450万元。该公司根据《企业所得税法实施条例》第三十八条规定认为按照同期金融机构贷款利率支付的利息支出可以全额扣除，未作纳税调整。

税收政策

1.《企业所得税法实施条例》第三十八条规定：

企业在生产经营活动中发生的下列利息支出，准予扣除：

（一）非金融企业向金融企业借款的利息支出、金融企业的各项存款利息支出和同业拆借利息支出、企业经批准发行债券的利息支出；

（二）非金融企业向非金融企业借款的利息支出，不超过按照金融企业同期同类贷款利率计算的数额的部分。

2.《关于企业所得税若干问题的公告》（国家税务总局2011年第34号公告）第一条“关于金融企业同期同类贷款利率确定问题”规定：

根据《实施条例》第三十八条规定，非金融企业向非金融企业借款的利息支出，不超过按照金融企业同期同类贷款利率计算的数额的部分，准予税前扣除。鉴于目前我国对金融企业利率要求的具体情况，企业在按照合同要求首次支付利息并进行税前扣除时，应提供“金融企业的同期同类贷款利率情况说明”，以证明其利息支出的合理性。

“金融企业的同期同类贷款利率情况说明”中，应包括在签订该借款合同当时，本省任何一家金融企业提供同期同类贷款利率情况。该金融企业应为经政府有关部门批准成立的可以从事贷款业务的企业，包括银行、财务公司、信托公司等金融机构。“同期同类贷款利率”是指在贷款期限、贷款金额、贷款担保以及企业信誉等条件基本相同下，金融企业提供贷款的利率。既可以是金融企业公布的同期同类平均利率，也可以是金融企业对某些企业提供的实际贷款利率。

3.《财政部、国家税务总局关于企业关联方利息支出税前扣除标准有关税收政策问题的通知》(财税〔2008〕121号) 规定：

一、在计算应纳税所得额时，企业实际支付给关联方的利息支出，不超过以下规定比例和税法及其实施条例有关规定计算的部分，准予扣除，超过的部分不得在发生当期和以后年度扣除。

企业实际支付给关联方的利息支出，符合本通知第二条规定外，其接受关联方债权性投资与其权益性投资比例为：

（一）金融企业，为5∶1；

（二）其他企业，为2∶1；

二、企业如果能够按照税法及其实施条例的有关规定提供相关资料，并证明相关交易活动符合独立交易原则的；或者该企业的实际税负不高于境内关联方的，其实际支付给境内关联方的利息支出，在计算应纳税所得额时准予扣除。

4.《特别纳税调整实施办法（试行)》(国税发〔2009〕2号）第八十九条规定：

企业关联债资比例超过标准比例的利息支出，如要在计算应纳税所得额时扣除，除遵照本办法第三章规定外，还应准备、保存、并按税务机关要求提供以下同期资料，证明关联债权投资金额、利率、期限、融资条件以及债资比例等均符合独立交易原则：

（一）企业偿债能力和举债能力分析；

（二）企业集团举债能力及融资结构情况分析；

（三）企业注册资本等权益投资的变动情况说明；

（四）关联债权投资的性质、目的及取得时的市场状况；

（五）关联债权投资的货币种类、金额、利率、期限及融资条件；

（六）企业提供的抵押品情况及条件；

（七）担保人状况及担保条件；

（八）同类同期贷款的利率情况及融资条件；

（九）可转换公司债券的转换条件；

（十）其他能够证明符合独立交易原则的资料。

5.《特别纳税调整实施办法（试行)》(国税发〔2009〕2号）第九十条规定：企业未按规定准备、保存和提供同期资料证明关联债权投资金额、利率、期限、融资条件以及债资比例等符合独立交易原则的，其超过标准比例的关联方利息支出，不得在计算应纳税所得额时扣除。

税务风险

由于债务人支付给债权人的利息可以在税前扣除，而股东获得的股息不能在税前扣除，纳税人在为投资经营而筹措资金时，常常刻意设计资金来源结构，加大借入资金比例，扩大债务与权益的比率，形成“资本弱化”，但由于财务人员对税法政策掌握不够全面，仅仅知道利率超过金融企业同期同类贷款利率的部分需要纳税调整，却不知道关联方借款利息支出扣除还要受到债资比的限制，而给企业带来税务风险。

关联方借款利息支出税前扣除必须同时受利率不超过金融企业同期同类贷款利率和债资比例限制的制约。

许多财务人员看不懂财税〔2008〕121号文件的规定，这条规定的意思就是：对于金融企业从关联方取得的借款金额超过其权益性投资（注册资本）500%，其他企业超过200%的，超过部分的利息支出不得税前扣除，未超过部分的利息支出准予按照金融机构同类同期贷款利率计算的数额内税前扣除。

该公司债资比例为3∶1（9 900∶3 300），大于其接受关联方债权性投资与其权益性投资比例2∶1，因此需要调整应纳税所得额：

$$\begin{aligned}\begin{matrix}\text{不得扣除的}\\\text{利息支出}\end{matrix} &= \begin{matrix}\text{年度实际支付的}\\\text{全部关联方利息}\end{matrix}\times(1-\text{标准比例}\div\text{关联债资比例})\\&=450\times(1-2/3)\\&=150(\text{万元})\end{aligned}$$

企业要想不受债资比例限制全额扣除关联方利息，则必须按照《特别纳税调整实施办法（试行）》（国税发〔2009〕2号）第八十九条和第九十条规定提供相关证明资料。

自查切入点

财务费用、其他应付款、实收资本等科目

相关阅读

1. 上面是企业间借款利息扣除的税务扣除，下面看一下企业向个人借款利息支出的扣除条件。

《国家税务总局关于企业向自然人借款的利息支出企业所得税税前扣除问题的通知》（国税函〔2009〕777号）规定：

一、企业向股东或其他与企业有关联关系的自然人借款的利息支出，应根据《中华人民共和国企业所得税法》（以下简称税法）第四十六条及《财政部、国家税务总局关于企业关联方利息支出税前扣除标准有关税收政策问题的通知》（财税〔2008〕121号）规定的条件，计算企业所得税扣除额。

二、企业向除第一条规定以外的内部职工或其他人员借款的利息支出，其借款情况同时符合以下条件的，其利息支出在不超过按照金融企业同期同类贷款利率计算的数额的部分，根据税法第八条和税法实施条例第二十七条规定，准予扣除。

（一）企业与个人之间的借贷是真实、合法、有效的，并且不具有非法集资目的或其他违反法律、法规的行为；

（二）企业与个人之间签订了借款合同。

2. 融资性售后回租业务，租赁期间，承租人支付的属于融资利息的部分，作为企业财务费用在税前扣除，不受金融企业同期同类贷款利率的限制。税法依据：《国家税务总局关于融资性售后回租业务中承租方出售资产行为有关税收问题的公告》（国家税务总局公告〔2010〕第13号）。

案例10

企业投资者在规定期限内未缴足其应缴资本额的，企业对外借款所发生的利息支出不能全额扣除

案例资料

某企业20×3年借款150万元，年利息15万元，企业于20×2年12月成立，注册资本100万元，应于20×2年12月底到位，12月底实际到位40万元，20×3年5月底到位60万元，12月底到位仍是60万元。企业未作纳税调整。

税收政策

《关于企业投资者投资未到位而发生的利息支出企业所得税前扣除问题的批复》（国税函〔2009〕312号）规定：凡企业投资者在规定期限内未缴足其应缴资本额的，该企业对外借款所发生的利息，相当于投资者实缴资本额与在规定期限内应缴资本额的差额应计付的利息，不得在企业所得税税前扣除。

税务风险

因该企业投资者在规定期限内未缴足其应缴资本额，相当于投资者实缴资本额与在规定期限内应缴资本额的差额应计付的利息，不属于企业的合理支出，应由投资者负担。

公式为：

$$\text{该年度内每一计算期不得扣除的借款利息}=\text{该期间借款利息}\times\frac{\text{该期间未缴足注册资本额}}{\text{该期间借款额}}$$

企业一个年度内不得在企业所得税前扣除的利息总额=该年度内每一计算期不得扣除的借款利息之和。

其中：企业一个年度内每一账面实收资本与借款余额保持不变的期间作为一个计算期。

$$\text{不得在企业所得税前扣除的利息}=15\div12\times5\times60/150+15\div12\times7\times40/150=4.83(\text{万元})$$

自查切入点

财务费用、实收资本等科目

案例11

借款利息支出未取得发票不得税前扣除

案例资料

实际工作中，除向银行借款的利息支出凭借银行利息单入账外，很多企业发生的向非金融企业和个人借款的利息支出都是凭借收据列支的，在汇算清缴中都未进行纳税调整。

实际工作中，从所接触过的企业来看，子公司支付企业集团“资金池”借款利息支出均未取得地税局监制的发票。财务公司模式下一般使用自制的经银监局备案的票据，结算中心模式下则使用自制的收据作为结算凭证。这些结算凭证列支的利息支出可否允许税前扣除？

税收政策

1.《发票管理办法》第二十条规定：销售商品、提供服务以及从事其他经营活动的单位和个人，对外发生经营业务收取款项，收款方应向付款方开具发票；特殊情况下由付款方向收款方开具发票。

2.《营业税税目注释》规定：贷款属于“金融保险业”税目的征收范围，而贷款是指将资金贷与他人使用的行为。不论金融机构还是其他单位，只要是发生将资金贷与他人使用的行为，均应视为发生贷款行为，按“金融保险业”税目征收营业税。

3.《关于非金融机构统借统还业务征收营业税问题的通知》（财税字〔2000〕7号）规定：

一、为缓解中小企业融资难的问题，对企业主管部门或企业集团中的核心企业等单位（以下简称统借方）向金融机构借款后，将所借资金分拨给下属单位（包括独立核算单位和非独立核算单位），并按支付给金融机构的借款利率水平向下属单位收取用于归还金融机构的利息不征收营业税。

二、统借方将资金分拨给下属单位，不得按高于支付给金融机构的借款利率水平向下属单位收取利息，否则，将视为具有从事贷款业务的性质，应对其向下属单位收取的利息全额征收营业税。

税务风险

从上述规定我们可以得出结论：

1. 企业向关联方收取的利息费用需缴纳营业税的，开发票；不缴纳营业税的，开具收据。

2. 企业向无关联的自然人借款支出应真实、合法、有效，收取利息的个人需要配合企业到主管地税机关申请代开发票，并承担相应的营业税、城建税、教育费附加、地方性税费附加和个人所得税。如果企业替个人“扛税”即代为承担这些税款，一般也很难被税务机关同意税前扣除。

3. 实务中，税务机关对财务公司（属于非银行金融机构）开具的经银监局备案的票据通常予以认可，各子公司可以凭此票据做税前扣除；而对结算中心开具的收据，税务机关通常认定为不合规票据，不允许在所得税税前扣除，企业应取得税务机关监制的发票，才可以税前扣除。

因此，除满足财税字〔2000〕7号文件规定不缴纳营业税的利息支出可以凭借收据税前列支外，其他非金融机构借款利息支出均应取得利息发票才可以税前列支。

自查切入点

财务费用科目

相关阅读

关于"统借统还"借款利息企业所得税的税前扣除凭据，税务机关一般不要求代开利息收入的发票，使用收据即可税前扣除。但是，企业应当有充足的证明材料来证明自己的借款利息支出属于"统借统还"性质。

集团公司总部每年可编制《统借统还本金及利息支出分摊计算表》，将从银行借来的资金下发使用及利息分摊情况进行统计，列明总计从银行取得多少贷款，下发各项目公司多少本金，每个项目公司应当负担的利息是多少，同时提供银行贷款合同、集团内借款利息费用分摊的协议等相关的证明材料，证明自己下拨的贷款及收取的利息属于"统借统还"性质；而各子公司凭借《统借统还本金及利息支出分摊计算表》、实际取得借款额及支付利息费用的收据等相关证明材料与主管税局沟通，证明自己使用的借款及列支的利息支出均属于"统借统还"性质。

案例12

买卖银行承兑汇票发生的利息支出不得税前扣除

案例资料

表 2-9

记账凭证

20×2 年 12 月 02 日

记字第 03 号
附件 2 张

摘　　要	一级账户	明细账户	借方金额	贷方金额
承兑汇票贴现	银行存款		900 000.00	
承兑汇票贴现	财务费用	贴现息	100 000.00	
承兑汇票贴现	应收票据			1 000 000.00
合　　计			1 000 000.00	1 000 000.00

会计主管：珠珠　　记账：丹丹　　审核：何花　　出纳：娜娜　　制单：丹丹

附件为一份收据及贴现凭证复印件（申请贴现人为乙公司）。

业务内容为某公司销售货物取得一份银行承兑汇票，票面金额100万元，该公司将该汇票出售给乙公司，取得银行存款 90 万元。

税收政策

1.《中华人民共和国企业所得税法》第八条规定：企业实际发生的与取得收入有关的、合理的支出，包括成本、费用、税金、损失和其他支出，准予在计算应纳税所得额时扣除。

2.《中华人民共和国企业所得税法实施条例》第二十七条规定：企业所得税法第八条所称有关的支出，是指与取得收入直接相关的支出。企业所得税法第八条所称合理的支出，是指符合生产经营活动常规，应当计入当期损益或者有关资产成本的必要和正常的支出。

3.《中华人民共和国票据法》第十条规定：票据的签发、取得和转让，应当遵循诚实信用的原则，具有真实的交易关系和债权债务关系。票据的取得，必须给付对价，即应当给付票据双方当事人认可的相对应的代价。

税务风险

真实、合法和合理是纳税人经营活动中发生支出可以税前扣除的主要条件和基本原则。合法性是指无论支出是否实际发生或合理与否，如果是非法支出，不符合税法的有关规定，即使财务会计法规或制度规定可作为费用支出，也不得在企业所得税税前扣除。合法性是显而易见的，也就是非法支出不允许在税前扣除。

单纯从票据上看，由于没有取得合规票据，该笔贴现息支出也不可以税前扣除。当然，即使该企业取得了乙公司开具的利息发票，由于出售银行承兑汇票违反了《中华人民共和国票据法》，相关的费用仍然不得税前扣除。

自查切入点

财务费用、营业外支出、应收票据等科目

案例13

与企业生产经营无关的担保支出不可税前扣除

案例资料

甲公司董事长与乙公司董事长为表兄弟，乙公司需要向银行借款，需要甲公司作担保人。经甲公司董事会批准，甲公司以厂房为被担保人乙公司提供连带责任担保，后因乙公司扩大生产经营规模，资金短缺，回笼资金也出现困难，不能按期足额偿还银行贷款，甲公司代为偿还银行本息 30 万元，甲公司作为财务费用在税前扣除。

税收政策

《企业资产损失所得税税前扣除管理办法》（国家税务总局公告 2011 年第 25 号）第四

十四条规定：企业对外提供与本企业生产经营活动有关的担保，因被担保人不能按期偿还债务而承担连带责任，经追索，被担保人无偿还能力，对无法追回的金额，比照本办法规定的应收款项损失进行处理。与本企业生产经营活动有关的担保是指企业对外提供的与本企业应税收入、投资、融资、材料采购、产品销售等生产经营活动相关的担保。

税务风险

根据上述政策规定，甲公司为乙公司提供担保与本企业生产经营活动无关，另外，乙公司不能按期足额偿还银行贷款，也未必真无偿还能力，可能只是暂时的资金短缺，因此，担保人代被担保人偿还的银行本息 30 万元，不得税前扣除。

自查切入点

财务费用、管理费用、营业外支出等科目

案例14

财政性资金及相关费用支出的税务风险

案例资料

20×2 年 5 月，某企业收到市环保局 30 万元的专项财政补贴，同时收到资金拨付文件，规定该资金专门用于该企业的环保项目，并对该项资金有具体管理要求，企业对该资金以及该资金的支出也进行了单独核算。企业当年用于环保项目的费用支出 2 万元，用于购买环保设备的支出 20 万元，该设备当年计提折旧费用 1 万元，企业汇算清缴时将 30 万元财政补贴作为免税收入处理，对环保项目费用支出 2 万元及环保设备折旧 1 万元进行了税前扣除。

税收政策

1.《财政部 国家税务总局关于专项用途财政性资金企业所得税处理问题的通知》（财税〔2011〕70 号）规定：

一、企业从县级以上各级人民政府财政部门及其他部门取得的应计入收入总额的财政性资金，凡同时符合以下条件的，可以作为不征税收入，在计算应纳税所得额时从收入总额中减除：（一）企业能够提供规定资金专项用途的资金拨付文件；（二）财政部门或其他拨付资金的政府部门对该资金有专门的资金管理办法或具体管理要求；（三）企业对该资金以及以该资金发生的支出单独进行核算。

二、根据实施条例第二十八条的规定，上述不征税收入用于支出所形成的费用，不得在计算应纳税所得额时扣除；用于支出所形成的资产，其计算的折旧、摊销不得在计算应纳税所得额时扣除。

三、企业将符合本通知第一条规定条件的财政性资金作不征税收入处理后，在 5 年

（60 个月）内未发生支出且未缴回财政部门或其他拨付资金的政府部门的部分，应计入取得该资金第六年的应税收入总额；计入应税收入总额的财政性资金发生的支出，允许在计算应纳税所得额时扣除。

2.《国家税务总局关于企业所得税应纳税所得额若干税务处理问题的公告》（国家税务总局公告 2012 年第 15 号）第七条规定：企业取得的不征税收入，应按照《财政部 国家税务总局关于专项用途财政性资金企业所得税处理问题的通知》（财税〔2011〕70 号，以下简称《通知》）的规定进行处理。凡未按照《通知》规定进行管理的，应作为企业应税收入计入应纳税所得额，依法缴纳企业所得税。

3.《财政部、国家税务总局关于财政性资金、行政事业性收费、政府性基金有关企业所得税政策问题的通知》（财税〔2008〕151 号）规定：企业的不征税收入用于支出所形成的费用，不得在计算应纳税所得额时扣除；企业的不征税收入用于支出所形成的资产，其计算的折旧、摊销不得在计算应纳税所得额时扣除。

4.《关于贯彻落实企业所得税法若干税收问题的通知》（国税函〔2010〕79 号）规定：企业取得的各项免税收入所对应的各项成本费用，除另有规定者外，可以在计算企业应纳税所得额时扣除。

税务风险

该企业收到的该笔财政性资金符合财税〔2011〕70 号文件规定的不征税收入的条件，应当作为不征税收入（而不是免税收入，注意不征税收入与免税收入的区别）。根据财税〔2008〕151 号文件规定，该环保项目费用支出 2 万元及环保设备折旧 1 万元不得税前扣除，应调增应纳税所得额。此外，尚未使用的 8 万元在 5 年（60 个月）内未发生支出且未缴回财政部门或环保局的部分，应计入取得该资金第六年的应税收入总额，计入应税收入总额的财政性资金发生的支出，允许在计算应纳税所得额时扣除。

企业收到的财政性资金首先应当分清楚是征税收入还是不征税收入（注意不要与免税收入混淆），不征税收入相关的支出不得在税前扣除，而征税收入（包含应税收入和免税收入）相关的支出可以在税前扣除。

自查切入点

营业外收入、递延收益、专项应付款、其他应付款、累计折旧、管理费用、制造费用等成本费用类科目

相关阅读

税务上将收入总额分为征税收入和不征税收入，征税收入进而又分为应税收入和免税收入。免税收入属于应征税而未征税收入，其与不征税收入存在很大区别，无论是免税收入还是不征税收入，税法均有明确列示。

税法上目前明确的免税收入主要有：国债利息收入，符合条件的居民企业之间的股息、红利等权益性投资收益，符合条件的非营利组织的收入。

税法上目前明确的不征税收入主要有：财政性资金、行政事业性收费、政府性基金。

不征税收入和免税收入可以这样理解：

不征税收入是从政府部门取得的收入，并非企业自身经营活动带来的收入。相关费用支出不得税前扣除。

免税收入是企业自身经营活动带来的收入，但因符合税法的优惠政策而免于征税的收入。相关费用支出可以税前扣除。

案例15

评估增值的固定资产多提折旧不得税前扣除

案例资料

某企业将评估增值的固定资产计入资本公积科目，并按评估增值后的资产价值计提折旧，年度汇算清缴未作纳税调整。

税收政策

《中华人民共和国企业所得税法实施条例》第五十六条规定：

企业的各项资产，包括固定资产、生物资产、无形资产、长期待摊费用、投资资产、存货等，以历史成本为计税基础。

前款所称历史成本，是指企业取得该项资产时实际发生的支出。

企业持有各项资产期间资产增值或者减值，除国务院财政、税务主管部门规定可以确认损益外，不得调整该资产的计税基础。

税务风险

企业的各项资产以历史成本为计税基础，该企业评估增值部分计提的折旧应调增应纳税所得额。

自查切入点

资本公积、固定资产、累计折旧科目

案例16

企业无偿借出的固定资产计提的折旧不得税前扣除

案例资料

某企业无偿借出设备一台，该设备仍然计提折旧，并计入当期营业外支出中，年度汇算清缴未作纳税调整。

税收政策

1.《中华人民共和国企业所得税法》第八条规定：企业实际发生的与取得收入有关的、合理的支出，包括成本、费用、税金、损失和其他支出，准予在计算应纳税所得额时扣除。

2.《中华人民共和国企业所得税法》第十一条规定：

在计算应纳税所得额时，企业按照规定计算的固定资产折旧，准予扣除。下列固定资产不得计算折旧扣除：（一）房屋、建筑物以外未投入使用的固定资产；（二）以经营租赁方式租入的固定资产；（三）以融资租赁方式租出的固定资产；（四）已足额提取折旧仍继续使用的固定资产；（五）与经营活动无关的固定资产；（六）单独估价作为固定资产入账的土地；（七）其他不得计算折旧扣除的固定资产。

税务风险

企业无偿借出的固定资产，相关的经济利益没有流入企业，属于与经营活动无关的固定资产，该项固定资产所计提的折旧，不属于与取得应税收入相关的支出，不得在企业所得税税前扣除。

自查切入点

累计折旧科目、固定资产备查账

相关阅读

1. 企业列支的不得税前扣除的固定资产折旧费用，通常还有下列情形：

（1）除房屋、建筑物以外未投入使用的固定资产折旧都不得税前扣除，只有房屋、建筑物，无论是否闲置都可以税前扣除。

（2）非公司名下的固定资产，以在股东个人名下的车辆最为常见。

（3）以收据等不合规票据列支的固定资产。

2. “停止使用”是否包括季节性停工和大修理停工？

季节性停工期间的固定资产折旧不属于上述不得扣除的范围，因此《中华人民共和国企业所得税法实施条例》第五十九条规定的停止使用的固定资产，应当自停止使用月份的次月起停止计算折旧，不包括季节性停工和大修理期间的固定资产折旧。季节性停用和大修理停用是与企业生产经营相关的暂时停用，是生产安排所需，是为了更好地为生产服务，不属于未投入使用的固定资产，因此，该部分的设备应该提取折旧。

3. 企业购入已提足折旧的固定资产是否可以计提折旧？

《中华人民共和国企业所得税法实施条例》五十八条第一项规定：外购的固定资产，以购买价款和支付的相关税费以及直接归属于使该资产达到预定用途发生的其他支出为计税基础。

对于企业购入已提足折旧的固定资产，主管税务机关首先应当根据已使用过固定资产的新旧磨损程度、使用情况以及是否进行改良等因素合理估计新旧程度，然后与该固定资产的法定折旧年限相乘确定。如果有关固定资产的新旧程度难以准确估计，主管税务机关有权采取其他合理方法。

4. 高值易耗品单位价值较高，但使用时间低于 12 个月，需要作为固定资产吗？

《中华人民共和国企业所得税法实施条例》第五十七条规定，企业所得税法第十一条所称固定资产，是指企业为生产产品、提供劳务、出租或者经营管理而持有的、使用时间超过 12 个月的非货币性资产，包括房屋、建筑物、机器、机械、运输工具以及其他与生产经营活动有关的设备、器具、工具等。对于固定资产的判定，不能仅仅依据价值的高低，而应当根据税法的规定综合考虑，高值易耗品虽然单位价值高，但是使用时间一般不超过 12 个月，所以不能视为固定资产，可作为低值易耗品进行管理，相关费用可以税前一次扣除。

案例17

工程款项尚未结清未取得全额发票，可以暂按合同规定的金额计入固定资产计税基础计提折旧

案例资料

甲公司一个生产车间已经投入使用，但是因为尚未办理工程竣工决算而未取得全额发票，公司仅按已取得发票金额计提折旧。

乙公司一座办公楼已经达到预定可使用状态，但是因为尚未办理工程竣工决算而未取得全额发票，公司按照合同暂估了办公楼成本，并计提折旧。办公楼投入使用后 6 个月时取得全额发票，公司及时调整了办公楼成本，但是未调整原已计提的折旧。企业所得税汇算清缴也未进行纳税调整。

税收政策

《关于贯彻落实企业所得税法若干税收问题的通知》（国税函〔2010〕79 号）规定：企业固定资产投入使用后，由于工程款项尚未结清未取得全额发票的，可暂按合同规定的金额计入固定资产计税基础计提折旧，待发票取得后进行调整。但该项调整应在固定资产投入使用后 12 个月内进行。

税务风险

甲公司未按照合同规定的金额暂估固定资产成本，少计提折旧，增加了当年应纳税所得额，多缴纳企业所得税。

乙公司按照《企业会计准则第 4 号——固定资产》规定的“已达到预定可使用状态但尚未办理竣工决算的固定资产，应当按照估计价值确定其成本，并计提折旧；待办理竣工

决算后，再按实际成本调整原来的暂估价值，但不需要调整原已计提的折旧额”进行处理，虽然符合了会计规定，却没有注意税法和会计存在着差异：会计规定不需要调整原已计提的折旧额，税法规定在固定资产投入使用后 12 个月内调整原已计提的折旧额。

调整方法如下：

表 2-10

取得发票时间	计税基础	已提折旧	未提折旧
12 个月内取得发票	调整	调整	调整
12 个月后取得发票	调整	不调整	调整

自查切入点

固定资产、累计折旧等科目，合同

案例18

企业与其他企业、个人共用水电的，水电发票复印件、租赁合同、水电分割单、付款单据等能否作为税前扣除凭证

案例资料

不少纳税人咨询：企业与其他企业、个人共用水电的，水电费发票都是开给一方的，共用方难以取得发票，可否使用水电费发票复印件、水电费分割单、租赁合同等作为税前扣除凭证？

税收政策

1.《国家税务总局大企业税收管理司关于 2009 年度税收自查有关政策问题的函》（企便函〔2009〕33 号）规定：企业与其他企业或个人共用水、电，无法取得水、电发票的，应以双方的租用合同、电力和供水公司出具给出租方的原始水、电发票或复印件，经双方确认的用水、电量分割单等凭证，据实进行税前扣除。

2.《江苏省地方税务局关于发布〈企业所得税税前扣除凭证管理办法〉的公告》（苏地税规〔2011〕13 号）规定：企业与其他企业、个人共用水电的，凭租赁合同、共用水电各方盖章（或签字）确认的水电分割单、水电部门开具的水电发票的复印件、付款单据等作为税前扣除凭证。企业的水电费由物业公司代收且无法单独取得发票的，凭物业公司出具的水电费使用记录证明、水电部门开具的水电发票的复印件、付款单据等作为税前扣除凭证。物业公司应做好水电费收取记录，以备核查。

3.《广西壮族自治区地方税务局关于明确若干所得税税收政策管理问题的通知》（桂

地税发〔2010〕19号）规定：出租房屋，合同中规定承租方负担在经营过程中发生的水电费，由于水电总表在出租方，供水、供电部门只向出租方收取水电费，并开具发票，然后出租方再根据承租方使用的水电度收取水电费，开具收据。承租方发生水电费没有取得发票的，承租方必须提供以下材料方可税前扣除：由承租方承担水电费的合同；出租方支付水电费原始发票复印件；出租方水电费具体分配表。

4.《河北省国家税务局关于增值税若干问题的公告》（河北省国家税务局公告2011年第7号）规定：多个纳税人共用水（电）表，水（电）部门只对水（电）表所有权人开具增值税发票，水（电）表所有权人可根据其他共用水（电）表纳税人的实际水（电）耗用情况，开具转售水（电）的增值税发票。

税务风险

这是一个纳税人比较关注的热点问题。这里笔者对此热点问题进行分析，谈一下自己的看法，仅供参考。

企便函〔2009〕33号文件的出台曾经一度解决了这个颇具争议的热点问题，根据该文件规定，企业与其他企业、个人共用水电的，可以根据水电费发票复印件、水电费分割单等税前扣除。但是，令人遗憾的是，该文件在2011年10月13日被废止，被废止后也未有新文件出台。对于这个热点问题的争议又产生了，各地税务机关执行不一致，有的明确发文允许税前扣除，比如苏地税规〔2011〕13号、桂地税发〔2010〕19号文件；有的明确发文不允许税前扣除，比如河北省国家税务局公告2011年第7号文件规定将共用水电费作为企业转售水电行为开具增值税发票。

为了减少税务风险，纳税人应首先了解当地有无这方面的文件，根据当地文件规定进行税务处理，当地没有明确文件规定的，在税务处理前应咨询主管税务机关得到明确答复再行处理，主管税务机关也不能给出明确答复的，最好在租赁合同中规定转售水电费开具增值税发票的条款以取得发票，规避可能存在的税务风险。

自查切入点

管理费用、制造费用等成本费用类科目下的水电费明细科目

案例19

通过捐赠、投资、非货币性资产交换、债务重组等方式取得的固定资产，需正确确定计税基础与折旧年限

案例资料

甲公司捐赠一台机器设备到乙公司，乙公司收到的机器设备按原账面价值减除已计提

的折旧作为入账价值计算，折旧年限按剩余年限计算，乙公司所计提的该部分折旧企业所得税汇算清缴未进行纳税调整。

税收政策

《中华人民共和国企业所得税法实施条例》第五十八条第五款规定，通过捐赠、投资、非货币性资产交换、债务重组等方式取得的固定资产，以该资产的公允价值和支付的相关税费为计税基础，不得低于实施条例规定的最低年限计提折旧。

税务风险

乙公司通过接受捐赠取得的固定资产按原账面价值减除已计提的折旧作为入账价值计算以及折旧年限按剩余年限计算的方法，不符合上述规定，对存在差异的部分应做纳税调整处理。

通过捐赠、投资、非货币性资产交换、债务重组等方式取得的固定资产，无论新旧，无论已经计提折旧多少年，都要按照该资产的公允价值和支付的相关税费为计税基础，按照不得低于实施条例规定的最低年限计提折旧。

自查切入点

固定资产、累计折旧等科目

案例20

符合长期待摊费用性质的费用一次性列支，未分期摊销的税务风险

案例资料

某企业将已足额提取折旧的房屋和租赁的房屋发生的改建支出计入“管理费用”一次性列支。还将一台机器设备的修理支出计入制造费用一次性列支，该设备的修理支出达到其原值的60%，修理后该设备可以延长使用年限3年。

税收政策

1.《中华人民共和国企业所得税法》第十三条规定：在计算应纳税所得额时，企业发生的下列支出作为长期待摊费用，按照规定摊销的，准予扣除：（一）已足额提取折旧的固定资产的改建支出；（二）租入固定资产的改建支出；（三）固定资产的大修理支出；（四）其他应当作为长期待摊费用的支出。

2.《中华人民共和国企业所得税法实施条例》第六十八条规定：固定资产的改建支出，是指改变房屋或者建筑物结构、延长使用年限等发生的支出。已足额提取折旧的固定

资产的改建支出，按照固定资产预计尚可使用年限分期摊销；租入固定资产的改建支出，按照合同约定的剩余租赁期限分期摊销。

3.《中华人民共和国企业所得税法实施条例》第六十九条规定：固定资产的大修理支出，按照固定资产尚可使用年限分期摊销。固定资产的大修理支出，是指同时符合下列条件的支出：(1) 修理支出达到取得固定资产时的计税基础50%以上；(2) 修理后固定资产的使用年限延长2年以上。

4.《中华人民共和国企业所得税法实施条例》第七十条规定：其他应当作为长期待摊费用的支出，自支出发生月份的次月起，分期摊销，摊销年限不得低于3年。

税务风险

达到税法规定标准的固定资产改建支出及大修理支出，不得一次性列支费用，应计入长期待摊费用，分期摊销。

已足额提取折旧的固定资产改建支出，按照固定资产预计尚可使用年限分期摊销；租入固定资产的改建支出，按照合同约定的剩余租赁期限分期摊销。

固定资产修理支出，若达到税法规定的固定资产大修理支出标准，应作为长期待摊费用，按固定资产尚可使用年限分期摊销；若达不到固定资产大修理支出标准，才可作为当期费用，按规定在企业所得税税前扣除。

自查切入点

管理费用、制造费用等成本费用类科目下的装修费、维修费、改建支出等明细科目

相关阅读

上述税收政策中，长期待摊费用中未包括开办费，因此，开办费可以在开始经营之日的当年一次性扣除，也可以按照“其他应当作为长期待摊费用的支出”不低于3年分期摊销，但是处理方法一经选定，不得改变。

《国家税务总局关于企业所得税若干税务事项衔接问题的通知》（国税函〔2009〕98号）第九条规定：新税法中开（筹）办费未明确列作长期待摊费用，企业可以在开始经营之日的当年一次性扣除，也可以按照新税法有关长期待摊费用的处理规定处理，但一经选定，不得改变。

案例21

资本性支出费用化应补缴企业所得税

案例资料

某企业账务处理存在下列问题：

1. 企业将竣工结算前发生的房屋装修支出作为修理费一次性税前列支。

2. 企业将固定资产建造期间的借款利息直接作为财务费用一次性税前列支。

3. 企业将电子设备类固定资产作为低值易耗品在管理费用或销售费用科目一次性列支。

4. 企业将办公家具作为一般低值易耗品在管理费用科目一次性列支。

税收政策

1.《企业所得税法实施条例》第五十七条规定：固定资产，是指企业为生产产品、提供劳务、出租或者经营管理而持有的、使用时间超过12个月的非货币性资产，包括房屋、建筑物、机器、机械、运输工具以及其他与生产经营活动有关的设备、器具、工具等。

2.《企业所得税法实施条例》第三十七条规定：企业为购置、建造固定资产、无形资产和经过12个月以上的建造才能达到预定可销售状态的存货发生借款的，在有关资产购置、建造期间发生的合理的借款费用，应当作为资本性支出计入有关资产的成本，并依照本条例的规定扣除。

3.《企业所得税法实施条例》第六十条规定：除国务院财政、税务主管部门另有规定外，固定资产计算折旧的最低年限如下：

（一）房屋、建筑物，为20年；

（二）飞机、火车、轮船、机器、机械和其他生产设备，为10年；

（三）与生产经营活动有关的器具、工具、家具等，为5年；

（四）飞机、火车、轮船以外的运输工具，为4年；

（五）电子设备，为3年。

税务风险

该企业将资本性的支出作为费用一次性列支，减少了当期利润，少缴了企业所得税，应调增应纳税所得额。

1. 竣工结算前发生的房屋装修支出，应计入固定资产原值，不低于20年计提折旧。若房屋的装修费用发生在竣工结算后，符合固定资产改建支出情形的，发生的改建支出也应增加固定资产计税基础。

2. 固定资产建造期间的借款利息，应当作为资本性支出计入固定资产的成本，按税法规定计提折旧。

3. 电子设备应作为固定资产核算，不低于3年计提折旧。

4. 办公家具应作为固定资产核算，不低于5年计提折旧。

自查切入点

管理费用、销售费用、制造费用等科目下的修理费、低值易耗品摊销等明细科目，低值易耗品科目，财务费用科目。

相关阅读

符合条件的固定资产可以加速折旧，政策如下：

1.《国家税务总局关于企业固定资产加速折旧所得税处理有关问题的通知》（国税发〔2009〕81号）规定：

（1）企业拥有并用于生产经营的主要或关键的固定资产，由于以下原因确需加速折旧的，可以缩短折旧年限或者采取加速折旧的方法：①由于技术进步，产品更新换代较快的；②常年处于强震动、高腐蚀状态的。

（2）企业采取缩短折旧年限方法的，对其购置的新固定资产，最低折旧年限不得低于《实施条例》第六十条规定的折旧年限的60%；若为购置已使用过的固定资产，其最低折旧年限不得低于《实施条例》规定的最低折旧年限减去已使用年限后剩余年限的60%。最低折旧年限一经确定，一般不得变更。

（3）企业采取加速折旧方法的，可以采用双倍余额递减法或者年数总和法。加速折旧方法一经确定，一般不得变更。

（4）企业确需对固定资产采取缩短折旧年限或者加速折旧方法的，应在取得该固定资产后一个月内，向其企业所得税主管税务机关（以下简称主管税务机关）备案。

2.《财政部 国家税务总局关于进一步鼓励软件产业和集成电路产业发展企业所得税政策的通知》（财税〔2012〕27号）第七条规定：企业外购的软件，凡符合固定资产或无形资产确认条件的，可以按照固定资产或无形资产进行核算，其折旧或摊销年限可以适当缩短，最短可为2年（含）。第八条规定：集成电路生产企业的生产设备，其折旧年限可以适当缩短，最短可为3年（含）。

案例22

购买土地缴纳的契税等税金应计入土地价值，按税法规定年限摊销

案例资料

某公司将购买土地缴纳的契税计入了管理费用，并在当期税前扣除。该公司还将土地使用权按20年来摊销，经查，该公司取得的土地使用权的有效期是50年，营业执照的有效期为20年。

税收政策

1.《企业所得税法实施条例》第六十六条规定：外购的无形资产，以购买价款和支付的相关税费以及直接归属于使该资产达到预定用途发生的其他支出为计税基础。

2.《企业所得税法实施条例》第六十七条规定：无形资产按照直线法计算的摊销费用，准予扣除。无形资产的摊销年限不得低于10年。作为投资或者受让的无形资产，有关法律规定或者合同约定了使用年限的，可以按照规定或者约定的使用年限分期摊销。

税务风险

土地使用权的计税基础应当包含支付的相关税费，因此，该公司缴纳的契税应当计入“无形资产——土地使用权”账面价值，按照税法规定摊销，企业应当调增应纳税所得额。

通常情况下，有关法律规定或者合同约定土地使用权的使用年限即是其使用寿命，因此该公司取得的土地使用权应按50年摊销，企业应当调增应纳税所得额。

自查切入点

管理费用等科目

案例23

手续费及佣金税前扣除的几个税务风险点

案例资料

1. 某企业通过竞拍方式获取土地一宗，按照其与拍卖公司签订的《拍卖合同》约定，该公司应该支付土地拍卖佣金20万元（占合同金额的2%）给拍卖公司。企业将该佣金计入了销售费用，当年全额在税前扣除。

2. 某房地产开发企业与某营销代理公司签订了《商品房委托代理销售合同》，合同中约定销售总金额为1亿元，房产公司支付销售佣金100万元（占合同金额的1%）。营销代理公司将销售佣金100万元从应该支付的商品房销售款1亿元中扣除，仅仅支付房产公司0.99亿元，房产公司按照0.99亿元作为销售收入处理。

3. 某企业未取得发票，仅以工资单的形式列支业务手续费及佣金支出。

4. 某企业以现金方式支付某中介服务公司佣金1万元。

税收政策

《财政部、国家税务总局关于企业手续费及佣金支出税前扣除政策的通知》（财税〔2009〕29号）规定：

一、企业发生与生产经营有关的手续费及佣金支出，不超过以下规定计算限额以内的部分，准予扣除；超过部分，不得扣除。

1. 保险企业：财产保险企业按当年全部保费收入扣除退保金等后余额的15%（含本数，下同）计算限额；人身保险企业按当年全部保费收入扣除退保金等后余额的10%计算限额。

2. 其他企业：按与具有合法经营资格中介服务机构或个人（不含交易双方及其雇员、代理人和代表人等）所签订服务协议或合同确认的收入金额的5%计算限额。

二、企业应与具有合法经营资格中介服务企业或个人签订代办协议或合同，并按国家有关规定支付手续费及佣金。除委托个人代理外，企业以现金等非转账方式支付的手续费及佣金不得在税前扣除。企业为发行权益性证券支付给有关证券承销机构的手续费及佣金不得在税前扣除。

三、企业不得将手续费及佣金支出计入回扣、业务提成、返利、进场费等费用。

四、企业已计入固定资产、无形资产等相关资产的手续费及佣金支出，应当通过折旧、摊销等方式分期扣除，不得在发生当期直接扣除。

五、企业支付的手续费及佣金不得直接冲减服务协议或合同金额，并如实入账。

六、企业应当如实向当地主管税务机关提供当年手续费及佣金计算分配表和其他相关资料，并依法取得合法真实凭证。

税务风险

1. 企业必须分清资本性支出与费用化开支的界限。这20万元的拍卖拥金，不得计入当期的销售费用一次性税前扣除，按照企业会计准则的规定，应该计入“无形资产——土地使用权”，构成土地价值的组成部分，按照土地使用年限分年摊入成本费用而税前扣除。

2. 房产公司的收入是以抵减销售佣金后的金额进行处理的，明显存在涉税风险。正确的处理方式是：营销代理公司将商品房销售款1亿元按照合同约定支付给房产公司，而房产公司也支付销售佣金100万元，并取得合规的票据，房产公司支付的佣金完全是可以税前扣除的。

3. 企业仅以工资单的形式列支业务手续费及佣金支出是不可以税前扣除的，企业应当依据手续费及佣金计算分配表、发票、合同等相关资料进行税前扣除。

4. 支付手续费及佣金的形式，除委托个人代理外，不得以现金等非转账方式支付。因此，企业以现金方式支付的佣金1万元不得税前扣除。

自查切入点

管理费用、销售费用、库存现金等科目

相关阅读

财税〔2009〕29号文件规定，一般企业实际发生的手续费及佣金的税前扣除，必须满足以下条件：

1. 与企业的生产经营相关；
2. 需要签订书面合同或协议；
3. 签订合同或协议的单位或个人应该具有“中介服务”的经营范围以及中介服务资格证书，签订合同或协议的单位或个人，不包括交易双方及其雇员、代理人和代表人等。
4. 支付的手续费及佣金数额，不得超过税法规定比例；
5. 支付手续费及佣金的形式，除委托个人代理外，不得以现金等非转账方式支付。财政部、国家税务总局联合下文对费用支付形式进行规范，可以说是极其少见的，应该引起纳税人的高度重视。

凡是一般企业实际支付的手续费及佣金，未满足上述条件之一的，均不得税前扣除。

案例24

劳动保护支出税前扣除的几个税务风险点

案例资料

1. A公司将一批服装作为劳动保护支出在税前列支，发票显示该批服装为某高档商厦出售的几件知名品牌服装，每件价值上千元。

2. B金融企业发放给员工工作时穿的西服、领带、登山服等费用，全额在税前扣除。

税收政策

1.《企业所得税法实施条例》第四条规定：企业发生的合理的劳动保护支出，准予扣除。

2.《国家税务总局关于企业所得税若干问题的公告》（国家税务总局公告2011年第34号）第二条关于企业员工服饰费用支出扣除问题规定：企业根据其工作性质和特点，由企业统一制作并要求员工工作时统一着装所发生的工作服饰费用，可以作为企业合理的支出给予税前扣除。

税务风险

1. 劳动保护支出需要满足以下条件，一是必须是确因工作需要，如果企业所发生的所谓支出，并非出于工作的需要，那么其支出就不得予以扣除；二是为其雇员配备或提供，而不是给其他与其没有任何劳动关系的人配备或提供；三是限于工作服、手套、安全保护用品、防暑降温品等，如高温冶炼企业职工、道路施工企业的防暑降温品，采煤工人的手套、头盔等用品。显然，A公司购买的高档知名品牌服装不符合劳动保护支出的条件，不应当直接在税前扣除。

这批高档服装若作为企业中、高层员工的形象塑造支出，也是公司形象宣传的需要，即使采购服装在发票上注明类别为劳保用品，也不能按照劳动保护费进行税前扣除，其实质属于一种非货币性福利。但企业计入劳动保护费就可能全额税前扣除和少计应代扣代缴职工的个人所得税。

2. B金融企业发放给员工工作时穿的西服、领带属于企业统一制作并要求员工工作时统一着装所发生的工作服饰费用，可以作为企业合理的支出给予税前扣除。但是发放给员工的登山服不属于工作服饰，因此不可以直接税前扣除。

自查切入点

管理费用等科目

相关阅读

企业正确区分劳动保护支出和福利费支出，不仅可以防范企业所得税税务风险，也可以防范增值税税务风险。

发放给职工个人的劳动保护用品是保护劳动者安全健康的一种预防性辅助措施，不是生活福利待遇，非因工作需要和国家规定以外的带有普遍福利性质的支出，应界定为福利费支出，按照相关的标准申报扣除。

在增值税方面，劳动保护支出可以抵扣进项税额，而福利费支出不得抵扣进项税额。

案例25

工资薪金支出的几个税务风险点

案例资料

实际工作中，企业在工资薪金的核算中，主要存在下列问题：

只有一份简单的工资表，未签订劳动合同和缴纳社会保险，未代扣代缴个人所得税，发放现金无职工签字或代签，将不属于工资薪金的福利费等支出计入工资薪金，将属于职工薪金的加班费、奖金等支出不通过职工薪酬核算而直接计入费用科目，跨年度列支工资，虚列职工人数、月份之间工资变动异常等。

税收政策

1.《中华人民共和国企业所得税法实施条例》第三十四条规定：企业发生的合理的工资薪金支出，准予扣除。工资薪金，是指企业每一纳税年度支付给在本企业任职或者受雇的员工的所有现金形式或者非现金形式的劳动报酬，包括基本工资、奖金、津贴、补贴、年终加薪、加班工资，以及与员工任职或者受雇有关的其他支出。

2.《国家税务总局关于企业工资薪金及职工福利费扣除问题的通知》（国税函〔2009〕3号）第一条规定："合理工资薪金"，是指企业按照股东大会、董事会、薪酬委员会或相关管理机构制订的工资薪金制度规定实际发放给员工的工资薪金。税务机关在对工资薪金进行合理性确认时，可按以下原则掌握：

（一）企业制订了较为规范的员工工资薪金制度；

（二）企业所制订的工资薪金制度符合行业及地区水平；

（三）企业在一定时期所发放的工资薪金是相对固定的，工资薪金的调整是有序进行的；

（四）企业对实际发放的工资薪金，已依法履行了代扣代缴个人所得税义务。

（五）有关工资薪金的安排，不以减少或逃避税款为目的；

3.《国家税务总局关于企业工资薪金及职工福利费扣除问题的通知》（国税函〔2009〕3号）第二条规定："工资薪金总额"，是指企业按照本通知第一条规定实际发放的工资薪金总和，不包括企业的职工福利费、职工教育经费、工会经费以及养老保险费、医疗保险费、失业保险费、工伤保险费、生育保险费等社会保险费和住房公积金。属于国有性质的企业，其工资薪金，不得超过政府有关部门给予的限定数额；超过部分，不得计入企业工资薪金总额，也不得在计算企业应纳税所得额时扣除。

4.《国家税务总局关于企业所得税应纳税所得额若干税务处理问题的公告》（国家税务总局公告 2012 年第 15 号）第一条规定：企业因雇用季节工、临时工、实习生、返聘离退休人员以及接受外部劳务派遣用工所实际发生的费用，应区分为工资薪金支出和职工福利费支出，并按《企业所得税法》规定在企业所得税前扣除。其中属于工资薪金支出的，准予计入企业工资薪金总额的基数，作为计算其他各项相关费用扣除的依据。

税务风险

从上述规定看，并不是有的企业所想的做个工资表就可以税前扣除了，因为工资薪金还要符合国税函〔2009〕3 号文件所列的合理性条件，除编制工资表外，还需要制订较为规范的符合行业及地区水平的员工工资薪金制度，与职工签订合法有效的劳动合同，缴纳社会保险，代扣个税，合理区分职工薪酬与福利费等其他支出，等等。

企业支付给本企业员工的工资薪金，以工资表和相应的付款单据为税前扣除凭证。

企业应按规定保管工资分配方案、工资结算单、企业与职工签订的劳动合同、个人所得税扣缴情况以及社保机构盖章的社会保险名单清册，作为备查资料。

自查切入点

应付职工薪酬、管理费用、销售费用等科目

相关阅读

1. 关于“应付职工薪酬——职工工资”科目余额问题，比如，企业 2012 年 1 月发放 2011 年 12 月计提的职工工资以及年终奖，这部分跨年度发放的工资及奖金是否可在 2011 年度企业所得税汇算清缴时税前扣除？这个问题，目前还有争议。有人认为今年调增明年调减，有人认为今年调增明年调减意义不大，可以不用调整。下面说说我的看法。

企业在汇算清缴期限内（次年 5 月 31 日前）发放的属于汇算清缴年度应负担的合理的工资薪金支出可认定为纳税年度实际发生，在工资薪金支出所属的纳税年度可以税前扣除。在汇算清缴期限结束后补发上年或者以前纳税年度合理的工资薪金支出的，应在工资薪金支出实际发放年度税前扣除。

从目前较多的地方性操作规范（比如：青地税函〔2010〕2 号文件）来看，倾向于次年 5 月 31 日前发放的工资薪金允许当年度税前扣除的越来越多。

出于谨慎性考虑，对于有争议的纳税事项，各地纳税人还要关注当地税务局的规定，当地无明确规定的，要事先与税务局做好沟通，才能避免税务风险。

2. 因工作需要，母公司向其子公司派遣员工，母子公司均向派遣员工支付工资薪金，员工与母公司签订劳动合同，没有与子公司签订劳动合同，其子公司支付的工资薪金如何扣除？

母公司与子公司之间存在着特殊关系，员工在母公司与子公司之间因为业务关系调配也很正常，按照实质重于形式的原则，子公司若能够提供母公司出具的董事会或类似机构做出的调配决定及员工名册等充分适当的凭据，子公司发放给与其没有订立劳动合同的员工的合理的工资薪金可以税前扣除。

3. 允许税前扣除的企业员工工资是否必须以企业为员工缴纳社会保险为前提？

工资薪金发放的对象是在本企业任职或者受雇用的员工。所谓“任职或者受雇用的员工”，一般是指有连续性的服务关系，其主要收入（或者很大一部分收入）来源于任职的企业，并且这种收入基本代表了提供服务人员的劳动。对于季节性行业由于经营活动需要雇佣临时工，其连续性的服务关系，是以临时雇用人员的报酬以计时或计件工资的形式来体现的。企业是否与员工签订劳动合同及为员工缴纳“三险一金”，可以作为对任职或者受雇用的员工进行综合判断的条件，但是不再作为必要条件。

4. 企业发生劳务派遣人员工资薪金时，应以劳务公司开具的发票、企业与劳务公司签订的用工合同以及付款单据为税前扣除凭证。

5. 公司的股东可以发工资和奖金吗？

参加管理和运作的股东可以在公司里领取工资和奖金，在计算个人所得税时和其他员工一样。不在公司任职的股东，不能领取工资和奖金，只能分红。

案例26

职工福利费核算的几个税务风险点

案例资料

1. 某企业按照《财政部关于企业加强职工福利费财务管理的通知》（财企〔2009〕242号）文件规定将住房补贴、交通补贴、通讯补贴计入职工工资总额，未计入职工福利费，企业所得税汇算清缴也未作纳税调整。

2. 某企业职工食堂及食堂内固定资产的折旧额、维修费等直接计入管理费用，未通过职工福利费核算。

税收政策

1.《中华人民共和国企业所得税法实施条例》第四十条规定：企业发生的职工福利费支出，不超过工资薪金总额14%的部分，准予扣除。

2.《国家税务总局关于企业工资薪金及职工福利费扣除问题的通知》（国税函〔2009〕3号）第三条规定：企业职工福利费，包括以下内容：

（1）尚未实行分离办社会职能的企业，其内设福利部门所发生的设备、设施和人员费用，包括职工食堂、职工浴室、理发室、医务所、托儿所、疗养院等集体福利部门的设备、设施及维修保养费用和福利部门工作人员的工资薪金、社会保险费、住房公积金、劳务费等。

（2）为职工卫生保健、生活、住房、交通等所发放的各项补贴和非货币性福利，包括企业向职工发放的因公外地就医费用、未实行医疗统筹企业职工医疗费用、职工供养直系亲属医疗补贴、供暖费补贴、职工防暑降温费、职工困难补贴、救济费、职工食堂经费补贴、职工交通补贴等。

（3）按照其他规定发生的其他职工福利费，包括丧葬补助费、抚恤费、安家费、探亲假路费等。

税务风险

一般企业对职工福利费扣除比例掌握较好，但是对于职工福利费列支标准往往把握不准。

1. 按国税函〔2009〕3号文件的要求，对住房补贴、交通补贴或车改补贴、通讯补贴一律按福利费的要求进行税前扣除。该企业没有对税法和会计核算差异进行调整，企业应当调减工资薪金总额，调增职工福利费，这样三项经费扣除限额才能计算准确。

2. 企业一般重视现金和货物福利，却往往忽视了福利部门的固定资产折旧费用、维修费用等也应当作为职工福利费核算。这是企业一个常见税务风险点。

另外，对于供暖费补贴、职工防暑降温费，税法和会计核算都明确作为福利费的组成内容。会计核算直接在成本费用中列支的，年终汇算清缴要调整到福利费总额中，一并计算是否超过福利费税前扣除标准，调增应纳税所得额。

自查切入点

应付职工薪酬、管理费用、销售费用、制造费用等科目

相关阅读

关于国税函〔2009〕3号文件中的福利费范围问题，文件中的列举内容是部分列举还是全部列举？目前有的税务机关执行时是按全部列举来执行的，也就是文件中列举的内容可以做为福利费在限额中扣除，不在范围内的内容，属于与收入无关的支出，不得税前扣除。

国家税务总局所得税司巡视员卢云在2012年4月11日与网友在线交流时明确："国税函〔2009〕3号文件第三条仅列举了职工福利费的部分内容。没有列举的费用项目如确实是为企业全体属于职工福利性质的费用支出目的，且符合税法规定的权责发生制原则，以及对支出税前扣除合法性、真实性、相关性、合理性和确定性要求的，可以作为职工福利费按规定在企业所得税前扣除。"

案例27

职工教育经费税前扣除的几个税务风险点

案例资料

甲公司20×2年实际发生工资数是200万元，当年计提职工教育经费5万元（200×

2.5%)，实际发生3万元，职工教育经费余额2万元，该公司认为可以按工资总额2.5%即5万元税前扣除，未作纳税调整。20×3年实际发生工资数是260万元，当年又计提职工教育经费6.5万元，实际发生7万元，职工教育经费余额1.5万元，该公司认为实际发生数7万元超过职工工资总额2.5%即6.5万元的部分应该做纳税调整，即调增应纳税所得额0.5万元。

乙公司职工教育经费实际发生13万元，其中列支岗位培训1万元，特种作业人员培训2万元，专业技术人员继续教育1万元，企业职工参加学历教育的学费2万元、企业高层管理人员的境外培训和考察学习费用7万元，职工教育经费扣除限额为3.5万元，乙公司进行调增应纳税所得额13－3.5＝9.5万元。

税收政策

1.《企业所得税法实施条例》第四十二条规定：除国务院财政、税务主管部门另有规定外，企业发生的职工教育经费支出，不超过工资、薪金总额2.5%的部分，准予扣除；超过部分，准予在以后纳税年度结转扣除。

2.《国家税务总局关于企业所得税若干税务事项衔接问题的通知》(国税函〔2009〕98号）第五条规定：对于在2008年以前已经计提但尚未使用的职工教育经费余额，2008年及以后新发生的职工教育经费应先从余额中冲减。仍有余额的，留在以后年度继续使用。

3.《财政部、全国总工会、国家发改委、教育部、科技部国防科工委、人事部、劳动保障部、国务院国资委、国家税务总局、全国工商联关于企业职工教育经费提取与使用管理的意见》(财建〔2006〕317号）第一条第五项规定：

企业职工教育培训经费列支范围包括：(1）上岗和转岗培训；(2）各类岗位适应性培训；(3）岗位培训、职业技术等级培训、高技能人才培训；(4）专业技术人员继续教育；(5）特种作业人员培训；(6）企业组织的职工外送培训的经费支出；(7）职工参加的职业技能鉴定、职业资格认证等经费支出；(8）购置教学设备与设施；(9）职工岗位自学成才奖励费用；(10）职工教育培训管理费用；(11）有关职工教育的其他开支。

财建〔2006〕317号文件第一条第九项规定：企业职工参加社会上的学历教育以及个人为取得学位而参加的在职教育，所需费用应由个人承担，不能挤占企业的职工教育培训经费。

财建〔2006〕317号文件第一条第十项规定：对于企业高层管理人员的境外培训和考察，其一次性单项支出较高的费用应从其他管理费用中支出，避免挤占日常的职工教育培训经费开支。

税务风险

企业发生的职工教育经费支出超过工资、薪金总额2.5%的部分进行纳税调整，一般财务人员都能掌握，但是在企业发生的职工教育经费支出不超过工资、薪金总额2.5%的情况下，企业应当对计提而未实际发生的职工教育经费支出进行纳税调整，有不少财务人员没有调整。

另外，还需要注意职工教育经费的使用范围。企业职工教育经费必须专款专用，只有“属于企业发生的与培训有关的费用”才可列入职工教育经费，列支范围参考财建〔2006〕317号文件。企业的职工教育培训经费提取、列支与使用必须严格遵守国家有关财务会计和税收制度的规定，要保证经费专项用于职工特别是一线职工的教育和培训，严禁挪作他用。

最后，职工教育经费超过扣除限额部分，准予在以后纳税年度结转扣除，勿忘以后年度进行纳税调减处理。

甲公司20×2年计提而未实际发生的职工教育经费2万元不得税前扣除，应调增应纳税所得额；20×3年职工教育经费7万元应先从年初余额2万元冲减，剩余5万元与扣除限额6.5万元比较，应调增应纳税所得额1.5万元。

乙公司列支的企业职工参加学历教育的学费2万元不符合职工教育经费列支范围，所需费用应由个人承担，不能挤占企业的职工教育培训经费；企业高层管理人员的境外培训和考察学习费用7万元，一次性单项支出较高的费用应从其他管理费用中支出，避免挤占日常的职工教育培训经费开支。乙公司职工教育经费实际发生4万元，调增应纳税所得额4－3.5＝0.5万元，超过部分，准予在以后纳税年度结转扣除。

自查切入点

应付职工薪酬、管理费用、销售费用、制造费用等科目

相关阅读

关于职工教育经费问题，企业还应注意高管人员与一线职工教育经费列支的比例应该符合规定：对高管人员的培训支出不应超过年度企业发生的职工教育经费支出的40%，因为财建〔2006〕317号文件第一条第八项规定：为保障企业职工的学习权利和提高他们的基本技能，职工教育培训经费的60%以上应用于企业一线职工的教育和培训。当前和今后一个时期，要将职工教育培训经费的重点投向技能型人才特别是高技能人才的培养以及在岗人员的技术培训和继续学习。

案例28

工会经费税前扣除的几个税务风险点

案例资料

甲公司20×2年实际发生工资数是200万元，当年计提工会经费4万元（200×2%），实际拨缴的工会经费3万元，取得工会经费收入专用收据，该公司认为可以按工资总额2%即4万元税前扣除，未作纳税调整。

乙公司20×2年实际发生工资数是200万元，实际拨缴的工会经费5万元，取得工会经

费收入专用收据，扣除限额为4万元（200×2%），该公司调增应纳税所得额1万元（5－4）。20×3年公司实际发生工资数是250万元，实际拨缴的工会经费4万元，取得工会经费收入专用收据，扣除限额为5万元（250×2%），该公司调减应纳税所得额1万元（5－4）。

丙公司20×2年实际发生工资数是200万元，实际拨缴的工会经费3万元，未取得工会经费收入专用收据或工会经费代收凭据，该公司认为未超过工资总额2%，未作纳税调整。

税收政策

1.《企业所得税法实施条例》第四十一条规定：企业拨缴的工会经费，不超过工资薪金总额2%的部分，准予扣除。

2.《国家税务总局关于工会经费企业所得税税前扣除凭据问题的公告》（国家税务总局公告2010年第24号）规定：自2010年7月1日起，企业拨缴的职工工会经费，不超过工资薪金总额2%的部分，凭工会组织开具的《工会经费收入专用收据》在企业所得税税前扣除。

3.《国家税务总局关于税务机关代收工会经费企业所得税税前扣除凭据问题的公告》（国家税务总局公告2011年30号）规定：自2010年1月1日起，在委托税务机关代收工会经费的地区，企业拨缴的工会经费，也可凭合法、有效的工会经费代收凭据依法在税前扣除。

税务风险

甲公司20×2年实际拨缴的工会经费虽未超过工资薪金总额2%，但由于计提数大于实际发生数，计提而未实际发生的工会经费1万元仍应当调增应纳税所得额。

乙公司20×2年超过扣除限额的工会经费1万元调增应纳税所得额，是正确的，但是20×2年又将这1万元调减应纳税所得额，不正确。因为税法没有“超过部分，准予在以后纳税年度结转扣除”的规定，属于永久性差异，这一点与职工教育经费（暂时性差异）不同。

丙公司工会经费虽未超过工资薪金总额2%，但由于未取得《工会经费收入专用收据》或工会经费代收凭据，也不能税前扣除，应当调增应纳税所得额。

自查切入点

应付职工薪酬、管理费用、销售费用、制造费用等科目

相关阅读

1. 从2010年7月1日起，启用财政部统一印制并套印财政部票据监制章的《工会经费收入专用收据》，同时废止《工会经费拨缴款专用收据》。

2. “合法、有效的工会经费代收凭据”，应包括各级工会交由税务机关使用的《工会经费（筹备金）专用缴款书》（用于银行转账）、《工会经费（筹备金）专用缴款凭证》（用于收取现金）、《代收工会经费通用缴款书》和《中华人民共和国专用税收缴款书》等相关扣缴凭证。

3. 工会经费和职工教育经费可以在实际支付时按照实际发生数进行计提。工会经费和职工教育经费应该通过应付职工薪酬核算，不能直接在费用中列支。

案例29

职工个人名下的车辆所发生的汽油费、折旧费、保险费等相关费用的税务风险

案例资料

某企业账面列支了不少个人名称的车辆保险、汽油费、折旧费等费用，并在企业所得税前进行了扣除，该企业能够提供个人车辆租赁合同，那么，这些个人名称的车辆保险、汽油费、折旧费等费用是否可以在税前扣除？

税收政策

1.《企业所得税法》第八条规定：企业实际发生的与取得收入有关的、合理的支出，包括成本、费用、税金、损失和其他支出，准予在计算应纳税所得额时扣除。

2.《国家税务总局关于企业工资薪金及职工福利费扣除问题的通知》（国税函〔2009〕3号）第三条规定，见案例26。

3.《企业所得税法实施条例》第四十七条规定：企业根据生产经营活动的需要租入固定资产支付的租赁费，按照以下方法扣除：（1）以经营租赁方式租入固定资产发生的租赁费支出，按照租赁期限均匀扣除；（2）以融资租赁方式租入固定资产发生的租赁费支出，按照规定构成融资租入固定资产价值的部分应当提取折旧费用，分期扣除。

4.《企业所得税法实施条例》第五十八条第三项规定：融资租入的固定资产，以租赁合同约定的付款总额和承租人在签订租赁合同过程中发生的相关费用为计税基础，租赁合同未约定付款总额的，以该资产的公允价值和承租人在签订租赁合同过程中发生的相关费用为计税基础。

税务风险

企业为职工报销或支付的汽油费、汽油补贴应纳入职工福利费管理范畴，并按税收规定扣除。

企业以经营租赁方式租入车辆发生的租赁费支出，凭租赁费发票等合法有效凭据准予税前扣除。

企业以融资租赁方式租入车辆发生的租赁费支出，租赁费不得一次税前扣除，应按照规定计入融资租入固定资产价值提取折旧费用，分期扣除。

应由个人承担的车辆购置税、车辆保险费等，不管是否签订租赁合同或协议，均不得在税前扣除。

经营租入的车辆折旧费不可以税前扣除，融资租入的车辆折旧费才可以税前扣除。

自查切入点

管理费用、销售费用科目

相关阅读

融资租赁是指在实质上转移与一项资产所有权有关的全部风险和报酬的一种租赁，符合下列条件之一的租赁为融资租赁：

（1）在租赁期满时，租赁资产的所有权转让给承租方；

（2）租赁期为资产使用年限的大部分（75%或以上）；

（3）租赁期内租赁最低付款额大于或基本等于租赁开始日资产的公允价值。

案例30

人身意外保险等商业保险费不得税前扣除

案例资料

某公司给司机和保安缴纳的人身意外保险费在缴纳企业所得税时全额税前扣除。

税收政策

《中华人民共和国企业所得税法实施条例》第三十六条规定：除企业依照国家有关规定为特殊工种职工支付的人身安全保险费和国务院财政、税务主管部门规定可以扣除的其他商业保险费外，企业为投资者或者职工支付的商业保险费，不得扣除。

税务风险

文件中对于“特殊工种”没有具体的解释，根据国家税务总局企业所得税法实施条例释义中提到：国家其他法律法规强制规定企业应当为其职工投保的人身安全保险，如果不是国家法律法规所强制性规定的，企业自愿为其职工投保的所谓人身安全保险而发生的保险费支出不准予税前扣除的，此类保险费范围的大小、保险费率的高低、投保对象的多少等都是有国家法律法规依据的，如《建筑法》第四十八条规定，建筑施工企业必须为从事危险作业的职工办理意外伤害保险，支付保险费。《煤炭法》第四十四条规定，煤矿企业必须为煤矿井下作业职工办理意外伤害保险，支付保险费。

因此，公司给司机和保安缴纳的人身意外保险费在缴纳企业所得税不可税前扣除。

在特殊工种范围明确之前，建议企业在处理特殊工种职工人身安全保险费税前扣除时，按照谨慎性原则进行处理，否则，会带来不必要的税务风险。

自查切入点

管理费用、制造费用等成本费用类科目

相关阅读

在特殊工种范围明确之前，可参考《特种作业人员安全技术培训考核管理规定》（国家安全生产监督管理总局令第30号）规定的特种作业目录：

1. 电工作业：指对电气设备进行运行、维护、安装、检修、改造、施工、调试等作业（不含电力系统进网作业）。

2. 焊接与热切割作业：指运用焊接或者热切割方法对材料进行加工的作业（不含《特种设备安全监察条例》规定的有关作业）。

3. 高处作业：指专门或经常在坠落高度基准面2米及以上有可能坠落的高处进行的作业。

4. 制冷与空调作业：指对大中型制冷与空调设备运行操作、安装与修理作业。

5. 煤矿安全作业。

6. 金属非金属矿山安全作业。

7. 石油天然气安全作业。

8. 冶金（有色）生产安全作业。

9. 危险化学品安全作业：指从事危险化工工艺过程操作及化工自动化控制仪表安装、维修、维护的作业。

10. 烟花爆竹安全作业：指从事烟花爆竹生产、储存中的药物混合、造粒、筛选、装药、筑药、压药、搬运等危险工序的作业。

11. 安全监管总局认定的其他作业。

案例31

企业参加财产保险，按照规定缴纳的保险费，准予扣除

案例资料

表2-11 记账凭证

20×2年12月03日

记字第04号

附件4张

摘　要	一级账户	明细账户	借方金额	贷方金额
支付保险费	管理费用	保险费	45 600.00	
支付保险费	库存现金			45 600.00
合　计			45 600.00	45 600.00

会计主管：珠珠　　记账：丹丹　　审核：何花　　出纳：娜娜　　制单：丹丹

附件：中国人民财产保险股份有限公司开具的发票2张，机动车交通事故责任强制保险单1份、雇主责任保险单1份。在某税务师事务所出具的企业所得税汇算清缴鉴证报告中，将雇主责任保险费支出当做商业保险进行调增应纳税所得额处理。

税收政策

《中华人民共和国企业所得税法实施条例》第四十六条规定：企业参加财产保险，按

照规定缴纳的保险费，准予扣除。

税务风险

企业缴纳的机动车交通事故责任强制保险费，属于财产保险，只要是车辆在公司名下，准予税前扣除，这没有疑义。然而，雇主责任险是否属于财产保险，能否税前扣除，目前各地税务机关执行中存在争议。

雇主责任险是指被保险人所雇佣的员工在受雇过程中从事与保险单所载明的与被保险人业务有关的工作而遭受意外或患与业务有关的国家规定的职业性疾病，所致伤、残或死亡，被保险人根据《中华人民共和国劳动法》及劳动合同应承担的医药费用及经济赔偿责任，包括应支出的诉讼费用，由保险人在规定的赔偿限额内负责赔偿的一种保险。

要判断雇主责任险能不能税前列支，关键在于对该保险是财产保险还是商业保险作出判断。

1. 雇主责任险是以被保险人的保险利益为标的的保险。根据《保险法》第十二条规定，财产保险是以财产及其有关利益为保险标的的保险，人身保险是以人的寿命和身体为保险标的的保险。从保单上来看，被保险人为该企业，是企业为自己的利益投保，当出现保单中所列明的事故，职工人身受到损伤之后，企业必须根据《劳动法》的相关规定向职工进行赔偿。但企业参加了雇主责任险之后，企业实际将这种风险转嫁给保险公司。从而可以看出雇主责任险实际是企业以自身的利益为标的而参与的保险。

2. 雇主责任险是一种责任保险。从保险的名称上看，不言而喻。从保险的性质上看，雇主责任险实际是当企业职工发生与经营业务有关的作业而导致受伤、死亡时，企业将原本自己负责赔偿的这种责任转嫁给保险公司，是一种责任的转嫁。根据《保险法》第九十五条规定，财产保险业务，包括财产保险、责任保险、信用保险、保证保险等保险业务。从这个层面上看，雇主责任险也属于财产保险的范畴。

3. 雇主责任险是以企业为被保险人的保险。从雇主责任险保险单上可以看出，该被保险人为企业，而不是职工或投资者个人。职工或投资者只是企业获得该保险利益的一个因素。从操作层面上看，当职工从事与经营业务有关的工作而发生人身伤害或死亡时，保险公司按赔偿标准将赔偿金支付给企业账户，而不是落实到职工个人账户。在实践中，雇主责任险是财产保险公司推出的保险业务，人寿保险公司一般不开展此业务。

雇主责任险和商业保险在被保险人、保险标的、赔偿依据、法律后果、保额确定等方面都有很大的区别，显然，某些税务局依据《中华人民共和国企业所得税法实施条例》第三十六条规定做出的雇主责任险属于商业保险不得税前扣除的结论是不准确的。

《中华人民共和国企业所得税法实施条例》立法起草小组编写的《中华人民共和国企业所得税法实施条例释义及适用指南》在对第四十六条的释义中，明确：企业参加的财产保险，是以企业财产及其有关利益为保险标的的，又可具体分为财产损失保险、责任保险、信用保险等。因此公众责任保险、产品责任保险、职业责任保险、雇主责任保险等责任保险属于“财产保险”范畴。

河南省焦作市地方税务局曹胜新、周长伟也在《中国税务报》发表文章，表明观点：雇主责任险属于财产保险范畴，企业为自己购买的雇主责任险，也应该准予税前扣除。

厦门市地税局12366咨询中心在2009年3月12日回复中明确雇主责任保险属于财产保险。

江苏省地税局早在2002年就在《江苏省地方税务局关于企业所得税若干具体问题的通知》（苏地税发〔2002〕212号）中明确：企业投保的产品责任保险、职业责任保险、雇主责任保险、产品保证保险支出可在税前扣除。江苏省地税局2012年4月26日的咨询回答中，再次明确雇主责任保险属于财产保险。

可见，雇主责任险属于财产保险的范畴，按照规定缴纳的保险费，应当准予税前扣除。但是，目前在某些地市税务局咨询回复中还将其作为商业保险不准予扣除，因此，企业在实际操作中需与当地税务机关做好沟通，减少税务风险。

自查切入点

管理费用等成本费用类科目

相关阅读

企业参加财产保险，按照规定缴纳的保险费，准予扣除。但是，很多企业列支的个人名下的财产保险不可以税前扣除。

企业为股东或职工个人列支的不可以税前扣除的商业保险和财产保险，属于个人消费的性质，但企业可以通过提高职工薪酬待遇（不含不在企业任职的股东），作为职工薪酬的一部分进行会计处理，相当于企业给职工支付薪酬，再由职工个人办理保险或者企业代办，则可以作为工资薪酬在税前扣除，但需并入工资薪金所得总额代扣个人所得税。

案例32

不符合条件的捐赠赞助支出不允许税前扣除

案例资料

某公司9月10日在“营业外支出——捐赠支出”中列支教师节捐赠某学校一批办公用品的费用支出20 000元，附件仅仅为一份商品出库单和一份该学校开具的收据。由于该公司捐赠支出总额未超过年度利润总额的12%，该公司未进行纳税调整。

税收政策

1.《中华人民共和国企业所得税法实施条例》第五十一条规定：企业所得税法第九条所称公益性捐赠，是指企业通过公益性社会团体或者县级以上人民政府及其部门，用于《中华人民共和国公益事业捐赠法》规定的公益事业的捐赠。

2.《中华人民共和国企业所得税法实施条例》第五十三条规定：企业发生的公益性捐赠支出，不超过年度利润总额12%的部分，准予扣除。年度利润总额，是指企业依照国家统一会计制度的规定计算的年度会计利润。

3.《中华人民共和国企业所得税法实施条例》第五十四条规定：企业所得税法第十条第（六）项所称赞助支出，是指企业发生的与生产经营活动无关的各种非广告性质支出。

4.《国家税务总局关于〈中华人民共和国企业所得税年度纳税申报表〉的补充通知》（国税函〔2008〕1081号）附件《企业所得税年度纳税申报表及附表填报说明》附表三《纳税调整项目明细表》填报说明规定：第33行“13. 赞助支出”：第1列“账载金额”填报纳税人按照国家统一会计制度实际发生且不符合税收规定的公益性捐赠的赞助支出的金额。第3列“调增金额”等于第1列；第2列“税收金额”和第4列“调减金额”不填。广告性的赞助支出按广告费和业务宣传费的规定处理，在第27行“广告费与业务宣传费支出”中填报。

税务风险

根据上述政策规定，我们可以看出以下几点：

1. 公益性捐赠必须通过公益性社会团体或者县级以上人民政府及其部门，用于《公益事业捐赠法》规定的公益事业，直接向受捐对象进行的捐赠，不能税前扣除。

2. 实际发生且不符合税收规定的公益性捐赠为非公益性的捐赠，按照赞助支出处理，除广告性的赞助支出按广告费和业务宣传费的规定处理外，其他赞助支出不允许税前扣除。

3. 除国家另有规定外，企业发生的公益性捐赠支出，超过年度利润总额12%的部分不准予扣除，年度利润总额为0或者亏损，也不能在税前扣除。

可见，该公司捐赠学校的费用支出显然不符合税法规定的公益性捐赠的条件，实际上属于税法规定的赞助支出。因此，企业应调增应纳税所得额20 000元。

在填写附表三《纳税调整项目明细表》时，不应填写在第28行“8. 捐赠支出”，应填写在第33行“13. 赞助支出”。

自查切入点

营业外支出、管理费用、库存商品、原材料、固定资产等科目

案例33

建设单位给予施工单位的建造合同外奖励款，不允许税前扣除

案例资料

某公司新建一栋办公楼，已竣工结算，由于施工单位认真负责并为公司节约了资金260万元，公司拿出30万元用于奖励该施工单位。由于原建造合同中并无此奖励条款，于是双方重新签订了奖励合同。该公司支付的奖励款作为费用支出在企业所得税前进行了扣除。

税收政策

《中华人民共和国企业所得税法实施条例》第五十三条规定，见案例32。

税务风险

该栋办公楼已竣工结算，该公司给予的建造合同外奖励款不计入办公楼原值，该项奖励款视同对施工单位的直接捐赠，不属于公益性捐赠，不得税前扣除。

自查切入点

管理费用、营业外支出、固定资产等科目

相关阅读

建设单位给予施工单位的奖励，要想税前扣除，必须在建造合同中规定相关奖励条款，按照合同事先约定的条款支付奖励款，并取得施工单位开具建安发票，将奖励款计入固定资产成本，以计提折旧的方式分期税前扣除。

建造合同收入包括两部分内容：（1）合同中规定的初始收入。即建设承包商与施工单位在双方签订的合同中最初商定的合同总金额，它构成了合同收入的基本内容；（2）因合同变更、索赔、奖励等形成的收入，这部分收入并不构成合同双方在签订合同时已在合同中商定的合同总金额，而是在执行合同过程中由于合同变更、索赔、奖励等原因而形成的追加收入。施工单位不能随意确认这部分收入，只有在符合规定条件时才能构成合同总收入。

奖励款，是指工程达到或超过规定的标准，客户同意支付的额外款项。奖励款同时满足下列条件的，才能构成合同收入：（1）根据合同目前完成情况，足以判断工程进度和工程质量能够达到或超过规定的标准；（2）奖励金额能够可靠地计量。

案例34

开（筹）办费税前扣除的税务风险

案例资料

现在，还有一些企业按照原《企业所得税暂行条例实施细则》第三十四条规定“企业在筹建期发生的开办费，应当从开始生产、经营月份的次月起，在不短于5年的期限内分期扣除”，将开办费计入长期待摊费用，按5年以上的摊销期限进行摊销。

税收政策

1.《国家税务总局关于企业所得税若干税务事项衔接问题的通知》（国税函〔2009〕98号）第九条规定：新税法中开（筹）办费未明确列作长期待摊费用，企业可以在开始经营之日的当年一次性扣除，也可以按照新税法有关长期待摊费用的处理规定处理，但一经选定，不得改变。

2.《企业所得税法实施条例》第七十条规定：企业所得税法第十三条第（四）项所称

其他应当作为长期待摊费用的支出，自支出发生月份的次月起，分期摊销，摊销年限不得低于3年。

3.《企业所得税法》第十三条规定：在计算应纳税所得额时，企业发生的下列支出作为长期待摊费用，按照规定摊销的，准予扣除：(1) 已足额提取折旧的固定资产的改建支出；(2) 租入固定资产的改建支出；(3) 固定资产的大修理支出；(4) 其他应当作为长期待摊费用的支出。

税务风险

对于开（筹）办费的税务处理，企业所得税法及实施条例中并未明确，直到国税函〔2009〕98号文件出台，才规定开（筹）办费可以在开始经营之日的当年一次性扣除，也可以按照新税法有关长期待摊费用的处理规定处理，即自支出发生月份的次月起，分期摊销，摊销年限不得低于3年。财务人员对税法政策了解不及时，导致多缴税款。

自查切入点

管理费用、长期待摊费用等科目

案例35

开（筹）办费列支范围的税务风险

案例资料

某些企业认为，筹建期间发生的费用都属于开办费，将购置机器设备的支出、应由投资者自行负担的支出等费用计入“管理费用——开办费”，并当期税前扣除。

税收政策

《国家税务总局关于做好2009年度企业所得税汇算清缴工作的通知》(国税函〔2010〕148号）规定：根据企业所得税法精神，在计算应纳税所得额及应纳所得税时，企业财务、会计处理办法与税法规定不一致的，应按照企业所得税法规定计算。企业所得税法规定不明确的，在没有明确规定之前，暂按企业财务、会计规定计算。

税务风险

税法对开（筹）办费的列支范围并无明确规定，可以参考会计准则的规定。

《企业会计准则应用指南——会计科目和主要账务处理》规定：企业在筹建期间内发生的开办费，包括人员工资、办公费、培训费、差旅费、印刷费、注册登记费以及不计入固定资产价值的借款费用等，借记“管理费用”科目，贷记“银行存款”等科目。

企业在实际操作中，要注意筹建期间发生的费用不能全部纳入开办费的范畴。其中不能计入开办费的支出包括：

1. 取得各项资产所发生的费用。包括购建固定资产和无形资产时支付的运输费、安装费、保险费和购建时发生的相关人工费用。

2. 规定应由投资各方负担的费用。如投资各方为筹建企业进行了调查、洽谈发生的差旅费、咨询费、招待费等支出。我国政府还规定，中外合资进行谈判时，要求外商洽谈业务所发生的招待费用不得列作企业开办费，由提出邀请的企业负担。

3. 为培训职工而购建的固定资产、无形资产等支出不得列作开办费。

4. 投资方因投入资本自行筹措款项所支付的利息，不得计入开办费，应由出资方自行负担。

5. 以外币现金存入银行而支付的手续费，该费用应由投资者负担。

自查切入点

管理费用、长期待摊费用等科目

相关阅读

关于筹办期业务招待费、广告费和业务宣传费税前扣除问题。《国家税务总局关于企业所得税应纳税所得额若干税务处理问题的公告》（国家税务总局公告 2012 年第 15 号）规定：

企业在筹建期间，发生的与筹办活动有关的业务招待费支出，可按实际发生额的 60% 计入企业筹办费，并按有关规定在税前扣除；发生的广告费和业务宣传费，可按实际发生额计入企业筹办费，并按有关规定在税前扣除。

案例36

成本结转随意的税务风险

案例资料

表 2-12：原材料明细账

税收政策

《中华人民共和国企业所得税法实施条例》第七十三条规定：企业使用或者销售的存货的成本计算方法，可以在先进先出法、加权平均法、个别计价法中选用一种。计价方法一经选用，不得随意变更。

税务风险

我们可以看出，该公司随意结转原材料成本，假设 8 月份以前该公司成本核算准确，我们采用加权平均法对“原材料——聚乙烯明细账（9～12 月）”进行调整，如表 2-13：

表 2-12　原材料——聚乙烯明细账（9～12 月）

凭证日期	凭证号	摘要	借方数量（kg）	单价（元）	借方金额（元）	贷方数量（kg）	单价（元）	贷方金额（元）	借贷	数量余额（kg）	单价（元）	余额（元）
20×2.09.11	7	购聚乙烯	5 000.00	10.88	54 401.71				借	42 000.00	10.68	448 637.40
20×2.09.15	7	购聚乙烯	5 000.00	11.54	57 692.31				借	47 000.00	10.77	506 329.71
20×2.09.26	10	购聚乙烯	51 600.00	10.91	563 170.95				借	98 600.00	10.85	1 069 500.66
20×2.09.30	18	领料				21 028.97	11.09	233 211.28	借	77 571.03	10.78	836 289.38
20×2.10.12	5	购聚乙烯	50 000.00	9.63	481 324.79				借	127 571.03	10.33	1 317 614.17
20×2.10.22	6	购聚乙烯	60 550.00	9.79	592 666.68				借	188 121.03	10.15	1 910 280.85
20×2.10.31	14	领料				26 291.63	10.48	275 536.28	借	161 829.40	10.10	1 634 744.57
20×2.11.11	5	购聚乙烯	8 000.00	7.82	62 564.10				借	169 829.40	9.99	1 697 308.67
20×2.11.17	6	购聚乙烯	85 975.00	9.37	805 412.39				借	255 804.40	9.78	2 502 721.06
20×2.11.23	7	购聚乙烯	25 000.00	7.69	192 307.70				借	280 804.40	9.60	2 695 028.76
20×2.11.27	11	购聚乙烯	50 000.00	9.49	474 358.95				借	330 804.40	9.58	3 169 387.71
20×2.11.30	18	领料				27 990.77	9.50	265 912.32	借	302 813.63	9.59	2 903 475.40
20×2.12.20	5	购聚乙烯	166 000.00	8.90	1 476 871.79				借	468 813.63	9.34	4 380 347.19
20×2.12.31	10	领料				139 968.50	9.44	1 321 302.64	借	328 845.13	9.30	3 059 044.55
		合计	507 125.00	9.39	4 760 771.37	215 279.87	9.74	2 095 962.51	借	328 845.13	2.93	963 082.03

表 2-13　原材料——聚乙烯明细账（调整后）（9～12 月）

凭证日期	凭证号	摘要	借方数量（kg）	单价（元）	借方金额（元）	贷方数量（kg）	单价（元）	贷方金额（元）	借贷	数量余额（kg）	单价（元）	余额（元）
20×2.09.11	7	购聚乙烯	5 000.00	10.88	54 401.71				借	42 000.00	10.68	448 637.40
20×2.09.15	7	购聚乙烯	5 000.00	11.54	57 692.31				借	47 000.00	10.77	506 329.71
20×2.09.26	10	购聚乙烯	51 600.00	10.91	563 170.95				借	98 600.00	10.85	1 069 500.66
20×2.09.30	18	领料				21 028.97	10.85	228 164.32	借	77 571.03	10.85	841 336.34
20×2.10.12	5	购聚乙烯	50 000.00	9.63	481 324.79				借	127 571.03	10.37	1 322 661.13
20×2.10.22	6	购聚乙烯	60 550.00	9.79	592 666.68				借	188 121.03	10.18	1 915 327.81
20×2.10.31	14	领料				26 291.63	10.18	267 648.79	借	161 829.40	10.18	1 647 679.02
20×2.11.11	5	购聚乙烯	8 000.00	7.82	62 564.10				借	169 829.40	10.07	1 710 243.12
20×2.11.17	6	购聚乙烯	85 975.00	9.37	805 412.39				借	255 804.40	9.83	2 515 655.51
20×2.11.23	7	购聚乙烯	25 000.00	7.69	192 307.70				借	280 804.40	9.64	2 707 963.21
20×2.11.27	11	购聚乙烯	50 000.00	9.49	474 358.95				借	330 804.40	9.62	3 182 322.16
20×2.11.30	18	领料				27 990.77	9.62	269 271.21	借	302 813.63	9.62	2 913 050.95
20×2.12.20	5	购聚乙烯	166 000.00	8.90	1 476 871.79				借	468 813.63	9.36	4 389 922.74
20×2.12.31	10	领料				139 968.50	9.36	1 310 105.16	借	328 845.13	9.37	3 079 817.58
		合计	507 125.00	9.39	4 760 771.37	215 279.87	9.64	2 075 189.48	借	328 845.13	9.37	3 079 817.58

可以看出，9～12 月份领用材料多结转成本 20 773.03 元。库存商品销售结转成本具有同样的税务风险。

企业随意结转成本，主要目的就是调节利润，我们在实际工作中还发现，有的企业存货期末余额竟然出现数量为正数而金额为负数的情形，很明显地多结转成本。

自查切入点

原材料、库存商品、主营业务成本、其他业务成本等科目

案例37

企业按照有关规定预提的维简费和安全生产费用，不得在税前扣除

案例资料

某煤炭生产企业 2011 年计提安全生产费用 100 万元，企业账务处理时，借记“管理费用”100 万元，贷记“专项储备”100 万元。该企业 2011 年实际发生安全生产费用性支出 20 万元，企业的账务处理为借记“专项储备”30 万元，贷记“银行存款”等科目 30 万元。企业财务负责人认为 2012 年 2 月 14 日财政部、安全监管总局印发的《企业安全生产费用提取和使用管理办法》（财企〔2012〕16 号）明确规定煤炭生产企业依据开采的原煤产量按月提取安全费用，在 2011 年度企业所得税汇算清缴申报时，企业全额扣除了计提的安全生产费用 100 万元。

税收政策

1.《国家税务总局关于煤矿企业维简费和高危行业企业安全生产费用企业所得税税前扣除问题的公告》（国家税务总局公告〔2011〕第 26 号）第一条规定：煤矿企业实际发生的维简费支出和高危行业企业实际发生的安全生产费用支出，属于收益性支出的，可直接作为当期费用在税前扣除；属于资本性支出的，应计入有关资产成本，并按企业所得税法规定计提折旧或摊销费用在税前扣除。企业按照有关规定预提的维简费和安全生产费用，不得在税前扣除。

2.《中华人民共和国企业所得税法》第二十一条规定：在计算应纳税所得额时，企业财务、会计处理办法与税收法律、行政法规的规定不一致的，应当依照税收法律、行政法规的规定计算。

税务风险

《企业安全生产费用提取和使用管理办法》（财企〔2012〕16 号）不属于税收文件，

属于会计上的规定，安全生产费用企业所得税税前扣除应依据国家税务总局公告〔2011〕第26号文件规定，调增应纳税所得额70万元。

自查切入点

管理费用、专项储备、预提费用（虽为旧科目，但很多企业仍在用）等科目

案例38

企业使用提取的安全生产费用形成固定资产的，按会计准则提取的固定资产折旧应作纳税调整

案例资料

某煤炭生产企业2011年12月使用提取的安全生产费用购买固定资产，企业账务处理时，借记“固定资产”55万元，贷记“银行存款”55万元；同时，借记“专项储备”55万元，贷记“累计折旧”55万元。在2011年度企业所得税汇算清缴申报时，企业未对该项固定资产折旧进行纳税调整。

税收政策

《国家税务总局关于煤矿企业维简费和高危行业企业安全生产费用企业所得税税前扣除问题的公告》（国家税务总局公告〔2011〕第26号）第一条规定，见案例37。

税务风险

企业会计准则规定，企业使用提取的安全生产费用形成固定资产的，应当通过“在建工程”科目归集所发生的支出，待安全项目完工达到预定可使用状态时确认为固定资产，同时，按照形成固定资产的成本冲减“专项储备”，并确认相同金额的累计折旧，该固定资产在以后期间不再计提折旧。

国家税务总局公告〔2011〕第26号文件规定，属于资本性支出的，应计入有关资产成本，并按企业所得税法规定计提折旧或摊销费用在税前扣除。

会计与税法规定的计提折旧产生暂时性差异，应当在汇算清缴时进行纳税调整。

按税法规定，2011年12月购买的固定资产不应当计提折旧，应纳税调增55元，2012年按照税法规定应计提折旧5万元（假设该固定资产净残值5万元，税收规定最低折旧年限10年），2012年及以后分10年每年进行纳税调减5万元。

自查切入点

固定资产、累计折旧、专项储备等科目

案例39

房地产开发企业预提费用的税务风险

案例资料

某房地产开发企业计提的公共配套设施费中包括开发项目内道路、供水、供电、供气、排污、排洪、通讯、照明等社区管网工程费和环境卫生、园林绿化等园林环境工程费等 90 万元。计提的这些费用进行了税前扣除。

该房地产开发公司还有一个房地产项目签定了两个出包合同，其中：第一份合同金额为 800 万元，第二份合同金额为 600 万元，两份出包合同属于同一成本核算对象。20×2 年底，该项目已经完工，其中：第一份合同已经取得 770 万元的发票，第二份合同已经取得 500 万元的发票。企业计算计税成本时，第一份合同预提了 30 万元，第二份合同预提了 60 万元，开发成本＝800＋560＝1 360 万元。

税收政策

1.《房地产开发经营业务企业所得税处理办法》（国税发〔2009〕31 号）第二十七条规定：

开发产品计税成本支出的内容如下：

（1）土地征用费及拆迁补偿费。指为取得土地开发使用权（或开发权）而发生的各项费用，主要包括土地买价或出让金、大市政配套费、契税、耕地占用税、土地使用费、土地闲置费、土地变更用途和超面积补交的地价及相关税费、拆迁补偿支出、安置及动迁支出、回迁房建造支出、农作物补偿费、危房补偿费等。

（2）前期工程费。指项目开发前期发生的水文地质勘察、测绘、规划、设计、可行性研究、筹建、场地通平等前期费用。

（3）建筑安装工程费。指开发项目开发过程中发生的各项建筑安装费用。主要包括开发项目建筑工程费和开发项目安装工程费等。

（4）基础设施建设费。指开发项目在开发过程中所发生的各项基础设施支出，主要包括开发项目内道路、供水、供电、供气、排污、排洪、通讯、照明等社区管网工程费和环境卫生、园林绿化等园林环境工程费。

（5）公共配套设施费：指开发项目内发生的、独立的、非营利性的，且产权属于全体业主的，或无偿赠与地方政府、政府公用事业单位的公共配套设施支出。

（6）开发间接费。指企业为直接组织和管理开发项目所发生的，且不能将其归属于特定成本对象的成本费用性支出。主要包括管理人员工资、职工福利费、折旧费、修理费、办公费、水电费、劳动保护费、工程管理费、周转房摊销以及项目营销设施建造费等。

2.《房地产开发经营业务企业所得税处理办法》（国税发〔2009〕31 号）第三十二条规定：

除以下几项预提（应付）费用外，计税成本均应为实际发生的成本。

（1）出包工程未最终办理结算而未取得全额发票的，在证明资料充分的前提下，其发票不足金额可以预提，但最高不得超过合同总金额的10%。

（2）公共配套设施尚未建造或尚未完工的，可按预算造价合理预提建造费用。此类公共配套设施必须符合已在售房合同、协议或广告、模型中明确承诺建造且不可撤销，或按照法律法规规定必须配套建造的条件。

（3）应向政府上交但尚未上交的报批报建费用、物业完善费用可以按规定预提。物业完善费用是指按规定应由企业承担的物业管理基金、公建维修基金或其他专项基金。

税务风险

开发项目内道路、供水、供电、供气、排污、排洪、通讯、照明等社区管网工程费和环境卫生、园林绿化等园林环境工程费属于基础设施建设费，而不属于税法规定可以预提的公共配套设施费。因此预提的这部分费用90万元不得税前扣除。

该公司按照两个出包合同分别预提开发成本，共计90万元，没有充分按照合同总金额的10%预提开发成本140万元，少预提50万元，需要多付出所得税款，得不到递延纳税的好处。

预提工程款计入开发成本计算扣除，应提供充分的证明资料，主要包括：竣工验收备案证明或交付使用证明、出包合同、出包工程的项目预算书以及预算调整的相关证明，税务机关要求的其他资料。

自查切入点

开发成本、预提费用、其他应付款等科目

案例40

房地产开发企业预售阶段缴纳的营业税金及附加、土地增值税可以在企业所得税汇算清缴时扣除

案例资料

某房地产开发企业在年度企业所得税汇算清缴时，仅按照预售收入计算的预计利润申报，未扣除当年缴纳的营业税金及附加和预缴的土地增值税。

税收政策

《房地产开发经营业务企业所得税处理办法》（国税发〔2009〕31号）第十二条规定：企业发生的期间费用、已销开发产品计税成本、营业税金及附加、土地增值税准予当期按规定扣除。

税务风险

根据上述政策，房地产开发企业预售阶段缴纳的营业税金及附加、土地增值税是可以税前扣除的，该企业未在当期申报扣除，多缴企业所得税。

自查切入点

企业所得税纳税申报表

案例41

房地产开发企业计税成本核算不准确的税务风险

案例资料

甲房地产开发企业将未完工开发产品应缴纳的土地使用税计入“开发成本——土地征用及拆迁补偿费”科目，未进行纳税调整。

乙房地产开发企业将部分评估费、礼品支出、咨询费等支出计入了“开发成本——前期工程费”科目。

丙房地产开发企业将自购的建筑材料费用计入了“开发成本——建筑安装工程费”科目，后又取得建筑安装业发票（含房地产开发企业提供的建筑材料费用）计入“开发成本——建筑安装工程费”科目。

丁房地产开发企业将为购房者代收代缴的供水、供电、供气等一户一表费用和环境卫生等费用计入了“开发成本——基础设施建设费”科目，向购房者收取的款项未进行账务处理。

戊房地产开发企业将营利性的、产权归企业所有的配套设施支出计入了“开发成本——公共配套设施费”科目。

己房地产开发企业将业务招待费、咨询费、销售佣金、差旅费等支出计入了“开发成本——开发间接费”科目。

税收政策

《房地产开发经营业务企业所得税处理办法》（国税发〔2009〕31号）第二十七条规定：

开发产品计税成本支出的内容如下：

（1）土地征用费及拆迁补偿费。指为取得土地开发使用权（或开发权）而发生的各项费用，主要包括土地买价或出让金、大市政配套费、契税、耕地占用税、土地使用费、土地闲置费、土地变更用途和超面积补交的地价及相关税费、拆迁补偿支出、安置及动迁支出、回迁房建造支出、农作物补偿费、危房补偿费等。

（2）前期工程费。指项目开发前期发生的水文地质勘察、测绘、规划、设计、可行性研究、筹建、场地通平等前期费用。

（3）建筑安装工程费。指开发项目开发过程中发生的各项建筑安装费用。主要包括开发项目建筑工程费和开发项目安装工程费等。

（4）基础设施建设费。指开发项目在开发过程中所发生的各项基础设施支出，主要包括开发项目内道路、供水、供电、供气、排污、排洪、通讯、照明等社区管网工程费和环境卫生、园林绿化等园林环境工程费。

（5）公共配套设施费：指开发项目内发生的、独立的、非营利性的，且产权属于全体业主的，或无偿赠与地方政府、政府公用事业单位的公共配套设施支出。

（6）开发间接费。指企业为直接组织和管理开发项目所发生的，且不能将其归属于特定成本对象的成本费用性支出。主要包括管理人员工资、职工福利费、折旧费、修理费、办公费、水电费、劳动保护费、工程管理费、周转房摊销以及项目营销设施建造费等。

税务风险

甲房地产开发公司可将土地使用税计入管理费用，在当期进行税前扣除，因为国税发〔2009〕31号文件关于土地征用及拆迁补偿费描述中并未列举土地使用税。

乙房地产开发企业应将部分评估费、礼品支出、咨询费等支出计入当期费用。

丙房地产开发企业自购的建筑材料费用重复计算，虚增成本。

丁房地产开发企业将为购房者代收代缴费用计入了基础设施建设费科目，虚增成本。

戊房地产开发企业应将营利性的、产权归企业所有的配套设施支出单独核算成本并按照建造的开发产品（企业自用按建造的固定资产进行处理的除外）进行处理。

己房地产开发企业应将业务招待费、咨询费、销售佣金、差旅费等支出计入期间费用。

自查切入点

开发成本、管理费用等科目

案例42

房地产开发企业未按规定结算已销开发产品计税成本

案例资料

某房地产开发公司开发的楼盘只销售了90%，就结转了全部开发产品的计税成本。

税收政策

1.《房地产开发经营业务企业所得税处理办法》（国税发〔2009〕31号）第十一条规定：企业在进行成本、费用的核算与扣除时，必须按规定区分期间费用和开发产品计税成本、已销开发产品计税成本与未销开发产品计税成本。

2.《房地产开发经营业务企业所得税处理办法》（国税发〔2009〕31号）第十四条规

定：已销开发产品的计税成本，按当期已实现销售的可售面积和可售面积单位工程成本确认。可售面积单位工程成本和已销开发产品的计税成本按下列公式计算确定：

可售面积单位工程成本＝成本对象总成本÷成本对象总可售面积

已销开发产品的计税成本＝已实现销售的可售面积×可售面积单位工程成本

3.《房地产开发经营业务企业所得税处理办法》（国税发〔2009〕31号）第二十八条规定：企业计税成本核算的一般程序如下：

（1）对当期实际发生的各项支出，按其性质、经济用途及发生的地点、时间区进行整理、归类，并将其区分为应计入成本对象的成本和应在当期税前扣除的期间费用。同时还应按规定对在有关预提费用和待摊费用进行计量与确认。

（2）对应计入成本对象中的各项实际支出、预提费用、待摊费用等合理的划分为直接成本、间接成本和共同成本，并按规定将其合理的归集、分配至已完工成本对象、在建成本对象和未建成本对象。

（3）对期前已完工成本对象应负担的成本费用按已销开发产品、未销开发产品和固定资产进行分配，其中应由已销开发产品负担的部分，在当期纳税申报时进行扣除，未销开发产品应负担的成本费用待其实际销售时再予扣除。

（4）对本期已完工成本对象分类为开发产品和固定资产并对其计税成本进行结算。其中属于开发产品的，应按可售面积计算其单位工程成本，据此再计算已销开发产品计税成本和未销开发产品计税成本。对本期已销开发产品的计税成本，准予在当期扣除，未销开发产品计税成本待其实际销售时再予扣除。

（5）对本期未完工和尚未建造的成本对象应当负担的成本费用，应按分别建立明细台账，待开发产品完工后再予结算。

税务风险

必须按规定区分期间费用和开发产品计税成本、已销开发产品计税成本与未销开发产品计税成本，并按当期已实现销售的可售面积和可售面积单位工程成本确认已销开发产品的计税成本，销售与成本必须配比，不得提前结转成本。

自查切入点

开发产品、主营业务成本等科目

案例43

房地产开发企业可按税法规定选择确定计税成本核算终止日

案例资料

某房地产开发企业未选择确定计税成本核算终止日，按照纳税年度（公历1月1日起至12月31日止）归集核算计税成本，进行企业所得税汇算清缴，次年汇算清缴期间结算取得的票据无法列为当期计税成本进行税前扣除。

税收政策

《房地产开发经营业务企业所得税处理办法》（国税发〔2009〕31号）第三十五条规定：开发产品完工以后，企业可在完工年度企业所得税汇算清缴前选择确定计税成本核算的终止日，不得滞后。凡已完工开发产品在完工年度未按规定结算计税成本，主管税务机关有权确定或核定其计税成本，据此进行纳税调整，并按《中华人民共和国税收征收管理法》的有关规定对其进行处理。

税务风险

根据《企业所得税法》关于“企业所得税按纳税年度计算。纳税年度自公历1月1日起至12月31日止”的规定，大多房地产开发公司均将计税成本核算终止日确定为完工年度的12月31日，这样，次年汇算清缴期间结算取得的票据将不能列为当期计税成本。

大多房地产开发企业的财务人员对国税发〔2009〕31号文件第三十五条规定一扫而过，未仔细阅读，把握其实质。

按照国税发〔2009〕31号文件“企业可在完工年度企业所得税汇算清缴前选择确定计税成本核算的终止日，不得滞后”的规定，计税成本核算的终止日可以选择完工年度企业所得税汇算清缴前任意时点，即次年5月31日之前的某一天，比如企业可以确定次年5月10日为计税成本核算的终止日，这样，次年1月1日至5月10日这段时间就相当于给房地产企业结算、索取发票、确定计税成本的一个宽延期。5月10日之前结算取得的票据则可以列入计税成本。

房地产开发企业选择确定计税成本核算的终止日，计算当期计税成本，进行年度企业所得税汇算清缴，既符合房地产开发企业经营的行业特点，又能充分地利用税法递延纳税。

自查切入点

企业所得税纳税申报表

案例44

房地产开发企业销售未完工开发产品取得的预收账款可以作为业务招待费和广告宣传费的扣除基数

案例资料

甲房地产开发企业，销售未完工开发产品取得预售款，申报年度企业所得税时，没有扣除业务招待费和广告宣传费。

乙房地产开发企业，销售未完工开发产品取得预售款，申报年度企业所得税时，不知道业务招待费和广告宣传费纳税调整如何在申报表上填列。

税收政策

《房地产开发经营业务企业所得税处理办法》（国税发〔2009〕31号）第六条规定：企业通过正式签订《房地产销售合同》或《房地产预售合同》所取得的收入，应确认为销售收入的实现。

税务风险

1. 根据国税发〔2009〕31号文件和《企业所得税法实施条例》中关于业务招待费、广告宣传费扣除的规定，房地产开发企业销售未完工开发产品取得的预售收入，如果正式签订《房地产销售合同》或者《房地产预售合同》，属于未完工开发产品销售收入，是可以作为业务招待费和广告宣传费的扣除基数的，不再待实际结转为收入时再将其作为计算基数。

2. 填列企业所得税年度纳税申报表的方法：

取得预售款时，当年度取得的预售收入按照规定的计税毛利率计算得到的预计利润填入附表三《纳税调整项目明细表》第52行“五、房地产企业预售收入计算的预计利润”第3列“调增金额”。会计确认的预售款作为计算基础计算出的当年可以扣除的业务招待费和广宣费填列在附表三第40行第4列“调减金额”并特别注明“预售款项计算扣除金额”。

预售款结转销售收入时，完工年度会计处理将预售款结转为销售收入，按照本期结转的已按税收规定征税的预售收入乘以适用的计税毛利率填到附表三第52行“五、房地产企业预售收入计算的预计利润”第4列“调减金额”。同时，应当将已结转的预售收入作为计算基础对应计算出的不得扣除的业务招待费和广宣费填列到附表三第40行第3列“调增金额”并特别注明“预售收入结转前期已经扣除金额”，避免将预售收入重复纳入基数造成重复扣除。

自查切入点

企业所得税纳税申报表

案例45

房地产开发企业多个项目共同负担的应当资本化的借款利息应该按直接成本法或按预算造价法进行分配

案例资料

许多房地产开发公司财务负责人咨询：我公司向银行借款用于多个项目建设，借款利息何时开始资本化？资本化利息可以按照土地面积、建筑面积或投资总额等在各项目间分配吗？

税收政策

1.《房地产开发经营业务企业所得税处理办法》（国税发〔2009〕31号）二十一条规定：企业为建造开发产品借入资金而发生的符合税收规定的借款费用，可按企业会计准则的规定进行归集和分配，其中属于财务费用性质的借款费用，可直接在税前扣除。

2.《房地产开发经营业务企业所得税处理办法》（国税发〔2009〕31号）第二十九条规定：企业开发、建造的开发产品应按制造成本法进行计量与核算。其中，应计入开发产品成本中的费用属于直接成本和能够分清成本对象的间接成本，直接计入成本对象，共同成本和不能分清负担对象的间接成本，应按受益的原则和配比的原则分配至各成本对象，具体分配方法可按以下规定选择其一：

（1）占地面积法。指按已动工开发成本对象占地面积占开发用地总面积的比例进行分配。

①一次性开发的，按某一成本对象占地面积占全部成本对象占地总面积的比例进行分配。

②分期开发的，首先按本期全部成本对象占地面积占开发用地总面积的比例进行分配，然后再按某一成本对象占地面积占期内全部成本对象占地总面积的比例进行分配。

期内全部成本对象应负担的占地面积为期内开发用地占地面积减除应由各期成本对象共同负担的占地面积。

（2）建筑面积法。指按已动工开发成本对象建筑面积占开发用地总建筑面积的比例进行分配。

①一次性开发的，按某一成本对象建筑面积占全部成本对象建筑面积的比例进行分配。

②分期开发的，首先按期内成本对象建筑面积占开发用地计划建筑面积的比例进行分配，然后再按某一成本对象建筑面积占期内成本对象总建筑面积的比例进行分配。

（3）直接成本法。指按期内某一成本对象的直接开发成本占期内全部成本对象直接开发成本的比例进行分配。

（4）预算造价法。指按期内某一成本对象预算造价占期内全部成本对象预算造价的比例进行分配。

3.《房地产开发经营业务企业所得税处理办法》（国税发〔2009〕31号）第三十条规定，借款费用属于不同成本对象共同负担的，按直接成本法或按预算造价法进行分配。

税务风险

1. 利息资本化、费用化的时点确定税法上和会计上规定相同：

《企业会计准则——借款费用》规定，专门借款利息开始资本化应同时具备三个条件：（1）资产支出已经发生；（2）借款费用已经发生；（3）为使资产达到预定可使用状态的购建活动已经开始。当所购建的固定资产达到预定可使用状态时，应当停止其借款费用的资本化。

将应资本化的利息支出在发生当期费用化，不仅要进行应纳税所得额的调整，还要调整相应资产的计税基础，主要涉及存货、固定资产、在建工程、无形资产等科目。

因此，房地产企业借款利息应在完工时停止资本化，不再计入开发成本，计入当期财务费用。

2. 资本化利息不可以按照土地面积、建筑面积或投资总额等在各项目间分配，应按直接成本法或按预算造价法进行分配。

自查切入点

财务费用、开发成本等科目

案例46

未超过税收法规规定的税前扣除范围和标准不用纳税调整

案例资料

某公司固定资产会计折旧年限高于税法规定的最低折旧年限，在汇算清缴时，企业将会计核算折旧与税法折旧的差额进行纳税调减处理。

表 2-14 资产折旧、摊销纳税调整明细表

填报时间：20×2 年 5 月 18 日　　金额单位：元（列至角分）

行次	资产类别	资产原值		折旧、摊销年限		本期折旧、摊销额		纳税调整额
		账载金额	计税基础	会计	税收	会计	税收	
		1	2	3	4	5	6	7
1	一、固定资产	1 260 000.00	1 260 000.00	*	*	117 799.97	129 041.64	−11 241.67
2	1. 房屋建筑物	300 000.00	300 000.00	25	20	11 400.00	14 250.00	−2 850.00
3	2. 飞机、火车、轮船、机器、机械和其他生产设备	800 000.00	800 000.00	10	10	75 999.96	75 999.96	
4	3、与生产经营有关的器具工具家具							
5	4. 飞机、火车、轮船以外的运输工具	150 000.00	150 000.00	5	4	28 500.00	35 625.00	−7 125.00
6	5. 电子设备	10 000.00	10 000.00	5	3	1 900.01	3 166.68	−1 266.67
7	二、生产性生物资产			*	*			
8	1. 林木类							
9	2. 畜类							
10	三、长期待摊费用			*	*			
11	1. 已足额提取折旧的固定资产的改建支出							
12	2. 租入固定资产的的改建支出							

续表

行次	资产类别	资产原值		折旧、摊销年限		本期折旧、摊销额		纳税调整额
		账载金额	计税基础	会计	税收	会计	税收	
		1	2	3	4	5	6	7
13	3. 固定资产大修理支出							
14	4. 其他长期待摊费用							
15	四、无形资产							
16	五、油气勘探投资							
17	六、油气开发投资							
18	合计	1 260 000.00	1 260 000.00	*	*	117 799.97	129 041.64	－11 241.67

税收政策

1.《企业所得税法》第二十一条规定：在计算应纳税所得额时，企业财务、会计处理办法与税收法律、行政法规的规定不一致的，应当依照税收法律、行政法规的规定计算。

2.《国家税务总局关于企业所得税应纳税所得额若干税务处理问题的公告》（国家税务总局公告 2012 年第 15 号）第八条规定：根据《企业所得税法》第二十一条规定，对企业依据财务会计制度规定，并实际在财务会计处理上已确认的支出，凡没有超过《企业所得税法》和有关税收法规规定的税前扣除范围和标准的，可按企业实际会计处理确认的支出，在企业所得税前扣除，计算其应纳税所得额。

税务风险

根据上述政策规定，企业按照会计要求确认的支出，没有超过《企业所得税法》规定的标准和范围（如折旧年限的选择）的，为减少会计与税法差异的调整，便于税收征管，企业按照会计上确认的支出，在税务处理时，将不再进行调整。

该公司在“纳税调整额”一列中应填写“0”。

自查切入点

企业所得税纳税申报表

案例 47

以前年度发生的应扣未扣支出并非不可以扣除

案例资料

某公司 2010 年 12 月采购了两台机器设备，价值 100 万元，在 2011 年度没有计提折旧，两台机器设备预计残值率均为5%。2012年度发现后补提折旧1 000 000×(1−5%)÷10=95 000元，2012年度汇算清缴时，某税务师事务所认为该部分折扣属于以前年度应计提而未计提的支出，按照《企业所得税法实施条例》第九条规定不得税前扣除，应当纳税调增。

税收政策

1.《中华人民共和国企业所得税法实施条例》第九条规定：企业应纳税所得额的计算，以权责发生制为原则，属于当期的收入和费用，不论款项是否收付，均作为当期的收入和费用；不属于当期的收入和费用，即使款项已经在当期收付，均不作为当期的收入和费用。本条例和国务院财政、税务主管部门另有规定的除外。

2.《国家税务总局关于企业所得税应纳税所得额若干税务处理问题的公告》（国家税务总局公告2012年第15号）第六条规定：

根据《中华人民共和国税收征收管理法》的有关规定，对企业发现以前年度实际发生的、按照税收规定应在企业所得税前扣除而未扣除或者少扣除的支出，企业做出专项申报及说明后，准予追补至该项目发生年度计算扣除，但追补确认期限不得超过5年。

企业由于上述原因多缴的企业所得税税款，可以在追补确认年度企业所得税应纳税款中抵扣，不足抵扣的，可以向以后年度递延抵扣或申请退税。

亏损企业追补确认以前年度未在企业所得税前扣除的支出，或盈利企业经过追补确认后出现亏损的，应首先调整该项支出所属年度的亏损额，然后再按照弥补亏损的原则计算以后年度多缴的企业所得税款，并按前款规定处理。

3.《中华人民共和国税收征收管理法》第五十一条规定：纳税人超过应纳税额缴纳的税款，税务机关发现后应当立即退还；纳税人自结算缴纳税款之日起三年内发现的，可以向税务机关要求退还多缴的税款并加算银行同期存款利息，税务机关及时查实后应当立即退还。

税务风险

很多人认为：以前年度发生的应扣未扣支出按照权责发生制原则不可以税前扣除。其实不是这样。

企业由于出现应在当期扣除而未扣除的税费，从而多缴了税款，以后年度发现后应当准予追补确认退还，但根据权责发生制原则，不得改变税费扣除的所属年度，应追补至该项目发生年度计算扣除，这才是权责发生制的真实含义。

以前年度纳税调整应遵循权责发生制原则，以前年度少计的成本费用，应对应所属年度，调整该年度的应纳税所得额，并通过“以前年度损益调整”等科目，对补缴年度作企业所得税纳税调整。涉及纳税申报表填列的事项，可以在2012年度纳税申报表主表第41行“以前年度多缴的所得税额在本年递减额”项下填写申报，也可以向主管税务机关申请退税。

该公司2011年度涉及企业所得税金额为1 000 000×(1−5%)÷10×25%=23 750元。

可以抵缴以后年度应纳税款或向主管税务机关申报退税。

自查切入点

以前年度发生的应扣未扣支出，企业所得税纳税申报表

案例48

跨年度取得发票账务处理有技巧，税前扣除无障碍

案例资料

下面是大多数纳税人对跨年度取得发票的账务处理常见几种方法：

第一种方法：

表 2-15 记账凭证

20×1 年 12 月 2 日

记字第 03 号
附件 2 张

摘　要	一级账户	明细账户	借方金额	贷方金额
支付甲公司装卸费	预付账款	甲公司	9 000.00	
支付甲公司装卸费	银行存款			9 000.00
合　计			9 000.00	9 000.00

会计主管：珠珠　记账：丹丹　审核：何花　出纳：娜娜　制单：丹丹

附件：付款审批单、转账支票头。

表 2-16 记账凭证

20×2 年 2 月 12 日

记字第 20 号
附件 1 张

摘　要	一级账户	明细账户	借方金额	贷方金额
支付甲公司装卸费	销售费用	运费	9 000.00	
支付甲公司装卸费	预付账款	甲公司		9 000.00
合　计			9 000.00	9 000.00

会计主管：珠珠　记账：丹丹　审核：何花　出纳：娜娜　制单：丹丹

附件：一份 20×1 年 12 月份装卸费发票。

第二种方法：

表 2-17

记账凭证

20×2 年 3 月 4 日

记字第 07 号

附件 3 张

摘　　要	一级账户	明细账户	借方金额	贷方金额
支付水电费	管理费用	水电费	2 600.00	
支付水电费	库存现金			2 600.00
	合　　计		2 600.00	2 600.00

会计主管：珠珠　　记账：丹丹　　审核：何花　　出纳：娜娜　　制单：丹丹

附件：一份 20×1 年 12 月份水电费普通发票、付款审批单、对方收据。

第三种方法：

表 2-18

记账凭证

20×2 年 3 月 4 日

记字第 08 号

附件 3 张

摘　　要	一级账户	明细账户	借方金额	贷方金额
支付租赁费	以前年度损益调整		40 000.00	
支付租赁费	银行存款			40 000.00
	合　　计		40 000.00	40 000.00

会计主管：珠珠　　记账：丹丹　　审核：何花　　出纳：娜娜　　制单：丹丹

附件：一份 20×1 年 12 月份租赁费发票、付款审批单、转账支票头。

这三种方法，均用以前年度费用发票补记以前年度费用，或通过“以前年度损益调整”核算，在税前扣除时往往得不到税务人员的认可，造成税前不能抵扣的风险。

有些税务人员认为，根据《财政部国家税务总局关于企业所得税几个具体问题的通知》(1996 年 11 月 1 日 财税字〔1996〕79 号) 的第一条“企业纳税年度内应计未计扣除项目，包括各类应计未计费用、应提未提折旧等，不得移转以后年度补扣”之规定，对企业汇算清缴期间通过“以前年度损益调整”、“管理费用”、“销售费用”、“生产成本”等科目补记的以前年度应计未计费用，应提未提折旧等不能税前扣除，既不能在费用入账年度 20×2 年扣除，又不能在费用发生年度 20×1 年扣除（即调减 20×1 年应纳税所得额），税务机关认为视为权利放弃方式处理。

税收政策

1.《中华人民共和国企业所得税法实施条例》第九条规定，见案例 47。

2.《国家税务总局关于企业所得税若干题目的公告》（国家税务总局 2011 年第 34 号公告）规定：企业当年度实际发生的相关成本、费用，由于各种原因未能及时取得该成本、费用的有效凭证，企业在预缴季度所得税时，可暂按账面发生金额进行核算；但在汇算清缴时，应补充提供该成本、费用的有效凭证。

3.《国家税务总局关于印发〈企业所得税汇算清缴管理办法〉的通知》（国税发〔2009〕79号）第十条规定：纳税人在汇算清缴期内发现当年企业所得税申报有误的，可在汇算清缴期内重新办理企业所得税年度纳税申报。

4.《国家税务总局关于企业所得税应纳税所得额若干税务处理问题的公告》（国家税务总局公告2012年第15号）第六条关于以前年度发生应扣未扣支出的税务处理问题规定，见案例47。

税务风险

通过上述税法政策规定，我们可以看出，某些税务人员的做法是不符合税法政策规定的。分析如下：

《企业所得税法实施条例》确定企业应纳税所得额的计算是以权责发生制为原则的。

财税字〔1996〕79号文件的第一条“企业纳税年度内应计未计扣除项目，包括各类应计未计费用、应提未提折旧等，不得移转以后年度补扣”之规定，强调了不能结转以后年度补扣，并没有说明不能回到费用发生年度扣除。

国家税务总局2011年第34号公告文件则允许汇算清缴之前取得发票等有效凭证的可以在费用发生年度进行申报扣除。

国税发〔2009〕79号文件允许纳税人发现企业所得税申报有误的可以在汇算清缴期内重新办理企业所得税年度纳税申报。

国家税务总局公告2012年第15号文件对于汇算清缴时未得到税前扣除的以前年度应扣未扣支出，允许企业做出专项申报及说明后追补至该项目发生年度计算扣除，但追补确认期限不得超过5年。多缴的企业所得税税款，可以在追补确认年度企业所得税应纳税款中抵扣，不足抵扣的，可以向以后年度递延抵扣或申请退税。

尽管某些税务人员的理解是错误的，但是，企业这样账务处理，向这些税务人员解释起来会比较麻烦。现实工作中，某些税务人员业务素质有限，企业财务人员又不能据理力争，还是存在这部分费用无法在税前扣除的可能。为了减少不必要的麻烦，税前扣除无障碍，我们可以选择下列两种方法进行账务处理：

方法一：企业可以在成本费用实际发生但尚未取得发票时，借记“生产成本”、“管理费用”、“销售费用”等科目，贷记“应付账款”科目，在支付款项时，借记“预付账款”科目，贷记“银行存款”或“库存现金”科目；在取得发票时，借记“应付账款”科目，贷记“预付账款”科目。

方法二：企业可以在成本费用实际发生但尚未取得发票时，借记“生产成本”、“管理费用”、“销售费用”等科目，贷记“应付账款”科目；在取得发票时，借记“应付账款”科目，贷记“银行存款”或“库存现金”科目。这种处理方法，“银行存款”或“库存现金”科目余额与实际情况会造成暂时的差额，可以通过编制余额调节表来处理。

这样进行账务处理，既符合权责发生制，又可以仅根据国家税务总局2011年第34号公告一个文件规定就可以税前扣除，也容易得到税务机关的认可。顺便说一句，企业习惯性的按发票取得时间记账的方法是不符合会计和税法要求的，习惯性的东西不见得正确。

自查切入点

以前年度损益调整、成本费用类科目、企业所得税年度纳税申报表

案例49

存货实际损失应调减“存货跌价准备”

案例资料

20×1年10月，甲公司因特大暴雨损毁一批原材料，该批原材料成本70 000元，已计提存货跌价准备8 000元（以前年度已按照国税函〔2009〕202号文件规定进行了调增应纳税所得额处理），无残值。该公司已向主管税务机关申报相关资料。

该公司账务处理如下：

借：待处理财产损溢　62 000

　　存货跌价准备　8 000

　贷：原材料　70 000

借：营业外支出　62 000

　贷：待处理财产损溢　62 000

该项业务在企业所得税汇算清缴时处理方法如下：

在企业所得税年度纳税申报表附表二《成本费用明细表》中第22行“6. 非常损失”栏填写62 000元，在企业所得税年度纳税申报表附表三《纳税调整项目明细表》中第42行“1. 财产损失”栏“账载金额”、“税收金额”、“调增金额”、“调减金额”四列分别填入62 000、62 000、0、0。

税收政策

1.《国家税务总局关于企业所得税执行中若干税务处理问题的通知》（国税函〔2009〕202号）第二条规定：除财政部和国家税务总局核准计提的准备金可以税前扣除外，其他行业、企业计提的各项资产减值准备、风险准备等准备金均不得税前扣除。

2.《财政部国家税务总局关于企业资产损失税前扣除政策的通知》（财税〔2009〕57号）第八条规定：对企业毁损、报废的固定资产或存货，以该固定资产的账面净值或存货的成本减除残值、保险赔款和责任人赔偿后的余额，作为固定资产或存货毁损、报废损失在计算应纳税所得额时扣除。

税务风险

存货跌价准备应当填写企业所得税年度纳税申报表附表十《资产减值准备项目调整明细表》第2行“存货跌价准备”栏下“期初余额”、“本期转回额”、“纳税调整额”、分别

填入 8 000、8 000、−8 000，在《纳税调整项目明细表》中第 51 行“四、准备金调整项目（填写附表十）”栏“调减金额”列相应填写 8 000。

在《纳税调整项目明细表》中第 42 行“1. 财产损失”栏“账载金额”、“税收金额”、“调增金额”、“调减金额”四列按照 70 000、70 000、0、0 填列。这样，《成本费用明细表》中第 22 行“6. 非常损失”62 000 元与《纳税调整项目明细表》中第 51 行“调减金额”8 000 元之和正好为税收上确认的原材料损失 70 000 元。

表 2-19　　资产减值准备项目调整明细表

填报时间：20×2 年 5 月 20 日　　金额单位：元（列至角分）

行次	准备金类别	期初余额	本期转回额	本期计提额	期末余额	纳税调整额
		1	2	3	4	5
1	坏（呆）账准备					
2	存货跌价准备	8 000.00	8 000.00			−8 000.00
16	其他					
17	合计	8 000.00	8 000.00			−8 000.00

注：假设无其他纳税调整项目，为节省空间，删去了部分用不到的行。

表 2-20　　纳税调整项目明细表

填报时间：20×2 年 5 月 20 日　　金额单位：元（列至角分）

行次	项目	账载金额	税收金额	调增金额	调减金额
		1	2	3	4
1	一、收入类调整项目	*	*		
20	二、扣除类调整项目	*	*		
41	三、资产类调整项目	*	*		
42	1. 财产损失	70 000.00	70 000.00		
43	2. 固定资产折旧（填写附表九）	*	*		
44	3. 生产性生物资产折旧（填写附表九）	*	*		
45	4. 长期待摊费用的摊销（填写附表九）	*	*		
46	5. 无形资产摊销（填写附表九）	*	*		
47	6. 投资转让、处置所得（填写附表十一）	*	*		
48	7. 油气勘探投资（填写附表九）	*	*		
49	8. 油气开发投资（填写附表九）	*	*		
50	9. 其他				
51	四、准备金调整项目（填写附表十）	*	*		8 000.00
52	五、房地产企业预售收入计算的预计利润	*	*		
53	六、特别纳税调整应税所得	*	*		*
54	七、其他	*	*		
55	合计	*	*		8 000.00

注：假设无其他纳税调整项目，为节省空间，删去了部分用不到的行。

自查切入点

待处理财产损溢、营业外支出、准备类等科目

相关阅读

许多企业财务人员对税法理解不透，不清楚哪些项目应该纳税调减，也不知道该如何进行纳税调减处理，结果多缴了税款，给企业带来了不应有的经济损失。为减少企业多缴税款的税务风险，笔者对在企业所得税汇算清缴时需要作纳税调减处理的项目进行了归类梳理，提醒财务人员予以重视。

1. 广告费、业务宣传费支出和职工教育经费支出，如果以前年度超标纳税调增，在当年所得税汇算清缴时，应考虑纳税调减因素，依法作纳税调减处理。

2. 企业为开发新技术、新产品、新工艺发生的研究开发费用，未形成无形资产计入当期损益的，在按照规定据实扣除的基础上，按照研究开发费用的50%加计扣除；形成无形资产的，按照无形资产成本的150%摊销。

3. 企业安置残疾人员的，在按照支付给残疾职工工资的据实扣除的基础上，按照支付给残疾职工工资的100%加计扣除。

4. 以前年度工资余额已作调增处理，企业本年度发放以前年度工资的余额部分，应作纳税调减处理。

5. 以前年度提取的各项减值准备已作纳税调增处理，本年度因价值恢复、资产转让、实际损失等原因转回时，应作纳税调减处理。

6. 以前年度发生的因未取得合法凭证已作纳税调增的应扣未扣、应计未计支出，待纳税人取得发票等合法凭证后，可以在追补确认年度企业所得税应纳税款中抵扣，不足抵扣的，可以向以后年度递延抵扣或申请退税。以前年度发生的因漏计、少计等原因导致的应提未提折旧、少结转成本等应计未计支出，待纳税人发现后，也可以在追补确认年度企业所得税应纳税款中抵扣，不足抵扣的，可以向以后年度递延抵扣或申请退税。

7. 固定资产、无形资产、长期待摊费用和投资性房地产，会计核算与税收规定摊销年限不同产生的纳税调减额。

8. 企业发生税法上的未按权责发生制原则确认的收入，如：分期收款销售收入、持续时间超过12个月的收入、利息、租金、特许权使用费收入，会计核算与税收规定不同产生的差异应作纳税调减处理。

9. 企业按权益法核算长期股权投资对初始投资成本调整确认收益，会计核算与税收上的差异应作纳税调减处理。

10. 以公允价值计量的交易性金融资产、交易性金融负债和投资性房地产等，在资产负债日公允价值大于其账面价值时，应作纳税调减处理。

11. 由于债权人原因导致债务不能清偿或不需清偿的部分，税法规定应并入所得征税，实际支付时应作纳税调减处理。

12. 从事房地产开发业务的纳税人本期将预售收入转为销售收入，其结转的预售收入已按税收规定的预计利润率计算的预计利润，应作纳税调减处理。

13. 不征税收入、免税收入、减计收入、减免税项目等应作纳税调减处理。

14. 抵扣应纳税所得额：创业投资企业采取股权投资方式投资于未上市的中小高新技术企业2年以上的，可以按照其投资额的70%在股权持有满2年的当年抵扣该创业投资企业的应纳税所得额；当年不足抵扣的，可以在以后纳税年度结转抵扣。

15. 抵免应纳税额（而非应纳税所得额）：企业购置并实际使用《环境保护专用设备企业所得税优惠目录》、《节能节水专用设备企业所得税优惠目录》和《安全生产专用设备企业所得税优惠目录》规定的环境保护、节能节水、安全生产等专用设备的，该专用设备的投资额的10%可以从企业当年的应纳税额中抵免；当年不足抵免的，可以在以后5个纳税年度结转抵免。

16. 境外已纳税超过抵免限额的部分，可以在以后5个纳税年度内，用每年度的抵免限额抵免当年应抵税额后的余额进行抵补。

17. 企业以前年度符合弥补亏损的，在年终结账汇算清缴时应考虑弥补亏损因素。

18. 其他需要作纳税调减的项目。

企业财务人员要想在企业所得税汇算清缴工作中全面、准确地处理纳税调减项目，减少企业多缴税款的税务风险，应当在平时的工作中就做好准备：设置备查簿，随时记录暂时性差异项目的发生与转回情况、每一纳税年度的纳税调整情况。这样做，既能减轻汇算清缴时的工作量，又能保证汇算清缴的全面、准确，还能更好地应对税务检查。

案例50

实物抵账，应收账款损失可税前扣除

案例资料

乙公司因财务困难，无法偿还甲公司债务100万元，双方协商，乙公司用原值80万元已提折旧20万元的机器设备抵偿甲公司债务，该机器设备公允价值为70元。甲公司进行账务处理如下：

借：固定资产　　1 000 000

　贷：应收账款　　1 000 000

税收政策

1.《财政部、国家税务总局关于企业重组业务企业所得税处理若干问题的通知》（财税〔2009〕59号）第四条第二项规定：

企业债务重组，相关交易应按以下规定处理：

（1）以非货币资产清偿债务，应当分解为转让相关非货币性资产、按非货币性资产公允价值清偿债务两项业务，确认相关资产的所得或损失。

（2）发生债权转股权的，应当分解为债务清偿和股权投资两项业务，确认有关债务清偿所得或损失。

(3) 债务人应当按照支付的债务清偿额低于债务计税基础的差额，确认债务重组所得；债权人应当按照收到的债务清偿额低于债权计税基础的差额，确认债务重组损失。

(4) 债务人的相关所得税纳税事项原则上保持不变。

2.《企业重组业务企业所得税管理办法》(国家税务总局公告 2010 年第 4 号) 第十一条规定：以非货币资产清偿债务的，应保留当事各方签订的清偿债务的协议或合同，以及非货币资产公允价格确认的合法证据等。

税务风险

该公司未按会计准则进行账务处理，未确认债务重组损失，计入营业外支出科目，导致企业多缴企业所得税。该公司正确处理方法为：

$$\frac{\text{债务}}{\text{重组损失}}=\frac{\text{应收账款}}{\text{账面余额}}-\frac{\text{受让资产的}}{\text{公允价值}}=1\,000\,000-700\,000=300\,000(\text{元})$$

借：固定资产　　700 000

　　营业外支出　　300 000

　贷：应收账款　　1 000 000

该债务重组损失 300 000 元应在企业所得税年度纳税申报表附表二《成本费用明细表》第 20 行“4. 债务重组损失”填列，向税务机关申报后可以税前扣除。

该企业未进行正确账务处理，无法在《成本费用明细表》第 20 行“4. 债务重组损失”填列债务重组损失 300 000 元，可在向税务机关申报后，在《纳税调整项目明细表》中第 40 行“20. 其他”栏“账载金额”、“税收金额”、“调增金额”、“调减金额”四列按照 0、300 000、0、300 000 填列。

自查切入点

营业外支出、应收账款等科目、协议或合同

相关阅读

错误的账务处理方法，往往会遗漏纳税调整项目，正确的账务处理方法是降低税务风险的基础。

案例51

企业专用设备投资额抵免企业所得税的税务风险

案例资料

某企业 20×3 年 4 月花费 200 万元购置一套安全生产专用设备（属于财税〔2008〕

118号文件规定的目录范围)，取得增值税普通发票，其中：企业自筹资金100万元、银行贷款50万、财政拨款50万元。另外，支付设备运费及安装调试费等相关费用2万元。该套设备于20×3年5月投入使用。该企业20×3年应纳税所得额为100万元，该企业应纳企业所得税计算过程如下：

1. 专用设备投资额＝200＋2＝202（万元）

2. 专用设备投资额抵免所得税额＝202×10%＝20.2（万元）

3. 实际应纳所得税额＝100×25%－20.2＝4.8（万元）

税收政策

1.《财政部、国家税务总局关于执行环境保护专用设备企业所得税优惠目录、节能节水专用设备企业所得税优惠目录和安全生产专用设备企业所得税优惠目录有关问题的通知》(财税〔2008〕48号）规定：

一、企业自2008年1月1日起购置并实际使用列入《目录》范围内的环境保护、节能节水和安全生产专用设备，可以按专用设备投资额的10%抵免当年企业所得税应纳税额；企业当年应纳税额不足抵免的，可以向以后年度结转，但结转期不得超过5个纳税年度。

二、专用设备投资额，是指购买专用设备发票价税合计价格，但不包括按有关规定退还的增值税税款以及设备运输、安装和调试等费用。

三、当年应纳税额，是指企业当年的应纳税所得额乘以适用税率，扣除依照企业所得税法和国务院有关税收优惠规定以及税收过渡优惠规定减征、免征税额后的余额。

四、企业利用自筹资金和银行贷款购置专用设备的投资额，可以按企业所得税法的规定抵免企业应纳所得税额；企业利用财政拨款购置专用设备的投资额，不得抵免企业应纳所得税额。

五、企业购置并实际投入适用、已开始享受税收优惠的专用设备，如从购置之日起5个纳税年度内转让、出租的，应在该专用设备停止使用当月停止享受企业所得税优惠，并补缴已经抵免的企业所得税税款。转让的受让方可以按照该专用设备投资额的10%抵免当年企业所得税应纳税额；当年应纳税额不足抵免的，可以在以后5个纳税年度结转抵免。

六、根据经济社会发展需要及企业所得税优惠政策实施情况，国务院财政、税务主管部门会同国家发展改革委、安监总局等有关部门适时对《目录》内的项目进行调整和修订，并在报国务院批准后对《目录》进行更新。

注：现行目录为《财政部、国家税务总局、国家发展改革委关于公布节能节水专用设备企业所得税优惠目录（2008年版）和环境保护专用设备企业所得税优惠目录（2008年版）的通知》（财税〔2008〕115号）和《财政部、国家税务总局、安全监督总局关于公布安全生产专用设备企业所得税优惠目录（2008年版）的通知》（财税〔2008〕118号）两个文件规定的目录。

2.《国家税务总局关于环境保护节能节水安全生产等专用设备投资抵免企业所得税有关问题的通知》(国税函〔2010〕256号）规定：自2009年1月1日起，纳税人购进并实际使用《环境保护专用设备企业所得税优惠目录》、《节能节水专用设备企业所得税优惠目录》和《安全生产专用设备企业所得税优惠目录》范围内的专用设备并取得增值税专用发票的，在按照《财政部 国家税务总局关于执行环境保护专用设备企业所得税优惠目录节能节水专用设备企业所得税优惠目录和安全生产专用设备企业所得税优惠目录有关问题的通知》（财税〔2008〕48号）第二条规定进行税额抵免时，如增值税进项税额允许抵扣，其专用设备投资额不再包括增值税进项税额；如增值税进项税额不允许抵扣，其专用设备投资额应为增值税专用发票上注明的价税合计金额。企业购买专用设备取得普通发票的，其专用设备投资额为普通发票上注明的金额。

税务风险

该企业直接将专用设备的会计账面原值当做了对专用设备的投资额，没有根据财税〔2008〕48号文件规定将该设备运输、安装和调试等费用扣除。另外，企业购置专用设备的投资额只有自筹资金和银行贷款部分可以抵免，而利用财政拨款购置专用设备的投资额不得抵免企业应纳所得税额。

正确计算方法应当为：

1. 专用设备投资额＝200－50＝150（万元）
2. 专用设备投资额抵免所得税额＝150×10％＝15（万元）
3. 实际应纳所得税额＝100×25％－15＝10（万元）

自查切入点

固定资产科目，企业所得税年度纳税申报表

相关阅读

企业在计算专用设备投资额抵免所得税额时，一定要注意以下几点：

1. 企业投资抵免企业所得税的专用设备必须是符合国家相关规定的环保设备、节能节水设备和安全生产设备。

2. 企业按照投资额的10％抵扣当年的企业所得税时，不能将设备进项税额、运输、安装和调试等费用计算在内。

增值税进项税额允许抵扣，纳税人由于自身原因未获得抵扣，计算抵免的企业所得税时，投资额也不应包含进项税额。进项税不能抵扣的情形主要包括：属于增值税暂行条例列举的不能抵扣的情形；取得发票不符合规定；超越抵扣规定的时限；抵扣手续不符合规定。取得发票不符合规定、超越抵扣规定的时限和抵扣手续不符合规定三种不能抵扣的情形，通常是该货物进项税本来允许抵扣的，只是违反了相关规定，而不能抵扣。因此，纳税人要注意取得的符合抵扣条件的专用设备应及时进行认证抵扣，以避免自身的税务风险。

3. 企业利用财政拨款购置专用设备的投资额，不得计算抵免企业应纳所得税额。

4. 已开始享受税收优惠的专用设备，在购置之日起5个纳税年度内转让、出租的，应在该专用设备停止使用当月停止享受企业所得税优惠，并补缴已经抵免的企业所得税税款。

5. 企业所得税优惠管理包括审批和备案两种方式。其中，备案管理分为事先备案和事后报送相关资料两种具体方式。未按规定提请审批、备案或虽提请审批、备案但主管税务机关未予确认的，纳税人不得享受税收优惠。企业应当按照总局及所在省份的国税局、地税局的备案规定，做好减免税备案工作，减少不必要的损失。比如山东省国家税务局要求企业购置用于安全生产专用设备的主要应提供以下资料：

①《企业所得税优惠事项备案报告书》。

②专用设备说明书、检测报告等技术资料，及企业所购买专用设备类别、名称、型号、技术指标、参照标准、应用领域、能效标准等具体项目说明。

③购置专用设备合同、融资租赁合同、发票复印件。购置专用设备资金来源说明及相关材料。

④专用设备投入使用时间及证明投入使用的影像资料。

⑤企业原有生产工艺流程及专用设备投入使用后的实际效果。

⑥国税机关要求提供的其他资料。

案例52

股金补偿款不应在税前列支

案例资料

某企业在营业外支出中列支给某企业的股金补偿款，年度汇算清缴中未作纳税调整。

税收政策

《企业所得税法》第十条第一项规定：向投资者支付的股息、红利等权益性投资收益款项不得在计算应纳税所得额时扣除。

税务风险

该企业在营业外支出中列支给某企业的股金补偿款不得税前扣除，应调增应纳税所得额，补缴企业所得税。这一点较容易理解，这些支出都是用企业的未分配利润来支付的，显然不可以税前扣除。

自查切入点

营业外支出科目

案例53

外购存货视同销售的税务风险

案例资料

表 2-21

记账凭证

20×2 年 12 月 03 日

记字第 04 号
附件 3 张

摘　要	一级账户	明细账户	借方金额	贷方金额
捐赠宝宝幼儿园	营业外支出	捐赠支出	11 700.00	
捐赠宝宝幼儿园	库存商品	甲商品		10 000.00
捐赠宝宝幼儿园	应交税费	应交增值税（销项税额）		1 700.00
合　计			11 700.00	11 700.00

会计主管：珠珠　记账：丹丹　审核：何花　出纳：娜娜　制单：丹丹

企业所得税汇算清缴时，按照对外销售甲商品的价格调增视同销售收入 12 000 元和视同销售成本 10 000 元。

税收政策

1.《关于企业处置资产所得税处理问题的通知》（国税函〔2008〕828 号）第二条规定：

企业将资产移送他人的下列情形，因资产所有权属已发生改变而不属于内部处置资产，应按规定视同销售确定收入。

（一）用于市场推广或销售；

（二）用于交际应酬；

（三）用于职工奖励或福利；

（四）用于股息分配；

（五）用于对外捐赠；

（六）其他改变资产所有权属的用途。

2.《关于企业处置资产所得税处理问题的通知》第三条规定：企业发生本通知第二条规定情形时，属于企业自制的资产，应按企业同类资产同期对外销售价格确定销售收入；属于外购的资产，可按购入时的价格确定销售收入。

税务风险

实际工作中，企业发生的外购存货用于市场推广、交际应酬、对外捐赠往往直接计入费用支出，不进行纳税调整，或者纳税调整不准确，导致企业少缴或者多缴税款。

该企业甲商品为外购商品，对外捐赠视同销售，可按购入时的价格 10 000 元确定销售收入。该笔业务企业多调增销售收入 2 000 元。

上述政策为企业所得税视同销售的规定，相应的增值税还需按照增值税视同销售的税法规定执行，因此，该企业应按照对外销售价格 12 000 元计提销项税额，该笔业务企业少计提销项税额 340 元，少计营业外支出 340 元。

自查切入点

库存商品科目及其对应的除主营业务成本以外的借方科目

相关阅读

1. 上述列举的情形对比《中华人民共和国企业所得税法实施条例》第二十五条规定："企业发生非货币性资产交换，以及将货物、财产、劳务用于捐赠、偿债、赞助、集资、广告、样品、职工福利或者利润分配等用途的，应当视同销售货物、转让财产或者提供劳务，但国务院财政、税务主管部门另有规定的除外。"增加了"交际应酬"，而少了"非货币性资产交换、偿债、集资"等三种情形。

上述列举企业处置资产的情形并没有取《企业所得税法》第六条，《中华人民共和国企业所得税法实施条例》第十二条、十三条规定"各种来源的以货币形式和非货币形式取得的收入"，这种资产所有权的转移是单向的，并没有取得相关对价的，而未列举的情形"非货币性资产交换、偿债、集资"确实取得对价的，如取得非货币资产和资金。

2. 属于企业自制的资产，应按企业同类资产同期对外销售价格确定销售收入；属于外购的资产，可按购入时的价格确定销售收入。

值得注意的是，该项规定仅适用于文件列举的情形（即无对价的资产转移），而不适用有对价的资产转移，如"非货币性资产交换、偿债、集资"。

对于自产产品的视同销售价格，应参照同期同类产品的市场销售价格，没有参照价格的，应按成本加合理利润的方法组成计税价格。

对于外购产品的视同销售价格，除文件中列举的情形可按购入时的价格确定外的其他情形，应按公允价值（按照市场价格确定的价值）确认。

3. 部分纳税人对视同销售纳税调整产生了疑惑，部分纳税人仅仅调整视同销售收入，而不调整视同销售成本，他们认为，产品用于捐赠、市场推广、交际应酬等，已经将产品成本计入了营业外支出、销售费用、管理费用等科目，在税前得到了扣除，若再调整视同销售成本，就是重复扣除了。这部分纳税人存在多交企业所得税的风险。

按税法规定，对应的视同销售成本应当填写扣除，这符合税法配比原则的要求。而营业外支出、销售费用、管理费用的扣除是企业费用支出的扣除，与视同销售成本扣除是两种不同的扣除，不能理解为存在重复扣除问题。

案例54

"发出商品"符合税法确认收入条件应调增应纳税所得额

案例资料

某企业 20×2 年 12 月 12 日销售货物 100 万元（不含增值税），成本 80 万元，约定 3

个月试用期满后，满意则付款，不满意可退货。企业会计估计相关经济利益流入概率低于50%，按照企业会计准则处理，不确认销售收入，做分录如下：

借：发出商品　　800 000

　贷：库存商品　　800 000

在企业所得税汇算清缴中未作调整。

税收政策

《国家税务总局关于确认企业所得税收入若干问题的通知》（国税函〔2008〕875号）第一条第一项规定：

企业销售收入的确认，必须遵循权责发生制原则和实质重于形式原则。企业销售商品同时满足下列条件的，应确认收入的实现：

（1）商品销售合同已经签订，企业已将商品所有权相关的主要风险和报酬转移给购货方；

（2）企业对已售出的商品既没有保留通常与所有权相联系的继续管理权，也没有实施有效控制；

（3）收入的金额能够可靠地计量；

（4）已发生或将发生的销售方的成本能够可靠地核算。

税务风险

从以上税法规定可见，税法与会计确认销售收入的区别是：相关的经济利益很可能流入企业（超过50%），会计要考虑经济利益流入企业的可能性，而税收不必考虑，这一点很好理解，因为能不能流入属于企业主观判断，税务不便于掌握，为了保证税款的收缴，经济利益的流入性不作为确认收入的条件，要是作为条件了，企业的应收账款对应的销售收入就都可以延期纳税了，很明显不现实。

税收处理：调增收入100万元，调增销售成本80万元，调增应纳税所得额20万元。因为这项销售业务满足税法确认销售的条件。

20×3年3月12日如果发生退货，企业作会计处理：

借：库存商品　　800 000

　贷：发出商品　　800 000

同时调减应纳税所得额20万。

20×3年3月12日对方确认产品合格，同意付款，企业作会计处理：

借：应收账款或银行存款　　1 170 000

　贷：主营业务收入　　1 000 000

　　应交税费——应交增值税（销项税额）　　170 000

借：主营业务成本　　800 000

　贷：发出商品　　800 000

税收作调减收入100万元，调减成本80万元处理，调减应纳税所得额20万元。

自查切入点

发出商品科目，合同

案例55

租金收入会计税法有差异，需进行纳税调整

案例资料

A公司将一间办公室租赁给B公司，签订经营租赁合同，双方约定租赁起止日为2009年1月1日—2014年12月31日，2009—2010两年免除租金，2011年—2014年每年收取租金6万元，分别于年初1月1日预付当年租金。

《企业会计准则》中规定：对于出租人提供免租期的，出租人应当将租金总额在不扣除免租期的整个租赁期内，按直线法或其他合理的方法进行分配，免租期内出租人应当确认租金收入。而承租人则应将租金总额在不扣除免租期的整个租赁期内，按直线法或其他合理的方法进行分摊，免租期内应当确认租金费用。A公司按直线法平均确认租金收入，2009年和2010年均应确认租金收入＝24÷6＝4万元，做出账务处理：

借：应收账款　　4万

　贷：其他业务收入　　4万

企业在所得税汇算清缴中未进行纳税调整。

税收政策

1.《中华人民共和国企业所得税法实施条例》第十九条规定：租金收入，按照合同约定的承租人应付租金的日期确认收入的实现。

2.《国家税务总局关于贯彻落实企业所得税法若干税收问题的通知》（国税函〔2010〕79号）第一条规定：根据《实施条例》第十九条的规定，企业提供固定资产、包装物或者其他有形资产的使用权取得的租金收入，应按交易合同或协议规定的承租人应付租金的日期确认收入的实现。其中，如果交易合同或协议中规定租赁期限跨年度，且租金提前一次性支付的，根据《实施条例》第九条规定的收入与费用配比原则，出租人可对上述已确认的收入，在租赁期内，分期均匀计入相关年度收入。

税务风险

企业未注意到企业所得税与会计处理存在暂时性差异。根据《企业所得税法实施条例》第十九条规定，2009—2010年均不确认租金收入，企业每年确认的租金收入4万元作纳税调减处理，2011年—2014年企业每年确认租金收入4万元，而税法确认的租金收入为6万元，每年纳税调增2万元。前两年调减8万元，后四年调增8万元，属于暂时性

差异。

如果交易合同或协议中规定租赁期限跨年度，且租金提前一次性支付的，根据收入与费用配比原则，出租人可对上述已确认的收入，在租赁期内，分期均匀计入相关年度收入。

企业纳税申报表填写方法如下：

表 2-22　　纳税调整项目明细表

填报时间：2011 年 5 月 20 日　　金额单位：元（列至角分）

	行次	项目	账载金额	税收金额	调增金额	调减金额
			1	2	3	4
	1	一、收入类调整项目	*	*		40 000.00
	2	1. 视同销售收入（填写附表一）	*	*		*
#	3	2. 接受捐赠收入	*			*
	4	3. 不符合税收规定的销售折扣和折让				*
*	5	4. 未按权责发生制原则确认的收入	40 000.00			40 000.00
	20	二、扣除类调整项目	*	*		
	41	三、资产类调整项目	*	*		
	51	四、准备金调整项目（填写附表十）	*	*		
	52	五、房地产企业预售收入计算的预计利润	*	*		
	53	六、特别纳税调整应税所得	*	*		*
	54	七、其他	*	*		
	55	合计	*	*		40 000.00

注：假设无其他纳税调整项目，为节省空间，删去了部分用不到的行。

表 2-23　　纳税调整项目明细表

填报时间：2012 年 5 月 20 日　　金额单位：元（列至角分）

	行次	项目	账载金额	税收金额	调增金额	调减金额
			1	2	3	4
	1	一、收入类调整项目	*	*	20 000.00	
	2	1. 视同销售收入（填写附表一）	*	*		*
#	3	2. 接受捐赠收入	*			*
	4	3. 不符合税收规定的销售折扣和折让				*
*	5	4. 未按权责发生制原则确认的收入	40 000.00	60 000.00	20 000.00	
	20	二、扣除类调整项目	*	*		
	41	三、资产类调整项目	*	*		
	51	四、准备金调整项目（填写附表十）	*	*		
	52	五、房地产企业预售收入计算的预计利润	*	*		
	53	六、特别纳税调整应税所得	*	*		*
	54	七、其他	*	*		
	55	合计	*	*	20 000.00	

注：假设无其他纳税调整项目，为节省空间，删去了部分用不到的行。

2009—2010 年填写相同，2011 年—2014 年填写相同。

自查切入点

其他业务收入科目，合同

相关阅读

对于企业收入的确认，新税法规定了一个明确且最基本的总体原则——权责发生制原则，即：除新税法另有特别规定的情形外，企业属于当期的收入和费用，不论款项是否收付，均需要作为当期的收入和费用；反之，不属于当期的收入和费用，即使款项已经收付，也不应作为当期的收入和费用。

对于企业的实际操作和把握而言，需要特别注意和关注新税法中对于不采用权责发生制的特别情形以及虽采用权责发生制原则而另有特别规定的情形，而这些特别情形也是税法和会计上有差异的部分。对于企业会计核算上按照权责发生制原则确认收入的，而税收规定不按照权责发生制原则确认收入，应进行纳税调整。

不完全采用权责发生制原则的特殊情形包括：股息、红利等权益性投资收益，及利息、租金、特许权使用费收入、接收捐赠收入、分期收款方式销售货物、分成方式取得的收入、债务重组收入、股权转让收入、政策性搬迁收入等。

1. 股息、红利等权益性投资收益收入。

《中华人民共和国企业所得税法实施条例》第十七条规定：股息、红利等权益性投资收益，应按照被投资方作出利润分配决定的日期确认收入的实现。

《关于贯彻落实企业所得税法若干税收问题的通知》（国税函〔2010〕79 号）规定：企业权益性投资取得股息、红利等收入，应以被投资企业股东会或股东大会作出利润分配或转股决定的日期，确定收入的实现。

2. 利息收入。

《中华人民共和国企业所得税法实施条例》第十八条规定：利息收入，应按照合同约定的债务人应付利息的日期确认收入的实现。

3. 租金收入。

《中华人民共和国企业所得税法实施条例》第十九条规定：租金收入，应按照合同约定的承租人应付租金的日期确认收入的实现。

《关于贯彻落实企业所得税法若干税收问题的通知》（国税函〔2010〕79 号）规定：根据《中华人民共和国企业所得税法实施条例》第十九条的规定，企业提供固定资产、包装物或者其他有形资产的使用权取得的租金收入，应按交易合同或协议规定的承租人应付租金的日期确认收入的实现。其中，如果交易合同或协议中规定租赁期限跨年度，且租金提前一次性支付的，根据《中华人民共和国企业所得税法实施条例》第九条规定的收入与费用配比原则，出租人可对上述已确认的收入，在租赁期内，分期均匀计入相关年度收入。

出租方如为在我国境内设有机构场所、且采取据实申报缴纳企业所得的非居民企业，也按本条规定执行。

4. 特许权使用费收入。

《中华人民共和国企业所得税法实施条例》第二十条规定：特许权使用费收入，应按照合同约定的特许权使用人应付特许权使用费的日期确认收入的实现。

5. 接受捐赠收入。

《中华人民共和国企业所得税法实施条例》第二十一条规定：接受捐赠收入，应按照实际收到捐赠资产的日期确认收入的实现。

6. 分期收款方式销售货物收入。

《中华人民共和国企业所得税法实施条例》第二十三条规定：以分期收款方式销售货物的，应按照合同约定的收款日期确认收入的实现；企业受托加工制造大型机械设备、船舶、飞机，以及从事建筑、安装、装配工程业务或者提供其他劳务等，持续时间超过12个月的，应按照纳税年度内完工进度或者完成的工作量确认收入的实现。

7. 采取产品分成方式收入。

《中华人民共和国企业所得税法实施条例》第二十四条规定：采取产品分成方式取得收入的，应按照企业分得产品的日期确认收入的实现，其收入额按照产品的公允价值确定。

8. 债务重组收入。

《关于贯彻落实企业所得税法若干税收问题的通知》（国税函〔2010〕79号）规定：企业发生债务重组，应在债务重组合同或协议生效时确认收入的实现。

《财政部 国家税务总局关于企业重组业务企业所得税处理若干问题的通知》（财税〔2009〕59号）第六条第一项规定：企业重组符合本通知第五条规定条件的，适用特殊性税务处理：企业债务重组确认的应纳税所得额占该企业当年应纳税所得额50%以上，可以在5个纳税年度的期间内，均匀计入各年度的应纳税所得额。

9. 股权转让收入。

《关于贯彻落实企业所得税法若干税收问题的通知》（国税函〔2010〕79号）规定：企业转让股权收入，应于转让协议生效、且完成股权变更手续时，确认收入的实现。

10. 政策性搬迁收入。

《企业政策性搬迁所得税管理办法》（国家税务总局公告2012年第40号）第十五条规定：企业在搬迁期间发生的搬迁收入和搬迁支出，可以暂不计入当期应纳税所得额，而在完成搬迁的年度，对搬迁收入和支出进行汇总清算。

《企业政策性搬迁所得税管理办法》第十六条规定：企业的搬迁收入，扣除搬迁支出后的余额，为企业的搬迁所得。企业应在搬迁完成年度，将搬迁所得计入当年度企业应纳税所得额计算纳税。

《企业政策性搬迁所得税管理办法》第十八条规定：企业搬迁收入扣除搬迁支出后为负数的，应为搬迁损失。搬迁损失可在下列方法中选择其一进行税务处理：

（1）在搬迁完成年度，一次性作为损失进行扣除。

（2）自搬迁完成年度起分3个年度，均匀在税前扣除。

上述方法由企业自行选择，但一经选定，不得改变。

案例56

分解销售收入偷逃税款的税务风险

案例资料

某汽车销售公司账面记录的多款轿车的销售价格低于市场上同期同类车型的销售价格，有的甚至低于成本价。原来是汽车销售公司为了少缴税，在销售汽车时将整车销售款分解为两部分，一部分价款开具《机动车销售统一发票》，另一部分价款开具收款收据，开具收据部分的收入未按规定入账，少缴了税款。

税收政策

《中华人民共和国发票管理办法》（中华人民共和国国务院令第587号）第二十二条规定：开具发票应当按照规定的时限、顺序、栏目，全部联次一次性如实开具，并加盖发票专用章。任何单位和个人不得有下列虚开发票行为：

（一）为他人、为自己开具与实际经营业务情况不符的发票；

（二）让他人为自己开具与实际经营业务情况不符的发票；

（三）介绍他人开具与实际经营业务情况不符的发票。

税务风险

该企业不按实际经营业务情况开具发票，隐匿销售收入，除了补缴企业所得税、增值税等税款外，还会面临罚款和加收滞纳金的处罚。

自查切入点

主营业务收入、主营业务成本、库存商品科目

案例57

预收账款挂账推迟结转收入的税务风险

案例资料

某企业20×3年12月31日“预收账款”科目金额1 000万元，金额很大，实际上有600万元的货物已经发出，但尚未开具发票，该企业汇算清缴工作中未做任何纳税调整。

税收政策

《国家税务总局关于确认企业所得税收入若干问题的通知》（国税函〔2008〕875号）

第一条第二项规定：

采取下列商品销售方式的，应按以下规定确认收入实现时间：

（1）销售商品采用托收承付方式的，在办妥托收手续时确认收入。

（2）销售商品采取预收款方式的，在发出商品时确认收入。

（3）销售商品需要安装和检验的，在购买方接受商品以及安装和检验完毕时确认收入。如果安装程序比较简单，可在发出商品时确认收入。

（4）销售商品采用支付手续费方式委托代销的，在收到代销清单时确认收入。

税务风险

在实际工作中，我们经常发现企业"预收账款"科目金额很大。对应合同、发货等情况，有的预收账款应确认为纳税收入。该企业汇算清缴工作中，由于延迟确认了会计收入，也忽略了该事项的纳税调整，事实上造成了少计企业应纳税所得额的结果。同时企业还少缴纳了增值税。

自查切入点

预收账款、应收账款、库存商品科目，合同，仓库保管账

相关阅读

企业是否应当确认销售，要看业务是否满足了税法规定的确认收入的条件，而不是以是否开具发票来确定。

案例58

将收入挂在其他应付款中，不申报企业所得税的税务风险

案例资料

甲公司"其他应付款"长期挂账，科目存在异常。经查，甲公司在2010年2月受让国有土地一宗，合同约定受让金额为126万元，企业通过银行支付土地价款126万元，当月市财政局向该公司拨付财政资金50万元，摘要为退回土地价款，但未具体规定资金的专项用途。该企业账务处理为：

借：银行存款	500 000	
贷：其他应付款——李某		500 000

税收政策

1.《关于财政性资金、行政事业性收费、政府性基金有关企业所得税政策问题的通知》（财税〔2008〕151号）规定，企业取得的各类财政性资金，除属于国家投资和资金

使用后要求归还本金外，均应计入企业当年收入总额。

2.《财政部、国家税务总局关于专项用途财政性资金企业所得税处理问题的通知》（财税〔2011〕70号）第一条规定：

企业从县级以上各级人民政府财政部门及其他部门取得的应计入收入总额的财政性资金，凡同时符合以下条件的，可以作为不征税收入，在计算应纳税所得额时从收入总额中减除：（1）企业能够提供规定资金专项用途的资金拨付文件；（2）财政部门或其他拨付资金的政府部门对该资金有专门的资金管理办法或具体管理要求；（3）企业对该资金以及以该资金发生的支出单独进行核算。

税务风险

市财政局退回土地价款50万元，为企业取得的财政性资金，应计入“营业外收入”科目，不应当计入“其他应付款”科目。

需要说明的是，也有不少公司会将市财政局退回土地价款作为土地使用费的返还，冲减“无形资产——土地使用权”账面价值，同样不计收入，也不进行纳税调增，少缴企业所得税。

自查切入点

其他应付款科目

案例59

打折、让利商品不开发票隐藏收入的税务风险

案例资料

节日临近，大小商家在日益激烈的市场竞争下，接二连三地推出打折、优惠、让利酬宾等诱人的促销活动。然而这些打折、优惠、让利酬宾，最终却成了一些商家拒绝开具发票的理由。我们经常会遇到这种情况，当你选好一件自己喜欢的打折商品准备付钱索要发票时，收款员往往会拒绝开发票，并且告诉你“打折商品不能开发票，要发票就不能打折”，一般购买者都会无奈地选择打折不要票。这种情形在许多地方早已是见惯不怪了。

税收政策

1.《中华人民共和国发票管理办法》第十九条规定：销售商品、提供服务以及从事其他经营活动的单位和个人，对外发生经营业务收取款项，收款方应当向付款方开具发票；特殊情况下，由付款方向收款方开具发票。

2.《中华人民共和国发票管理办法》第三十五条规定：应当开具而未开具发票，由税

务机关责令改正，可以处 1 万元以下的罚款；有违法所得的予以没收。

3.《中华人民共和国发票管理办法》第四十条规定：对违反发票管理规定 2 次以上或者情节严重的单位和个人，税务机关可以向社会公告。

税务风险

索取发票是消费者的权利，开具发票是商家应尽的义务，根据《中华人民共和国发票管理办法》和其他税收征收的有关法律法规，只要存在事实的消费行为，消费者就有权向商家索要发票。不论商家是否采取打折优惠的方式，都必须根据为消费者提供服务的种类按照打折或优惠后的实际消费金额开具发票。打折是商家自身的经营行为，不能以此为借口拒绝给消费者开具发票，逃避缴纳增值税、营业税、企业所得税等税款。

自查切入点

库存商品等科目，优惠活动宣传资料

案例60

公允价值变动净收益应进行纳税调整

案例资料

某公司（执行新会计准则），年初购入投资性房地产，价值 100 万元，20×1 年 12 月 31 日，该房产公允价值为 80 万元，企业进行账务处理：

借：公允价值变动损益　　20 万元

　贷：投资性房地产　　20 万元

企业在所得税汇算清缴中未进行纳税调整。

税收政策

《财政部、国家税务总局关于执行〈企业会计准则〉有关企业所得税政策问题的通知》（财税〔2007〕80 号）规定：企业以公允价值计量的金融资产、金融负债以及投资性房地产等，持有期间公允价值的变动不计入应纳税所得额，在实际处置或结算时，处置取得的价款扣除其历史成本后的差额应计入处置或结算期间的应纳税所得额。

税务风险

1. 会计税法差异分析：

（1）公允价值变动损益 20 万元税前不能列支，调增应纳税所得额；

（2）100 万元房产在 20×1 年税法允许计提折旧 5 万元（假设不考虑净残值），调减应纳税所得额。

两项合计应调增 15 万元。

2. 填写纳税申报表：

20×1 年期初，房产账面价值＝房产计税基础＝100 万元

20×1 年期末，房产账面价值＝100－20＝80 万元，房产计税基础＝实际成本－税收累计折旧＝100－5＝95 万元

主要涉及下列附表：

附表七《以公允价值计量资产纳税调整表》，主要涉及公允价值变动损益的会计与税法差异的调整，据以填报附表三第 10 行。

附表九《资产折旧、摊销纳税调整明细表》，主要涉及投资性房地产的折旧、摊销会计与税法差异的调整，据以填报附表三第 43 行或 46 行。

附表七与附表九中对同一项投资性房地产涉及损益事项进行了重复调整。

根据会计税法差异分析方法与填表的方法比较可得：投资性房地产的折旧 5 万元在附表七与附表九中存在重复调减 5 万元的问题。

因此，以公允价值计量的房地产不能再作为固定资产在附表九中填写折旧摊销的会计与税法差异。

表 2-24 纳税调整项目明细表

填报时间：20×2 年 5 月 20 日　　金额单位：元（列至角分）

	行次	项目	账载金额	税收金额	调增金额	调减金额
			1	2	3	4
	1	一、收入类调整项目	*	*	150 000.00	
*	10	9. 公允价值变动净收益（填写附表七）	*	*	150 000.00	
	20	二、扣除类调整项目	*	*		
	41	三、资产类调整项目	*	*		
	51	四、准备金调整项目（填写附表十）	*	*		
	52	五、房地产企业预售收入计算的预计利润	*	*		
	53	六、特别纳税调整应税所得	*	*		*
	54	七、其他	*	*		
	55	合计	*	*	150 000.00	

注：假设无其他纳税调整项目，为节省空间，删去了部分用不到的行。

表 2-25 以公允价值计量资产纳税调整表

填报时间：20×2 年 5 月 20 日　　金额单位：元（列至角分）

行次	资产种类	期初金额		期末金额		纳税调整额（纳税调减以“—”表示）
		账载金额（公允价值）	计税基础	账载金额（公允价值）	计税基础	
		1	2	3	4	5
9	三、投资性房地产	1 000 000.00	1 000 000.00	800 000.00	950 000.00	150 000.00
10	合计	1 000 000.00	1 000 000.00	800 000.00	950 000.00	150 000.00

注：假设无其他纳税调整项目，为节省空间，删去了部分用不到的行。

自查切入点

公允价值变动损益科目

实践中，存在另一种填写方法：《以公允价值计量资产纳税调整表》中的期末计税基础不减去折旧，而是在后面的《资产折旧、摊销纳税调整明细表》中填列。填写方法虽然不一样，但结果是一样的。

案例61

权益法核算长期股权投资初始投资成本的营业外收入应作纳税调减

案例资料

A公司以200万元取得B公司30%的股权，取得投资时被投资单位可辩认净资产的公允价值为700万元，如A公司能够对B公司施加重大影响，则A公司应进行的会计处理为：

借：长期股权投资　　200万元

　贷：银行存款　　200万元

借：长期股权投资　　10万元

　贷：营业外收入　　10万元

在企业所得税汇算清缴中未进行纳税调整。

税收政策

《企业所得税法实施条例》第七十一条规定：(1) 通过支付现金方式取得的投资资产，以购买价款为成本；(2) 通过支付现金以外的方式取得的投资资产，以该资产的公允价值和支付的相关税费为成本。

税务风险

会计准则规定，权益法下，长期股权投资的初始投资成本大于投资时应享有被投资单位可辨认净资产公允价值份额的，不调整长期股权投资的初始投资成本；当初始投资成本小于投资时应享有被投资单位可辨认净资产公允价值份额的，应调增长期股权投资的成本，其差额应当计入当期损益（营业外收入）。

税法规定，长期股权投资的计税基础以取得该项投资时所付出的全部代价确定。长期股权投资的初始投资成本，无论大于还是小于投资时应享有被投资单位可辨认净资产公允价值份额的，都不调整长期股权投资的计税基础。其中，长期股权投资的初始投资成本小于投资时应享有被投资单位可辨认净资产公允价值份额的，其差额也不应当计入当期损益。会计上计入当期损益的，在计算应纳税所得额时应进行纳税调减。

该项长期股权投资的计税基础为200万元。未来处置该项投资时，按此计税基础扣除。会计上确认的“营业外收入”10万元，在当期应进行纳税调减处理。

自查切入点

营业外收入科目

案例62

企业股权转让所得不得扣除被投资企业未分配利润等股东留存收益中按该项股权所可能分配的金额

案例资料

A企业2008年1月1日投资100万元于B企业，占B企业股权比例20%。2008年，B企业实现税后利润50万元，A企业应享有其中20%即10万元。2009年1月，A企业将该项股权转让给C企业，当月取得转让收入为120万元。2009年2月，A企业股权在工商部门办理股权变更登记为C企业。则A企业应于2009年2月确认转让所得为10万元(120－10－100)。

税收政策

《国家税务总局关于企业所得税法若干税收问题的通知》(国税函〔2010〕79号)规定，企业转让股权，应于转让协议生效、且完成股权变更手续时，确认收入的实现。转让股权收入扣除为取得该股权所发生的成本后，为股权转让所得。企业在计算股权转让所得时，不得扣除被投资企业未分配利润等股东留存收益中按该项股权所可能分配的金额。

税务风险

按照上述政策，股权转让所得应该为20万元(120－100)，虽然留存收益10万元在B企业属于税后收益，但是不能在所得额中扣减。

在具体执行中，应注意：一是确认股权转让收入的实现，以转让协议生效，且完成股权变更手续为准。二是一般股权转让中，不得扣除留存收益，这与清算所得中，股东分得的剩余资产允许扣除留存收益的规定是不同的，见“相关阅读”。

企业在计算股权转让所得时，不得扣除被投资企业未分配利润等股东留存收益中按该项股权所可能分配的金额。也就是说，虽然体现在留存收益中的税后利润一般为免税收入，但如果不进行分配而随着股权一并转让的，不视为免税收入处理。因此，企业应当先分配利润再转让股权，既可以降低税务风险又可以节税，两全其美。

根据《企业所得税法实施条例》的规定，居民企业应在被投资方作出利润分配决定的日期就确认收入的实现。如果居民企业在被投资方宣告发放股利后，但尚未发放股利前转让股权的，这部分已宣告但尚未发放的股利并不属于国税函〔2010〕79号文件规定的可能分配的金额，而是确定分配的金额。因此，居民企业在被投资方宣告但尚未发放股利前转让股权的，这部分股利可以从股权转让收入中扣减。同时，受让方取得的这部分股利时，不再确认为股息所得，应作为应收项目的冲减。

相关阅读

1. 注意股权转让所得与清算所得对留存收益处理的不同。

A企业对B企业长期股权投资的计税基础为100万元，若B企业发生清算，A企业分得剩余财产为200万元，其中50万元为来源于B企业的累计未分配利润，30万元来源于B企业的累计盈余公积。

《企业所得税法实施条例》第三十一条规定："投资方企业从被清算企业分得的剩余资产，其中相当于从被清算企业累计未分配利润和累计盈余公积中应当分得的部分，应当确认为股息所得；剩余资产减除上述股息所得后的余额，超过或者投资成本的部分，应当确认为投资资产所得或损失。"

因此，A企业应确认股息所得80万元，确认投资资产所得20万元（200－80－100）。

2. 股权平价转让或低价转让，价格偏低无正当理由的，税务机关有权调整核定转让价格。

自查切入点

长期股权投资、投资收益等科目

案例63

除税法规定外，企业取得收入，均应一次性计入确认收入的年度计算缴纳企业所得税

案例资料

甲公司接受到乙公司捐赠转入的一台机器设备，取得的增值税专用发票上注明的不含税价款854 700.85元，税额145 299.15元，价税合计1 000 000元。该公司按会计准则作如下账务处理：

借：固定资产	854 700.85
应交税费——应交增值税（进项税额）	145 299.15
贷：营业外收入	1 000 000

年度企业所得税汇算清缴时，该公司根据国税函〔2008〕264号文件规定就该项业务调减应纳税所得额80万元。

税收政策

《关于企业取得财产转让等所得企业所得税处理问题的公告》（国家税务总局公告2010

年第19号）规定：企业取得财产（包括各类资产、股权、债权等）转让收入、债务重组收入、接受捐赠收入、无法偿付的应付款收入等，不论是以货币形式、还是非货币形式体现，除另有规定外，均应一次性计入确认收入的年度计算缴纳企业所得税。

税务风险

《国家税务总局关于做好2007年度企业所得税汇算清缴工作的补充通知》（国税函〔2008〕264号）关于"企业在一个纳税年度发生的转让、处置持有5年以上的股权投资所得、非货币性资产投资转让所得、债务重组所得和捐赠所得，占当年应纳税所得50%及以上的，可在不超过5年的期间均匀计入各年度的应纳税所得额"之规定已经被废止。

税法没有明确规定，接受捐赠收入可以递延纳税，因此，企业应当按照国家税务总局公告2010年第19号文件规定，将捐赠收入100万元一次性计入当年度应纳税所得额，计算缴纳企业所得税。

自查切入点

营业外收入、递延收益、资本公积、其他应付款等科目

相关阅读

到目前为止，税法明确规定允许递延纳税的收入主要有下列情形：

1.《国家税务总局关于发布〈企业政策性搬迁所得税管理办法〉的公告》（国家税务总局公告2012年第40号）第十五条规定：企业在搬迁期间发生的搬迁收入和搬迁支出，可以暂不计入当期应纳税所得额，而在完成搬迁的年度，对搬迁收入和支出进行汇总清算。

需要注意的是：企业由于搬迁处置存货而取得的收入，应按正常经营活动取得的收入进行所得税处理，不作为企业搬迁收入。

2.《财政部 国家税务总局关于企业重组业务企业所得税处理若干问题的通知》（财税〔2009〕59号）对特殊性税务处理的规定：企业债务重组确认的应纳税所得额占该企业当年应纳税所得额50%以上，可以在5个纳税年度的期间内，均匀计入各年度的应纳税所得额。

3. 递延纳税的规定，是针对按权责发生制原则应该当年一次纳税，而给予分期纳税的优惠。而按照权责发生制原则应分期确认收入的，本就不属于递延纳税，因此，不能拘泥于上述规定，对符合权责发生制原则需要分期确认收入而一次收取款项的业务，可以按权责发生制原则分期纳税。

案例64

未按税法规定的纳税义务发生时间确认销售收入少缴税的税务风险

案例资料

某企业一直采用分期收款方式销售货物，该企业的购货人往往不按合同约定，存在延

迟一两个月付款的现象，该企业在进行财务处理时，以收到货款的当日开具增值税专用发票并作为销售收入的实现时间来确认收入，导致少计当年销售收入总额，造成少缴企业所得税。

税收政策

《企业所得税法实施条例》第二十三条规定：

企业的下列生产经营业务可以分期确认收入的实现：

（1）以分期收款方式销售货物的，按照合同约定的收款日期确认收入的实现；

（2）企业受托加工制造大型机械设备、船舶、飞机，以及从事建筑、安装、装配工程业务或者提供其他劳务等，持续时间超过12个月的，按照纳税年度内完工进度或者完成的工作量确认收入的实现。

税务风险

该企业因未按税法规定的纳税义务发生时间确认销售收入，导致少缴企业所得税。

企业在计算收入总额时应注意销售收入的实现时间，不同的销售方式确认销售收入的标准不同，企业在计算时应区别对待，否则引起不缴或者少缴税款，税务部门将予以追缴并加收滞纳金，并按《税收征收管理法》予以罚款。

自查切入点

主营业务收入科目，销售合同

相关阅读

该企业不仅在企业所得税上存在税务风险，在增值税上同样存在延迟缴纳的税务风险。

《中华人民共和国增值税暂行条例实施细则》第三十八条规定：采取赊销和分期收款方式销售货物，为书面合同约定的收款日期的当天，无书面合同的或者书面合同没有约定收款日期的，为货物发出的当天。

企业应当按照合同约定收款日期开具发票，而企业却按照实际收到货款的日期开具发票，造成了不按纳税义务发生时间开具发票，延迟缴纳增值税，会付出支付罚款和滞纳金的代价。

案例65

无偿提供房产给关联方使用也需确认收入缴纳企业所得税

案例资料

乙公司属于甲公司的全资子公司，现甲公司将位于市区的一处房产无偿提供给乙公司使用，甲、乙公司未进行任何税务处理。

税收政策

《企业所得税法》第四十一条规定：企业与其关联方之间的业务往来，不符合独立交易原则而减少企业或者其关联方应纳税收入或者所得额的，税务机关有权按照合理方法调整。

税务风险

乙公司属于甲公司的关联方，无偿提供房屋的行为不符合独立交易原则，税务机关有权按照合理的方法调整。甲公司应按照独立交易原则合理地确认租金收入，在企业所得税汇算清缴时进行纳税调整。

自查切入点

相关合同、备查账

相关阅读

无偿提供房产，根据《税收征收管理法》第三十六条规定，税务机关有权核定房产租赁收入，并按租赁业税目征收营业税，房产税参考第六章案例13“纳税人无租使用其他单位房产怎样缴纳房产税”。

案例66

法人企业间无偿划转非货币性资产需要视同销售缴纳企业所得税

案例资料

某公司将其子公司甲企业的一台机床划转到其子公司乙企业，甲企业该机床账面原值300 000元，计提折旧60 000元，该机床公允价值为260 000元，乙企业接受后即投入使用。

甲企业账务处理：

借：固定资产清理	240 000	
累计折旧	60 000	
贷：固定资产		300 000
借：营业外支出	240 000	
贷：固定资产清理		240 000

乙企业账务处理：

借：固定资产	240 000	
贷：营业外收入		240 000

税收政策

1.《企业所得税法》第六条规定：企业以货币形式和非货币形式从各种来源取得的收入，为收入总额，包括接受捐赠收入。

2.《企业所得税法实施条例》第二十一条规定：企业所得税法第六条第（八）项所称接受捐赠收入，是指企业接受的来自其他企业、组织或者个人无偿给予的货币性资产、非货币性资产。

3.《国家税务总局关于企业处置资产所得税处理问题的通知》（国税函〔2008〕828号）第二条规定：企业将资产移送他人的下列情形，因资产所有权属已发生改变而不属于内部处置资产，应按规定视同销售确定收入：

（1）用于市场推广或销售；

（2）用于交际应酬；

（3）用于职工奖励或福利；

（4）用于股息分配；

（5）用于对外捐赠；

（6）其他改变资产所有权属的用途。

税务风险

根据上述政策规定，资产划出方甲企业应视同销售，按划转资产公充价值确认视同销售收入 260 000 元，对其计税基础确认视同销售成本 240 000 元，按差额 20 000 调增应纳税所得额，另外还需要按照直接捐赠 240 000 元调增应纳税所得额，共应调增应纳税所得额 260 000 元。

资产划入方乙企业需按照接受资产的公允价值确定应税收入 260 000 元，企业已计入营业外收入 240 000 元，按差额 20 000 元调增应纳税所得额。

自查切入点

原材料、库存商品、固定资产、营业外支出、营业外收入等科目

相关阅读

法人企业间无偿划转非货币性资产还存在其他税务风险：

1. 若是无偿划转存货、机器设备的，资产划出方还必须视同销售缴纳增值税。

2. 若是无偿划转不动产或土地使用权的，资产划出方还必须视同发生应税行为缴纳营业税。另外，不符合免税条件的情况下，资产划出方还需缴纳土地增值税、产权转移书据印花税，资产划入方还需缴纳契税、产权转移书据印花税。

案例67

会计上确认销售收入而企业所得税纳税义务时间未到的可以调减应纳税所得额

案例资料

某企业采用分期收款发出商品方式销售货物，20×2 年 12 月 1 日与客户签订销售合

同，合同规定每年 1 月、4 月、7 月、10 月四个月的 20 日之前结算货款。20×2 年 12 月 20 日发出商品，开具增值税专用发票。企业会计处理：

借：应收账款　117 000
　贷：主营业务收入　100 000
　　　应交税费——应交增值税（销项税额）　17 000

企业在企业所得税汇算清缴中没有做纳税调整。

税收政策

《企业所得税法实施条例》第二十三条规定：企业的下列生产经营业务可以分期确认收入的实现：

（1）以分期收款方式销售货物的，按照合同约定的收款日期确认收入的实现；

（2）企业受托加工制造大型机械设备、船舶、飞机，以及从事建筑、安装、装配工程业务或者提供其他劳务等，持续时间超过 12 个月的，按照纳税年度内完工进度或者完成的工作量确认收入的实现。

税务风险

《中华人民共和国增值税暂行条例》第十九条规定：增值税纳税义务发生时间：销售货物或者应税劳务，为收讫销售款项或者取得索取销售款项凭据的当天；先开具发票的，为开具发票的当天。

由于该企业提前开具发票，因此企业增值税纳税义务时间也相应提前到开具发票的当天，造成了增值税与企业所得税纳税义务时间的不同。

在企业所得税上未到合同约定的日期，是不确认收入的，企业应在附表三《纳税调整项目明细表》第 5 行“4. 未按权责发生制确认的收入”一栏中作调减处理，次年到了合同规定的日期，再作调增处理。企业不作调整，早缴税款，达不到延迟缴纳税款的好处。

自查切入点

主营业务收入科目，销售合同

相关阅读

1. 很多企业习惯于开具发票确认收入，正是这种习惯造成了提前交税的结果。企业可以进行如下账务处理，减少纳税调整的麻烦，又符合税收政策：

发出商品，开具增值税专用发票时，

借：应收账款
　贷：应交税费——应交增值税（销项税额）

合同约定收款日期，

借：应收账款
　贷：主营业务收入

借：银行存款

贷：应收账款

2. 增值税、企业所得税纳税义务发生时间不一定相同。

案例68

核定征收企业应税收入额并非仅包括营业收入

案例资料

某公司采用应税所得率方式核定征收企业所得税，应税所得率10%，适用税率25%，年度销售商品收入60万元，租赁房屋收入5万元，银行利息收入2万元，企业所得税计算：

应纳税所得额=60×10%=6(万元)

应纳所得税额=6×25%=1.5(万元)

税收政策

1.《企业所得税核定征收办法（试行）》（国税发〔2008〕30号）第六条规定：采用应税所得率方式核定征收企业所得税的，应纳所得税额计算公式如下：

应纳所得税额=应纳税所得额×适用税率

应纳税所得额=应税收入额×应税所得率

或:应纳税所得额=成本(费用)支出额/(1-应税所得率)×应税所得率

2.《国家税务总局关于企业所得税核定征收若干问题的通知》（国税函〔2009〕377号）第二条规定：国税发〔2008〕30号文件第六条中的"应税收入额"等于收入总额减去不征税收入和免税收入后的余额。用公式表示为：

应税收入额=收入总额-不征税收入-免税收入

其中，收入总额为企业以货币形式和非货币形式从各种来源取得的收入。

3.《中华人民共和国企业所得税法实施条例》第六条规定：企业所得税法第三条所称所得，包括销售货物所得、提供劳务所得、转让财产所得、股息红利等权益性投资所得、利息所得、租金所得、特许权使用费所得、接受捐赠所得和其他所得。

税务风险

在实际工作中，很多纳税人想当然地认为实行应税所得率方式核定征收企业所得税时的应税收入额就是主营业务收入或者利润表中的营业收入（主营业务收入与其他业务收入之和）。其实这是不正确的。

按照上述政策规定，该公司的应税收入额不仅仅为销售商品收入，还包括租赁收入、银行利息收入等企业以货币形式和非货币形式从各种来源取得的收入。

企业应补缴企业所得税＝70 000×10%×25%＝1 750(元)

自查切入点

其他业务收入、营业外收入、财务费用、资本公积等科目

相关阅读

根据《国家税务总局关于企业所得税核定征收若干问题的通知》（国税函〔2009〕377号）以及《财政部国家税务总局关于执行企业所得税优惠政策若干问题的通知》（财税〔2009〕69号）等规定，核定征收企业可以享受《企业所得税法》及其实施条例规定的免税收入有关税收优惠，除此以外的各项企业所得税优惠政策均不得享受。

案例69

直接减免的增值税和即征即退、先征后退、先征后返的各种税收未并入所得额的税务风险

案例资料

某安置残疾人就业的福利企业将即征即退的增值税、财政返还的耕地占用税计入了“资本公积”科目，未并入所得额缴纳企业所得税。

税收政策

1.《财政部、国家税务总局关于财政性资金、行政事业性收费、政府性基金有关企业所得税政策问题的通知》(财税〔2008〕151号）第一条规定：

(1) 企业取得的各类财政性资金，除属于国家投资和资金使用后要求归还本金的以外，均应计入企业当年收入总额。

(2) 对企业取得的由国务院财政、税务主管部门规定专项用途并经国务院批准的财政性资金，准予作为不征税收入，在计算应纳税所得额时从收入总额中减除。

本条所称财政性资金，是指企业取得的来源于政府及其有关部门的财政补助、补贴、贷款贴息，以及其他各类财政专项资金，包括直接减免的增值税和即征即退、先征后退、先征后返的各种税收，但不包括企业按规定取得的出口退税款；所称国家投资，是指国家以投资者身份投入企业、并按有关规定相应增加企业实收资本（股本）的直接投资。

2.《财政部、国家税务总局关于专项用途财政性资金企业所得税处理问题的通知》(财税〔2011〕70号）第一条规定：

企业从县级以上各级人民政府财政部门及其他部门取得的应计入收入总额的财政性资金，凡同时符合以下条件的，可以作为不征税收入，在计算应纳税所得额时从收入总额中

减除：(1) 企业能够提供规定资金专项用途的资金拨付文件；(2) 财政部门或其他拨付资金的政府部门对该资金有专门的资金管理办法或具体管理要求；(3) 企业对该资金以及以该资金发生的支出单独进行核算。

税务风险

企业应结合返还财政资金的具体情况，对照财税〔2008〕151 号文件及财税〔2011〕70 号文件规定判断是否属于不征税收入。

根据上述规定，在一般情况下，直接减免的增值税和即征即退、先征后退、先征后返的各种税收（不包括企业按规定取得的出口退税款）不符合不征税条件，因此，该福利企业即征即退的增值税、财政返还的耕地占用税均应并入收入总额缴纳企业所得税。

新《企业所得税法》实施后，福利企业取得的即征即退增值税，因原免征企业所得税的优惠政策《财政部、国家税务总局关于促进残疾人就业税收优惠政策的通知》（财税字〔2007〕92 号）第二条第二项已废止，又不符合新税法规定的不征税收入范围，所以需要缴纳企业所得税。

自查切入点

资本公积、其他应付款等科目

相关阅读

虽同属于即征即退增值税，福利企业不能享受不征收收入的优惠，软件生产企业则可以享受。

《财政部、国家税务总局关于企业所得税若干优惠政策的通知》（财税〔2008〕1 号）第一条第一款规定：软件生产企业实行增值税即征即退政策所退还的税款，由企业用于研究开发软件产品和扩大再生产，不作为企业所得税应税收入，不予征收企业所得税。

案例70

查增应纳税所得额可以弥补以前年度亏损

案例资料

某公司 2010 年应纳税所得额－100 万元，2011 年应纳税所得额 50 万元，2012 年 7 月税务检查发现 2011 年少计应纳税所得额 40 万元，根据《国家税务总局关于企业所得税若干业务问题的通知》（国税发〔1997〕191 号）之规定“对纳税人查增的所得额，应先予以补缴税款，再按税收征管法的法规给以处罚。其查增的所得额部分不用于弥补以前年度的亏损”，税务机关要求该公司补缴2011年企业所得税10万元。

税收政策

《国家税务总局关于查增应纳税所得额弥补以前年度亏损处理问题的公告》（国家税务总局公告2010年第20号）规定：税务机关对企业以前年度纳税情况进行检查时调增的应纳税所得额，凡企业以前年度发生亏损、且该亏损属于企业所得税法规定允许弥补的，应允许调增的应纳税所得额弥补该亏损。弥补该亏损后仍有余额的，按照企业所得税法规定计算缴纳企业所得税。对检查调增的应纳税所得额应根据其情节，依照《中华人民共和国税收征收管理法》有关规定进行处理或处罚。

税务风险

国税发〔1997〕191号文件已经全文失效，企业应当关注文件的有效期限，积极关注最新税收政策，维护企业合法权益。按最新政策规定，查增应纳税所得额可以弥补以前年度亏损，因此，2011年应纳税所得额为－100＋50＋40＝－10万元，2011年不需要纳税。

自查切入点

企业所得税纳税检查报告

案例71

当期形成亏损的减征、免征所得额项目不得用当期和以后纳税年度应税项目所得弥补

案例资料

甲公司20×1年实现利润30万元，包括符合免税条件的技术转让所得－10万元。其中：营业收入200万元，营业成本140万元，其他成本费用30万元，假设没有其他纳税调整项目。该企业填写《企业所得税年度纳税申报表》如下：

表2-26　中华人民共和国企业所得税年度纳税申报表（A类）

税款所属期间：20×1年1月1日至20×1年12月31日

纳税人名称：甲公司

纳税人识别号：37××××××××××××××　　金额单位：元（列至角分）

类别	行次	项目	金额
利润总额计算	1	一、营业收入（填附表一）	2 000 000
	2	减：营业成本（填附表二）	1 400 000
	13	三、利润总额（10＋11－12）	300 000

续表

类别	行次	项目	金额
应纳税所得额计算	14	加：纳税调整增加额（填附表三）	
	15	减：纳税调整减少额（填附表三）	
	16	其中：不征税收入	
	17	免税收入	
	18	减计收入	
	19	减、免税项目所得	
	20	加计扣除	
	21	扣应纳税所得额	
	22	加：境外应税所得弥补境内亏损	
	23	纳税调整后所得（13＋14－15＋22）	300 000
	24	减：弥补以前年度亏损（填附表四）	
	25	应纳税所得额（23－24）	300 000
应纳税额计算	26	税率（25%）	25%
	27	应纳所得税额（25×26）	75 000
	28	减：减免所得税额（填附表五）	
	29	减：抵免所得税额（填附表五）	
	30	应纳税额（27－28－29）	75 000
	33	实际应纳所得税额（30＋31－32）	75 000
	34	减：本年累计实际已预缴的所得税额	30 000
	40	本年应补（退）的所得税额（33－34）	45 000

注：为减少空间，本申报表适当进行了简化处理，减少了部分本例用不到的行。

税收政策

1.《国家税务总局关于做好2009年度企业所得税汇算清缴工作的通知》（国税函〔2010〕148号）在第三条第六项“税收优惠填报口径”规定：对企业取得的免税收入、减计收入以及减征、免征所得额项目，不得弥补当期及以前年度应税项目亏损；当期形成亏损的减征、免征所得额项目，也不得用当期和以后纳税年度应税项目所得抵补。

2.《国家税务总局关于做好2009年度企业所得税汇算清缴工作的通知》（国税函〔2010〕148号）第五条规定：在以后纳税年度企业所得税汇算清缴工作中，上述企业所得税纳税申报口径和汇算清缴工作要求未作调整或特殊规定的，按本通知规定执行。

税务风险

很多纳税人认为：税收优惠必须要实质上减少应税所得，即必须是所得为正数的时候，申报优惠才有实际意义。当减免税项目为亏损时，纳税人自然选择不填写优惠内容，这样就达到了应税所得弥补减免税项目亏损的目的。

国税函〔2010〕148号文件的实质就是：企业取得的税收优惠项目应该单独核算，经营项目和优惠项目不能盈亏相抵。尽管此文件是针对2009年度企业所得税汇算清缴工作所制定，但是在未作调整或特殊规定前仍按本通知规定执行。

根据国税函〔2010〕148号文件的规定，当期形成亏损的减征、免征所得额项目，不得用当期和以后纳税年度应税项目所得弥补。即：纳税人只要有减免税项目，不管项目赢利、亏损，企业必须申报。即企业所得税年度纳税申报表主表第19行“减、免税项目所得”必须填写申报，包括负数。不填写负数，就是虚假申报，会给企业带来税务风险。

正确填表方法：企业减征、免征所得项目发生亏损的，企业所得税年度纳税申报表附表五《税收优惠明细表》第14行至32行相关行次，必须以负数填写，不得填报为0，相应在附表三《纳税调整项目明细表》第17行“16. 减、免税项目所得（填附表五）”的“调减金额”列填写负数，在主表第19行“减、免税项目所得”填写负数。

填写正确的申报表如下：

表2-27　　中华人民共和国企业所得税年度纳税申报表（A类）

税款所属期间：20×1年1月1日至20×1年12月31日

纳税人名称：甲公司

纳税人识别号：37××××××××××××××　　　　金额单位：元（列至角分）

类别	行次	项目	金额
利润总额计算	1	一、营业收入（填附表一）	2 000 000
	2	减：营业成本（填附表二）	1 400 000
	13	三、利润总额（10＋11－12）	300 000
应纳税所得额计算	14	加：纳税调整增加额（填附表三）	
	15	减：纳税调整减少额（填附表三）	－100 000
	16	其中：不征税收入	
	17	免税收入	
	18	减计收入	
	19	减、免税项目所得	－100 000
	20	加计扣除	
	21	抵扣应纳税所得额	
	22	加：境外应税所得弥补境内亏损	
	23	纳税调整后所得（13＋14－15＋22）	400 000
	24	减：弥补以前年度亏损（填附表四）	
	25	应纳税所得额（23－24）	400 000
应纳税额计算	26	税率（25%）	25%
	27	应纳所得税额（25×26）	100 000
	28	减：减免所得税额（填附表五）	
	29	减：抵免所得税额（填附表五）	
	30	应纳税额（27－28－29）	100 000
	33	实际应纳所得税额（30＋31－32）	100 000
	34	减：本年累计实际已预缴的所得税额	30 000
	40	本年应补（退）的所得税额（33－34）	70 000

注：为减少空间，本申报表适当进行了简化处理，减少了部分本例用不到的行。

自查切入点

税收优惠项目、企业所得税年度纳税申报表

相关阅读

免税所得也不能弥补当期及以前年度应税项目亏损。

乙公司20×2年实现利润10万元，包括符合免税条件的技术转让所得20万元。假设没有其他纳税调整项目。

20×2年应纳税所得额为10－20＝－10（万元）。第13行“利润总额”填10万，第15行“减：纳税调整减少额”填20万，第19行“减、免税项目所得”填20万，第23行“纳税调整后所得”填－10万，第24行“弥补以前年度亏损”填0，第25行“应纳税所得额”填－10万。

假设20×1年度税法确认的亏损为20万元，则由于23行“纳税调整后所得”为－10万，则第24行“弥补以前年度亏损”只能填0，第25行“应纳税所得额”仍填－10万，结转以后年度待弥补亏损为20×1年亏损额20万，20×2年亏损额10万元。

案例72

建筑施工企业收入、成本处理的税务风险

案例资料

某施工企业于20×1年1月与客户签订了一项总额为5 000万元的工程施工承包合同，3月份已全面开工，计划在20×2年9月完工，预计该工程的总成本为4 500万元，2月份根据合同预收工程款300万元，20×1年合同约定发包方的付款日期分别是7月30日1 500万元、11月30日1 200万元。假设至20×1年末工程实际发生成本2 700万元，已结算工程价款1 800万元，该公司20×1年预收账款的财税处理如下：

1. 收到预收工程款：

借：银行存款　300万

　贷：预收账款　300万

2. 缴纳预收账款营业税：

借：应交税费——营业税　9万

　贷：银行存款（或现金）　9万

合同约定付款日期所缴纳的营业税同此分录，营业税为81万元。

3. 登记发生成本：

借：工程施工　2 700万

　贷：银行存款、原材料、应付职工薪酬、累计折旧等　2 700万

4. 年底确认收入：

借：预收账款　　300 万

　　应收账款　　1 500 万

　贷：主营业务收入　　1 800 万

5. 提取收入税金：

借：营业税税金及附加　　54 万

　贷：应交税费——营业税　　54 万

暂不考虑附加税费。

6. 确认成本：

借：主营业务成本　　2 700 万

　贷：工程施工　　2 700 万

该企业按照实际结算工程款确认收入，按照实际发生成本确认成本，在企业所得税汇算清缴中也没有进行调整。该业务影响利润金额为＝1 800－2 700－54＝－954 万元。

税收政策

《中华人民共和国企业所得税法实施条例》第二十三条第（二）项规定：企业受托加工制造大型机械设备、船舶、飞机，以及从事建筑、安装、装配工程业务或者提供其他劳务等，持续时间超过 12 个月的，按照纳税年度内完工进度或者完成的工作量确认收入的实现。

税务风险

在实际工作中，上述账务处理方法被称为“实际结算法”，尤其是在一些中小施工企业中，完工百分比法基本被摒弃不用，工作量法则有少量施工企业采用，更多的施工企业是以与发包方的结算金额来确认收入。

“实际结算法”不符合会计制度与税法的规定，却被大量采纳。这是因为在实际业务中，合同所约定的工程款与实际结算的工程款往往不符，工程完工后发包方不及时结算或结算后又不付款等，导致纳税人按会计制度或税法的规定确认收入后却无力支付税款。因此，有许多企业采取“实际结算法”。

按照税法规定，企业应当按照纳税年度内完工进度或者完成的工作量确认收入的实现，假设企业采用完工百分比法进行核算，正确的账务处理办法如下：

1. 收到预收工程款时的账务处理：

借：银行存款　　300 万

　贷：预收账款　　300 万

2. 缴纳预收账款的营业税时：

借：应交税费——营业税　　9 万

　贷：银行存款（或现金）　　9 万

合同约定付款日期所缴纳的营业税同此分录，营业税为 81 万。

3. 登记发生成本时：

借：工程施工——合同成本　　2 700 万

　贷：银行存款、原材料、应付职工薪酬、累计折旧等　　2 700 万

4. 年底确认收入时：

完工程度 2 700÷4 500＝60%，收入为 5 000×60%＝3 000 万元，毛利为（5 000－4 500）×60%＝300 万元。

借：主营业务成本　　2 700 万

　　工程施工——毛利　　300 万

　贷：主营业务收入　　3 000 万

5. 提取收入的营业税金时：

借：营业税金及附加　　90 万

　贷：应交税费——营业税　　90 万

6. 登记已结算工程款时：

借：预收账款　　300 万

　　应收账款　　1 500 万

　贷：工程结算　　1 800 万

该业务影响利润金额为＝3 000－2 700－90＝210 万元，企业应当调增应纳税所得额＝210－(－954)＝1 164 万元。

另外，该企业营业税按照预收款缴纳，缴纳时先不计入营业税金及附加，在确认收入时，再将相关的税费一并结转，符合配比原则。在实际工作中，很多企业都是在缴纳税款的当月直接计入营业税金及附加的，与收入虽然不配比，但由于符合营业税税收政策，一般情况下，大多税务机关也会认可预缴的营业税金及附加在企业所得税前扣除的。

自查切入点

工程施工、工程结算、主营业务收入、主营业务成本科目，合同

案例73

房地产开发企业已售完工产品收入确认滞后的税务风险

案例资料

在实际工作中，不少企业没有及时将符合开发产品完工条件确认的已售完工产品预收账款结转为销售收入，仅在办理房产产权证前开具不动产销售发票时，才将预收账款结转为销售收入。

税收政策

《房地产开发经营业务企业所得税处理办法》（国税发〔2009〕31 号）第六条规定：

企业通过正式签订《房地产销售合同》或《房地产预售合同》所取得的收入，应确认为销售收入的实现，具体按以下规定确认：

（一）采取一次性全额收款方式销售开发产品的，应于实际收讫价款或取得索取价款凭据（权利）之日，确认收入的实现。

（二）采取分期收款方式销售开发产品的，应按销售合同或协议约定的价款和付款日确认收入的实现。付款方提前付款的，在实际付款日确认收入的实现。

（三）采取银行按揭方式销售开发产品的，应按销售合同或协议约定的价款确定收入额，其首付款应于实际收到日确认收入的实现，余款在银行按揭贷款办理转账之日确认收入的实现。

（四）采取委托方式销售开发产品的，应按以下原则确认收入的实现：

1. 采取支付手续费方式委托销售开发产品的，应按销售合同或协议中约定的价款于收到受托方已销开发产品清单之日确认收入的实现。

2. 采取视同买断方式委托销售开发产品的，属于企业与购买方签订销售合同或协议，或企业、受托方、购买方三方共同签订销售合同或协议的，如果销售合同或协议中约定的价格高于买断价格，则应按销售合同或协议中约定的价格计算的价款于收到受托方已销开发产品清单之日确认收入的实现；如果属于前两种情况中销售合同或协议中约定的价格低于买断价格，以及属于受托方与购买方签订销售合同或协议的，则应按买断价格计算的价款于收到受托方已销开发产品清单之日确认收入的实现。

3. 采取基价（保底价）并实行超基价双方分成方式委托销售开发产品的，属于由企业与购买方签订销售合同或协议，或企业、受托方、购买方三方共同签订销售合同或协议的，如果销售合同或协议中约定的价格高于基价，则应按销售合同或协议中约定的价格计算的价款于收到受托方已销开发产品清单之日确认收入的实现，企业按规定支付受托方的分成额，不得直接从销售收入中减除；如果销售合同或协议约定的价格低于基价的，则应按基价计算的价款于收到受托方已销开发产品清单之日确认收入的实现。属于由受托方与购买方直接签订销售合同的，则应按基价加上按规定取得的分成额于收到受托方已销开发产品清单之日确认收入的实现。

4. 采取包销方式委托销售开发产品的，包销期内可根据包销合同的有关约定，参照上述1至3项规定确认收入的实现；包销期满后尚未出售的开发产品，企业应根据包销合同或协议约定的价款和付款方式确认收入的实现。

税务风险

企业应当严格按照国税发〔2009〕31号文件第六条的规定确定销售收入，而不是在开具不动产销售发票时确定销售收入，否则会延迟体现利润，少缴企业所得税。

自查切入点

预收账款、主营业务收入等科目，合同

案例74

房地产开发企业尚未竣工验收，因各种原因提前交付，并非以交付面积确认收入

案例资料

某房地产开发企业财务负责人咨询问题，开发产品的工程质量尚未验收，但是一部分开发产品已经提前办理交付手续，我们可不可以按照交付面积来确认销售收入和结转成本？对企业预收的定金什么时候确认为销售收入？

税收政策

1.《国家税务总局关于房地产开发企业开发产品完工条件确认问题的通知》（国税函〔2010〕201号）规定：房地产开发企业建造、开发的开发产品，无论工程质量是否通过验收合格，或是否办理完工（竣工）备案手续以及会计决算手续，当企业开始办理开发产品交付手续（包括入住手续）、或已开始实际投入使用时，为开发产品开始投入使用，应视为开发产品已经完工。房地产开发企业应按规定及时结算开发产品计税成本，并计算企业当年度应纳税所得额。

2.《房地产开发经营业务企业所得税处理办法》（国税发〔2009〕31号）第三条规定：企业房地产开发经营业务包括土地的开发，建造、销售住宅、商业用房以及其他建筑物、附着物、配套设施等开发产品。除土地开发之外，其他开发产品符合下列条件之一的，应视为已经完工：

（1）开发产品竣工证明材料已报房地产管理部门备案。

（2）开发产品已开始投入使用。

（3）开发产品已取得了初始产权证明。

3.《房地产开发经营业务企业所得税处理办法》（国税发〔2009〕31号）第六条。

税务风险

根据上述政策规定，房地产开发产品虽未竣工验收，但是已经交付使用，该项开发产品已经符合税法规定的完工条件。即使仅是部分交付，作为交付开发产品同一成本对象的全部均视为已经完工。

开发产品销售收入的确定，应根据《房地产开发经营业务企业所得税处理办法》（国税发〔2009〕31号）第六条规定，针对不同的销售方式确认收入实现的时点和金额，而不是以实际交付面积来确认销售收入。

未正式签订《房地产销售合同》或《房地产预售合同》仅预收定金的，不符合销售收入确认的条件，不需结转为完工产品销售收入。

自查切入点

开发产品、主营业务收入、主营业务成本等科目，合同

案例75

房地产开发企业预售收入与完工收入结转不配比

案例资料

某房地产开发企业在《中华人民共和国企业所得税年度纳税申报表》附表一《收入明细表》第1行“销售（营业）收入合计”填报850元，附表三《纳税调整项目明细表》第52行“五、房地产企业预售收入计算的预计利润”第4列“调减金额”填报105万元，该企业销售未完工开发产品的计税毛利率为10%。

税收政策

《关于〈中华人民共和国企业所得税年度纳税申报表〉的补充通知》（国税函〔2008〕1081号）附件《中华人民共和国企业所得税年度纳税申报表及附表填报说明》附表三《纳税调整项目明细表》填报说明规定：

第52行“五、房地产企业预售收入计算的预计利润”：第3列“调增金额”填报从事房地产开发业务的纳税人本期取得的预售收入，按照税收规定的预计利润率计算的预计利润的金额；第4列“调减金额”填报从事房地产开发业务的纳税人本期将预售收入转为销售收入，转回已按税收规定征税的预计利润的数额。第1列“账载金额”、第2列“税收金额”不填。

税务风险

该企业“调减金额”填报105万元，按计税毛利率10%计算预计利润对应的预售收入应为1 050万元（105÷10%），而企业申报的“销售（营业）收入合计”才850万元，小于1 050万元，企业发生的预售收入按照计税毛利率缴纳税款，完工结转为销售收入时允许将预售收入对应的预计利润进行纳税调减，但是调减的预售收入必须已经结转为完工收入，不能在没有结转为销售收入时纳税调减。

自查切入点

企业所得税年度纳税申报表

案例76

财务报表各科目之间的异常关系暗藏税务风险

案例资料

表 2-28 资产负债表（简表）

编制单位：甲公司　　20×3 年 12 月 31 日　　单位：元

资产	期末余额	年初余额	负债和所有者权益	期末余额	年初余额
交易性金融资产	200 000	600 000	预收账款	3 000 000	100 000
存货	4 000 000	10 000 000	实收资本（或股本）	5 000 000	5 000 000
固定资产	7 000 000	6 000 000	资本公积	4 000 000	2 000 000
在建工程			未分配利润	−3 300 000	100 000

注：为节省空间，只留本案例所用到的项目。

表 2-29 利润表（简表）

编制单位：甲公司　　20×3 年 12 月　　单位：元

项目	本年累计金额	上年金额	本月金额
一、营业收入	5 000 000	7 000 000	300 000
减：营业成本	4 000 000	6 000 000	260 000
财务费用	5 200 000	200 000	50 000
投资收益			
四、净利润（净亏损以“−”号填列）	−4 400 000	60 000	−20 000

注：为节省空间，只留本案例所用到的项目。

税收政策

1.《中华人民共和国税收征收管理法》第六十三条规定：纳税人伪造、变造、隐匿、擅自销毁账簿、记账凭证，或者在账簿上多列支出或者不列、少列收入，或者经税务机关通知申报而拒不申报或者进行虚假的纳税申报，不缴或者少缴应纳税款的，是偷税。对纳税人偷税的，由税务机关追缴其不缴或者少缴的税款、滞纳金，并处不缴或者少缴的税款百分之五十以上五倍以下的罚款；构成犯罪的，依法追究刑事责任。

2.《中华人民共和国税收征收管理法》第六十四条规定：纳税人、扣缴义务人编造虚假计税依据的，由税务机关责令限期改正，并处五万元以下的罚款。纳税人不进行纳税申报，不缴或者少缴应纳税款的，由税务机关追缴其不缴或者少缴的税款、滞纳金，并处不缴或者少缴的税款百分之五十以上五倍以下的罚款。

税务风险

从该公司两份财务报表中，我们可以看出该公司账务处理过程中至少存在着下列几个税务风险点：

1. 有交易性金融资产，却无投资收益。

2. 存货年末余额减去年初余额为600万元，即使不考虑购进原材料和生产产成品，营业成本和营业收入均应大于600万元才合理，而该公司营业成本才结转400万元，营业收入才确认500万元，结合预收账款余额大幅增长，可以得出结论：除视同销售、存货损失等特殊情况外，还存在隐瞒收入问题。

3. 存货月平均余额700万元，而平均月收入416 666.67元，显然存货库存备用数量过多，可能存在隐瞒收入，或购买发票、虚增存货等情形。

4. 公司在12月份取得收入30万元，为月均收入416 666.67元的72%，若非季节性生产企业，也不符合常理，可能存在隐瞒收入问题。

5. 固定资产增加100万元，生产能力增强，而销售收入却比上年减少200万元，不合常理，可能存在隐瞒收入问题。

6. 资本公积增加200万元，是否隐藏属于接受捐赠等应计入营业外收入缴纳企业所得税的项目，还需要进一步结合明细账、凭证等资料判断。另外，还需要关注资本公积增加金额是否缴纳印花税。

7. 财务费用520万元，比上年同期大幅增长，大部分为利息支出，大于销售收入500万元，公司正常经营期间，并没有在建工程，根本用不着这么大的借款，利息支出不合理，可能存在隐瞒收入问题，也可能转借银行贷款给其他单位，不收取利息，列支与生产经营无关的利息支出，也可能隐藏利息收入等。

8. 年末未分配利润≠年初未分配利润+净利润，差额100万元，可能通过“以前年度损益调增”和“利润分配”科目调节上期收入，也可能为其他原因，需要进一步核实。

上述税务风险点说明，该公司很大可能存在多列支出或者不列、少列收入，虚假的纳税申报，不缴或者少缴应纳税款等偷税行为。

自查切入点

财务报表

相关阅读

案例76至案例88列举的是税务检查过程中从企业账面情况发现账外经营的一些技巧，通过这些方法能有效发现疑点，找到线索，当然最终形成证据还要辅之以其他一些手段，如存货盘点、外围查证等。

作为企业财务人员，应根据这些税务检查案例，自查企业有无类似问题，以防范企业账外经营的税务风险。一般来说，企业设置内、外两套账的偷税手法，很难在外账上不留下蛛丝马迹，账外经营的税务风险不但涉及企业所得税，还影响增值税、营业税、消费税等其他相关税种，企业应当引起足够的重视。

案例77

不合常规的会计科目余额和发生额暗藏税务风险

案例资料

表 2-30　应收账款明细分类账

明细科目：甲公司

20×2 年		凭证号	摘要	借方金额	贷方金额	借/贷	余额
月	日						
			上年结转			贷	400 000.00
			本期合计	0.00	0.00		
			本年累计	0.00	0.00		

表 2-31　预收账款明细分类账

明细科目：乙公司

20×2 年		凭证号	摘要	借方金额	贷方金额	借/贷	余额
月	日						
			上年结转			贷	160 000.00
7	7	9	预收货款		60 000.00	贷	220 000.00
			本期合计	0.00	60 000.00		
			本年累计	0.00	60 000.00		

表 2-32　原材料明细分类账

明细科目：水泥　数量单位：吨

20×2 年		凭证号	摘要	借方			贷方			借/贷	结余		
月	日			数量	单价	金额	数量	单价	金额		数量	单价	金额
			上期结转							借	600	270	162 000
			本期合计										
			本年累计										

表 2-33　应付账款明细分类账

明细科目：丙公司

20×2 年		凭证号	摘要	借方金额	贷方金额	借/贷	余额
月	日						
			上年结转			贷	60 000.00
			本期合计	0.00	0.00		
			本年累计	0.00	0.00		

表 2-34　　其他应付款明细分类账

明细科目：王小二

20×2 年		凭证号	摘要	借方金额	贷方金额	借/贷	余额
月	日						
			上年结转			贷	58 798.09
6	6	7	借款		45 607.50	贷	104 405.59
			本期合计	0.00	45 607.50		
			本年累计	0.00	45 607.50		

表 2-35　　其他应收款明细分类账

明细科目：李大三

20×2 年		凭证号	摘要	借方金额	贷方金额	借/贷	余额
月	日						
			上年结转			借	100 000.00
2	6	9	股东借款	200 000.00		借	300 000.00
			本期合计	200 000.00	0.00		
			本年累计	200 000.00	0.00		

税收政策

《中华人民共和国税收征收管理法》第六十三条、第六十四条规定，见案例 76。

税务风险

1.“应收账款——甲公司”贷方余额 40 万元，实为预收账款，常年不发生业务，一般情况下，没有哪一家企业会提前 1 年多付款而长期不要货。

2.“预收账款——乙公司”贷方余额 16 万元，至少挂账 12 个月，而在没有发货确认收入冲销预收账款的情况下，于 7 月份又预收一笔货款 6 万元，更加不合常理。

3.“原材料——水泥”常年挂账，既不领用，也不销售，水泥的保质期一般也就是三个月，一年以上的水泥一般都超出了保质期，不能再使用，企业仍然将此挂在账上，实际库存中也许早就空空如也了。

4.“应付账款——丙公司”6 万元，长期挂账，一般情况下，没有一家公司会长久不要账，若是连续三年挂账，一般税务机关会要求并入收入缴纳企业所得税。

5.“其他应付款——王小二”账面显示为借款，但是只借不还，不合常理，而且借款金额 45 607.50 元，也不合常理，因为一般情况下的借款通常应为整数。另外，企业也未支付利息。

6.“其他应收款——李大三”账面显示是股东借款，但是股东李大三只借不还，年底余额应视同分红，代扣代缴个人所得税，企业虽然不收取利息，但税务机关有权按同类业务利率调整其应纳税额，缴纳企业所得税、营业税等税费。

以上业务真实性令人生疑，均有隐藏收入的嫌疑，不但逃避缴纳企业所得税，还涉及增值税、营业税、个人所得税等其他税费，若被税务机关检查，必将给企业带来不小的税务风险。

自查切入点

往来账、存货类科目等余额和发生额

案例78

预收账款异常冲销暗藏税务风险

案例资料

表 2-36　　预收账款明细分类账

明细科目：甲公司

20×2 年		凭证号	摘要	借方金额	贷方金额	借/贷	余额
月	日						
			上年结转			贷	60 000.00
12	11	32	退款	60 000.00		平	
			本期合计	60 000.00			
			本年累计	60 000.00			

表 2-37　　记账凭证

20×2 年 12 月 11 日

记字第 32 号

附件 1 张

摘　　要	一级账户	明细账户	借方金额	贷方金额
退款	预收账款	甲公司	60 000.00	
退款	银行存款			60 000.00
合计			60 000.00	60 000.00

会计主管：珠珠　　记账：丹丹　　审核：何花　　出纳：娜娜　　制单：丹丹

附件：转账支票一份，支票号码：709168，支票金额：60000

表 2-38　　银行交易明细（部分）

储蓄所名：××银行××支行　查询日期：20×2/12/31　账号：××××××　户名：雨丰公司

日期	摘要	凭证种类	凭证号	借方发生	贷方发生	余额
20×2/12/05	汇出	电汇凭证	624607	89 880.90	0.00	997 612.09
20×2/12/05	支付往帐手续费	电汇凭证	624607	0.50	0.00	997 611.59
20×2/12/05	支付往帐邮电费	电汇凭证	624607	10.00	0.00	997 601.59
20×2/12/07	凭证出售手续费			15.00	0.00	997 586.59
20×2/12/07	凭证出售工本费			5.00	0.00	997 581.59
20×2/12/08	转贷	进账单			50 000.00	1 047 581.59
20×2/12/09	支取	现金支票	546378	3 000.00	0.00	1 044 581.59
20×2/12/11	支取	转账支票	709168	6 000.00	0.00	1 038 581.59
20×2/12/11	支取	转账支票	709170	2 000.00	0.00	1 036 581.59

税收政策

《中华人民共和国税收征收管理法》第六十三条、第六十四条规定，见案例76。

税务风险

该公司的“预收账款——甲公司”明细账存在异常，余额60 000元常年挂账，挂账时间在1年以上，在12月份突然退款冲销，不合常理。一般来说，企业没有预付货款长期不要货的情况，没有这么傻的企业。后核对记账凭证，倒也正常，但是作为附件的转账支票经与银行交易明细核对，该转账支票实为金额6 000元，该企业通过篡改转账支票虚拟退款，达到隐藏销售收入的目的。还有一些企业利用银行监管漏洞，直接使用作废了的支票头入账，虚拟资金流，达到隐藏收入的目的。

自查切入点

预收账款、应收账款、银行存款科目，银行交易明细

案例79

领用材料与生产产品数量不符合实际情况暗藏税务风险

案例资料

表 2-39 **领料汇总表**

20×2年4月

物料名称	数量（kg）	单价（元/kg）	金额（元）
聚乙烯	162 908.7	9.36	1 524 825.43
色母料	25.5	15.25	388.88
油墨	100.8	17.58	1 772.06
稀料	106.6	8.17	870.92
酒精	90.2	4.27	385.15
合计	163 231.8	—	1 528 242.44

表 2-40 **产品入库汇总表**

20×2年4月

物料名称	数量（kg）	单价（元/kg）	金额（元）
热收缩膜	109 990	11.62	1 278 083.80
彩色热收缩膜	17 580	16.40	288 312.00
合计	127 570	—	1 566 395.80

经询问技术人员得知，一般情况下，该公司1.1～1.2kg聚乙烯生产1kg收缩膜，即

产出率为83.33%与90.91%之间。而该公司4月份1.28kg聚乙烯才生产1kg收缩膜，产出率为78.31%，不在正常范围之内，于是，将各月份耗用材料与产品入库数量统计并计算产出率。

表2-41　各月份产出率

月份	聚乙烯（kg）	收缩膜（kg）	产出率
1	106 780.56	79 639.87	74.58%
2	119 798.98	79 874.89	66.67%
3	116 738.97	97 834.76	83.81%
4	162 908.70	127 570.00	78.31%
5	198 909.80	117 869.70	59.26%
6	208 975.76	169 874.23	81.29%
7	258 908.89	170 083.75	65.69%
8	240 876.57	173 429.82	72.00%
9	239 837.65	160 879.37	67.08%
10	192 732.79	106 758.67	55.39%
11	128 746.70	116 008.96	90.11%
12	120 678.52	69 877.59	57.90%

税收政策

《中华人民共和国税收征收管理法》第六十三条、第六十四条规定，见案例76。

自查切入点

原材料、库存商品等科目，产出率，各原材料之间比率

税务风险

只有3月份和11月份产出率在正常范围之内，其他月份产出率最低的才55.39%，企业很可能存在产品未入库，销售未入账的情况。

案例80

水、电耗用量与产成品异常配比关系暗藏税务风险

案例资料

某水泥制造企业，检查人员通过企业质量控制中心了解水泥生产工艺流程及主要产品的配方，以及水泥生产过程中各阶段的投料数量比率，分析计算原辅材料与产成品的配比关系，没有发现异常。

经有关技术部门统计测算，水泥生产耗用的电力比较稳定，电量消耗的变动幅度不应超过10%，以32.5号普通硅酸盐水泥为例，外购矿石回转窑生产每吨水泥耗电量约为

112 度。按实际耗电量乘以正常电耗测算，该企业账面产成品入库数还不到正常产量的 2/3，经外围取证，企业最终交代有账外经营情况，会计承认是通过少计部分材料的手段制造了产出率正常的假象。

税收政策

《中华人民共和国税收征收管理法》第六十三条、第六十四条规定，见案例 76。

税务风险

企业在隐瞒收入的同时，一些有经验的财务人员也会考虑到如何让账面符合逻辑、减少破绽，如在账面上少计收入的同时，少计产品，少计原材料等，从而达到产出率每月均衡。但是，企业耗用的水电数则不容易做假，如能根据产品特点取得单位水耗或电耗，就能测算出企业产品的正常产量范围，从而找到账外经营的突破口。

自查切入点

水、电耗用量与产品产量比率

案例81

异常借款或往来暗藏税务风险

案例资料

某制造企业，“其他应付款”科目余额异常，均为个人借款，金额少的 50 万元，多的 300 多万元，最长的一笔借款超过两年，某户名下借款不断增多而无还款记录，也无利息支付记录。这些借款全部对应“库存现金”科目，原始附件为企业自制的借款收据，借款收据上并无出借人的签字，企业也不能够提供借款合同，经进一步检查发现全部是虚假业务。

税收政策

《中华人民共和国税收征收管理法》第六十三条、第六十四条规定，见案例 76。

税务风险

有些企业将部分经营收入隐匿于账外，长期积累会造成账面现金流短缺，货币资金会出现负数，为了使账面好看，财务人员会通过虚拟借款或往来的形式将部分现金转回账面。此类“借款”或“往来”通常表现异常：原始单据不齐全或过于简单、现金转入金额过大、借款账户常期挂账、无利息支出等。

自查切入点

其他应付款科目

案例82

收支均不记账或虚假记账暗藏税务风险

案例资料

某制造企业，未发现其存在明显涉税问题，后来核对银行存款每月末余额也与银行对账单余额相符，经将某月银行交易明细与银行存款日记账逐笔核对，发现某日转账收入一笔57万元未入账，后几日转账支出几笔资金也未入账，金额分别为20万元、17万元、10万元、10万元，刚好57元，这几笔业务相抵刚好不影响账户余额，如果不仔细逐笔核对银行交易明细，简直天衣无缝。

税收政策

《中华人民共和国税收征收管理法》第六十三条、第六十四条规定，见案例76。

税务风险

有的企业为了少计收入，当对公账户上收到货款时会采取各种技术处理手段，来达到企业银行存款余额与银行对账单相符的表象，以应付检查。该企业正是通过收支均不记账，达到隐匿收入的目的，此种方法虽不算高明，但是若非下大力气仔细核对，很难发现问题。

也有的企业采取虚假记账的方式，转账收入时，作为借款计入其他应付款，然后转账支出到账外时，冲销其他应付款，不计收入不交税。

自查切入点

银行交易明细与银行存款日记账

案例83

账面客户、员工等信息与实际经营情况不符暗藏税务风险

案例资料

某水泥制造企业，账面未发现明显问题，但是在对其应收账款科目检查时发现，其客户只有几家建筑公司、厂矿企业，对销售发票检查也未发现更多的客户。这与该企业在各乡镇基本都设有销售点的实际经营情况不符。显然，该企业各乡镇销售点销售的水泥大部分没有开具发票确认收入。

某餐饮企业，账面未发现明显问题，但是经核对其申报的收入与其开具的发票金额相符，其客户大约80%为个人，个人消费许多都不主动索取发票，餐饮企业一般也不主动开

具发票。账面未反映未开具发票收入，与实际经营情况明显不符。

某建筑施工企业，账面未发现明显问题，但是经现场核对，企业实际工作人员 300 名左右，与账面发放工资人数 46 名明显不符，其他 200 多名员工工资从哪里发放？明显存在账外经营行为。

某缫丝生产企业，账面未发现明显问题，但是经向缫丝生产车间技术人员了解，一般情况下，普通蚕茧 2.8 吨可以生产 1 吨丝，差茧 4 吨生产 1 吨丝，扣除 10%的自然损耗，剩下的就是下脚料，下脚料中的汰头丝可以销售给丝棉厂，而蚕蛹、汰头渣可以销售给饲料厂。然而，账面上却没有汰头丝、蚕蛹、汰头渣等下脚料销售的记录。

税收政策

《中华人民共和国税收征收管理法》第六十三条、第六十四条规定，见案例 76。

税务风险

账面客户、员工、下脚料等信息与实际经营情况不符，暴露出来企业对部分不需要发票的客户销售货物未确认收入缴纳税款的问题。

自查切入点

账面客户与实际客户差异，工资表人数与实际员工数量

案例84

记账凭证和附件不相符暗藏税务风险

案例资料

甲公司有这样一个凭证，摘要为存现金，分录为：

借：银行存款	10 000	
贷：库存现金		10 000

附件为银行进账单，付款人为乙公司，收款人为甲公司。

税收政策

《中华人民共和国税收征收管理法》第六十三条、第六十四条规定，见案例 76。

税务风险

这笔分录记账凭证和附件不相符，借方为银行存款，贷方为现金，一借一贷货币资金没有变化，该公司收到了甲公司的汇款怎么会货币资金没有增加呢？事后查明正是企业隐藏了部分销售货款。

自查切入点

不相符合的记账凭证和附件

案例85

单位名称不相符暗藏税务风险

案例资料

某公司往来账并没有明显异常，检查人员在对部分往来款项抽查时却发现，有几笔业务记账凭证单位名称与附件不附：

比如，2月有这样一笔分录：

借：银行存款　　50 000

　　贷：预收账款——王某　　50 000

附件为银行进账单，付款人为A公司，当时，并未引起检查人员注意，检查人员认为可能是记账人员疏忽记错的账，或者王某是A公司的业务员，A公司与该公司的往来款项的结算由王某一人负责。然而，在4月份有这样一笔分录，引起了检查人员注意：

借：预收账款——王某　　40 000

　　贷：主营业务收入　　34 188.03

　　　　应交税费——应交增值税（销项税额）　　5 811.97

附件为增值税普通发票，购货方单位名称是B公司。

税收政策

《中华人民共和国税收征收管理法》第六十三条、第六十四条规定，见案例76。

税务风险

A公司和B公司怎么都是走王某这个账户呢？王某不可能和两家公司都有关联吧？这引起了检查人员的疑问，随后又发现几笔同样的分录和几个公司客户，更加深了对王某和这些公司关系的怀疑，看来问题不像是记账人员疏忽记错账或者王某是公司业务员那么简单。最后通过向几个公司询问调查，几个公司根本就不认识什么王某，原来，王某只是一个虚拟账户。最后查明，该公司销售给A公司产品，没有开具发票，以银行存款结算入账后，虚构一笔预收王某的账款，等以后发生开票收入时再伺机冲回。对A公司不开票收入用B公司开票收入冲销，进行隐藏销售收入。

收A公司钱，用B公司发票冲销，这种手段并不高明，但是若不仔细核对凭证，仅靠审查明细账是很难发现问题的。

自查切入点

预收账款、应收账款等科目，销售发票

案例86

账务处理缺乏关联性暗藏税务风险

案例资料

某公司有这样一笔分录：

借：财务费用——手续费　　10.5

　　贷：银行存款　　10.5

附件为银行汇款手续费单据，银行手续费单据上显示汇款额为50 000元，然而，检查人员翻遍了所有凭证也未能发现这笔汇款。

税收政策

《中华人民共和国税收征收管理法》第六十三条、第六十四条规定，见案例76。

税务风险

某些设置两套账的企业，会计做账往往挑单据做账，有时候会将具有关联性的单据部分放入外账，留下蛛丝马迹。该公司汇款不入账就是购买产品不入账，而购买的这些产品销售后也没有入账，达到购进、销售货物都在账外的目的。

自查切入点

业务的关联性

案例87

财务处理的反常行为暗藏税务风险

案例资料

某公司3月有这样一笔分录：

借：银行存款——A账户　　86 000

　　贷：银行存款——B账户　　86 000

附件：一张现金支票头，用途是提取现金，日期为3月12日，还有几张现金存款单，存款人为甲某、乙某等，日期为3月12日。

税收政策

《中华人民共和国税收征收管理法》第六十三条、第六十四条规定，见案例76。

税务风险

企业在某些经济业务上的财务处理方式存在反常，表面上看与税无关，实则是在利用更加隐秘的手法逃避缴纳税款。因此对于反常的业务必须予以重视，发现反常背后的秘密。

两个银行账户转款一般使用转账的方式，既简单又安全。为什么企业先使用现金支票从B账户取出现金，然后又再填写存款单存入银行？这种方式比转账麻烦而且不安全。这种反常的财务处理行为引起了检查人员的怀疑，于是对公司会计人员进行询问，会计人员解释说，取出现金是为了购货付款，对方用现金结算，取出现金后，对方突然以价格太低为由违约，所以把钱又存到了银行。这种解释显然不能自圆其说。即便是对方违约原因成立，存款单写一份就行了，为什么写多份？公司会计人员不能对此做出合理解释。根据推测，检查人员认为，存款单上写明的存款额可能是单位收到的销售货款，为了达到销售收入不入账的目的，伪造了从银行中取现金再存现金这笔业务，这样该公司既做到了销售不入账又做到银行余额账实相符，据推测，存款人也很有可能不是公司人员而是购货方人员。果然，核对3月31日工资表，也未发现甲、乙等人。

从这几方面联系来看，公司此笔分录隐藏收入的嫌疑越来越大，基本确定公司存在账外收入。检查人员将这些疑点向会计人员讲明，在耐心说服下，会计人员终于承认这86 000元确实是销售收入，证实了检查人员的推测：公司会计为了资金安全、结算方便，让几个购货方将现金86 000元存入A账户，购货方凭存款单证明已经付款可以提货，然后公司会计再用现金支票从B账户取走现金86 000元进入账外循环，作上述账务处理，隐藏了收入。

通过这个案例我们可以看到，单从分录（不看附件）和银行对账单余额上审查是很难发现这笔账外收入的。但是，结合原始凭证却让检查人员发现了银行存款账户核算的反常行为，从而发现隐藏账外收入。

自查切入点

异常业务

案例88

常规成本费用不入账，自认为漂亮的账务处理下暗藏税务风险

案例资料

甲公司是一家经营酒水的企业，公司财务人员对其账务处理非常自信，税管员对公司纳税情况非常满意，从来没有被税务局检查过，自认为公司的账务处理可以用两个字来概括——漂亮，然而真的如财务人员所说的那么漂亮吗？

我非常想看看这家单位的“漂亮”的账务处理，财务人员也非常想表现自己不俗的业务水平，于是他邀请我欣赏一下他的财务资料。确实，该公司财务账薄、报表、凭证等纳

税资料整整齐齐，装订精美，就像一本本书一样，确实非常漂亮！

再看会计账薄、纳税申报表，经仔细检查，收入的确认，成本、费用的列支，各种税费的计提缴纳等情况均符合会计制度的规定，会计与税法的差异也得到了正确的调整。看起来该公司的账务处理确实十分漂亮！然而事实并非如此，漂亮只是表象，其实公司存在相当大的税务风险！

经仔细检查发现，该公司管理费用和销售费用中列支了职工薪酬、职工福利、办公费、差旅费、运输费用、折旧费、保险费、通讯费等项目，职工福利费不超过税前列支标准，其他项目也都可以在税前全额扣除。但是该企业却没有列支业务招待费、水电费、广告与业务宣传费、租赁费等几种费用，其中：业务招待费、水电费几乎是每个企业所必需发生的费用，而该公司在市区的广告宣传牌随处可见，没有广告与业务宣传费也不符合常理，公司下辖专卖店十几个，房屋大都是租赁，没有租赁费也不符合常理。

面对疑问，财务人员才说，业务招待费有扣除限额，税前不能全额扣除，水电费、广告与业务宣传费、租赁费都是收据，没有取得发票，因此这些费用就没有入账。

税收政策

《中华人民共和国税收征收管理法》第六十三条、第六十四条规定，见案例 76。

税务风险

从账面上看，该公司财务处理确实漂亮，然而这些企业发生的必需的费用没有在账务上列支，说明企业是使用账外资金支付的，那这些账外资金又从何而来？很明显，是通过账外经营而来，企业存在账外收入，这些账外收入企业没有开具发票，也就没有入账，相应的这部分收入的税款也就没有缴纳。

正常情况下，企业开展经营必将发生相关的成本费用，如果发现有常规的成本费用项目、特殊行业必须的成本费用支出项目未入账等异常现象，则需进一步查明原因，分析是否同时隐瞒了账外收入。

自查切入点

业务招待费、水电费等常规成本费用明细科目

案例89

筹办期间怎样进行年度企业所得税申报

案例资料

某大型工业企业 2011 年筹建，当年未发生经营业务，只有开办费 1 000 万元，2012 年 2 月份财务负责人向税务师咨询，我们 2011 年开办费 1 000 万元，2012 年估计开办费 2 000 万元，2013 年估计开办费 3 000 万元，2014 年正式运营，正式运营之前就累计亏损 6 000 万元，而且正式运营的前几年很可能也要亏损，这样可能会有开办费超过税法规定

的5年弥补期限，企业不是很亏吗？我们筹办期间怎样进行企业所得税汇算清缴呢？

税收政策

1.《关于企业所得税若干税务事项衔接问题的通知》（国税函〔2009〕98号）第九条规定：新税法中开（筹）办费未明确列作长期待摊费用，企业可以在开始经营之日的当年一次性扣除，也可以按照新税法有关长期待摊费用的处理规定处理，但一经选定，不得改变。

2.《关于贯彻落实企业所得税法若干税收问题的通知》（国税函〔2010〕79号）第七条规定：企业自开始生产经营的年度，为开始计算企业损益的年度。企业从事生产经营之前进行筹办活动期间发生筹办费用支出，不得计算为当期的亏损，应按照《国家税务总局关于企业所得税若干税务事项衔接问题的通知》（国税函〔2009〕98号）第九条规定执行。

3.《企业所得税汇算清缴管理办法》（国税发〔2009〕79号）规定，凡在纳税年度内从事生产、经营（包括试生产、试经营），或在纳税年度中间终止经营活动的纳税人，无论是否在减税、免税期间，也无论盈利或亏损，均应按照企业所得税法及其实施条例和本办法的有关规定进行企业所得税汇算清缴。

税务风险

在实际工作中，某些地区，许多处于筹办期间的企业去税务局申请办理税务登记证时，税务人员常以正在筹建为由拒绝办理税务登记证，这些企业可以在开始生产经营后办理税务登记证。这部分企业不必进行企业所得税申报。

有一些地区，处于筹办期间的企业办理了税务登记证，一般来说，办理了税务登记证就要进行纳税申报，那怎样进行企业所得税申报呢？

根据上述政策，企业自开始生产经营的年度，为开始计算企业损益的年度，企业筹办期间不计算为亏损年度，因此，企业所得税汇算清缴可进行零申报，即申报空表。开办费先行归集，在开始生产经营的当年一次性扣除或按照新税法有关长期待摊费用的处理规定处理，另外，企业在筹建期间所发生的业务招待费、广告和业务宣传费应先归集，待企业生产经营后按税法规定扣除。

自查切入点

企业所得税年度纳税申报表

案例90

因税务机关的责任，致使纳税人未缴或者少缴税款的，不得加收滞纳金

案例资料

《国家税务总局关于部分行业广告费和业务宣传费税前扣除政策的通知》（财税

〔2009〕72号）关于"烟草企业的烟草广告费和业务宣传费支出，一律不得在计算应纳税所得额时扣除"的规定执行期限为自2008年1月1日起至2010年12月31日止，而后续政策《财政部国家税务总局关于广告费和业务宣传费支出税前扣除政策的通知》（财税〔2012〕48号）2012年5月30日才出台，规定：自2011年1月1日起至2015年12月31日止，烟草企业的烟草广告费和业务宣传费支出，一律不得在计算应纳税所得额时扣除。

某烟草企业在2011年度企业所得税汇算清缴时，由于财税〔2009〕72号文件执行期限已到，而无后续文件，于是按照《企业所得税法实施条例》的规定进行了业务招待费的申报扣除，待2012年5月30日财税〔2012〕48号文件出台，已无时间重新申报2011年度企业所得税。该企业财务人员担心会被税务机关加收滞纳金。

同样的情况，财税〔2012〕48号文件规定的"化妆品制造与销售、医药制造和饮料制造（不含酒类制造）企业发生的广告费和业务宣传费支出，不超过当年销售（营业）收入30%的部分，准予扣除；超过部分，准予在以后纳税年度结转扣除"的政策，会导致化妆品制造与销售、医药制造和饮料制造（不含酒类制造）企业在2011年度企业所得税汇算清缴中多缴税款，这部分多缴的税款能否退回？

税收政策

1.《中华人民共和国税收征收管理法》第五十一条规定：

纳税人超过应纳税额缴纳的税款，税务机关发现后应当立即退还；纳税人自结算缴纳税款之日起三年内发现的，可以向税务机关要求退还多缴的税款并加算银行同期存款利息，税务机关及时查实后应当立即退还；涉及从国库中退库的，依照法律、行政法规有关国库管理的规定退还。

2.《中华人民共和国税收征收管理法》第五十二条规定：

因税务机关的责任，致使纳税人、扣缴义务人未缴或者少缴税款的，税务机关在三年内可以要求纳税人、扣缴义务人补缴税款，但是不得加收滞纳金。

因纳税人、扣缴义务人计算错误等失误，未缴或者少缴税款的，税务机关在三年内可以追征税款、滞纳金；有特殊情况的，追征期可以延长到五年。

对偷税、抗税、骗税的，税务机关追征其未缴或者少缴的税款、滞纳金或者所骗取的税款，不受前款规定期限的限制。

税务风险

财税〔2012〕48号文件虽然于2012年5月30日出台，但是执行日期却是自2011年1月1日起至2015年12月31日止，而企业所得税汇算清缴截止日期为2012年5月31日，大多数企业在2012年5月30日之前早已完成企业所得税汇算清缴工作，根本无法重新申报，显然该烟草企业少缴税款是因为税务机关的责任所致，所以只需补缴税款，不得加收滞纳金。而化妆品制造与销售、医药制造和饮料制造（不含酒类制造）企业因此多缴的税款可以向税务机关要求退还多缴的税款并加算银行同期存款利息。

通过这个案例旨在提醒纳税人，并非所有的未缴或少缴税款，都需加收滞纳金。若不属于加收滞纳金情形，稀里糊涂支付了税收滞纳金还不能够税前扣除，十分冤枉。因此，企业在税务机关作出处罚前应及时与税务机关沟通，若企业已收到《税务行政处罚决定书》，可自收到决定书60日内依法向上一级税务机关申请行政复议，也可在三个月内向人民法院起诉。

自查切入点

营业外支出科目，税务行政处罚决定书

相关阅读

1. 把握税收文件的生效日期。

比如，财税〔2012〕48号文件虽然于2012年5月30日出台，但是生效日期却是自2011年1月1日。

2010年1月28日，国家税务总局办公厅副主任王兰回复网友关于文件生效日期的提问时说：国家税务总局发布的税收规章都明确了生效执行时间。国家税务总局发布的税收规范性文件也大多明确了生效执行时间，原则上以成文日期（文件落款日期）为生效执行时间。解释性文件以被解释的文件的生效执行时间为生效时间。文件的层层转发，不影响文件的生效执行时间。

2. 不应加收税收滞纳金的情况。

日常工作中，许多纳税人甚至税务人员都认为补缴税款一定会加收税收滞纳金，其实未必，为了维护自身的合法权益，纳税人必须知道其他几种不应加收税收滞纳金的情况：

（1）经批准延期纳税，按照延期后规定期限缴纳税款的。《中华人民共和国税收征收管理法》第三十一条规定：纳税人因有特殊困难，不能按期缴纳税款的，经省、自治区、直辖市国家税务局、地方税务局批准，可以延期缴纳税款，但是最长不得超过三个月。

（2）经批准延期申报，按照规定期限办理税款结算的。《国家税务总局关于延期申报预缴税款滞纳金问题的批复》（国税函〔2007〕753号）第一条规定：《中华人民共和国税收征收管理法》（以下简称税收征管法）第二十七条规定，纳税人不能按期办理纳税申报的，经税务机关核准，可以延期申报，但要在纳税期内按照上期实际缴纳的税额或者税务机关核定的税额预缴税款，并在核准的延期内办理税款结算。预缴税款之后，按照规定期限办理税款结算的，不适用税收征管法第三十二条关于纳税人未按期缴纳税款而被加收滞纳金的规定。

《国家税务总局关于延期申报预缴税款滞纳金问题的批复》（国税函〔2007〕753号）第二条规定：经核准预缴税款之后按照规定办理税款结算而补缴税款的各种情形，均不适用加收滞纳金的规定。在办理税款结算之前，预缴的税额可能大于或小于应纳税额。当预缴税额大于应纳税额时，税务机关结算退税但不向纳税人计退利息；当预缴税额小于应纳税额时，税务机关在纳税人结算补税时不加收滞纳金。

（3）善意取得虚开增值税专用发票已抵扣税款的。《国家税务总局关于纳税人善意取得虚开增值税专用发票已抵扣税款加收滞纳金问题的批复》（国税函〔2007〕1240号）规定：纳税人善意取得虚开的增值税专用发票被依法追缴已抵扣税款的，不属于税收征收管理法第三十二条“纳税人未按照规定期限缴纳税款”的情形，不适用该条“税务机关除责令限期缴纳外，从滞纳税款之日起，按日加收滞纳税款万分之五的滞纳金”的规定。

（4）特别纳税调整补征的税款及利息，在税务机关调整通知书规定的期限内缴纳入库的。《国家税务总局关于印发〈特别纳税调整实施办法（试行）〉的通知》（国税发〔2009〕2号）第一百零九条规定：企业对特别纳税调整应补征的税款及利息，应在税务机关调整通知书规定的期限内缴纳入库。企业有特殊困难，不能按期缴纳税款的，应依照征管法第三十一条及征管法实施细则第四十一条和第四十二条的有关规定办理延期缴纳税款。逾期不申请延期又不缴纳税款的，税务机关应按照征管法第三十二条及其他有关规定处理。

（5）扣缴义务人应扣未扣税款的。《国家税务总局关于行政机关应扣未扣个人所得税问题的批复》（国税函〔2004〕1199号）第三条规定：按照《征管法》规定的原则，扣缴义务人应扣未扣税款，无论适用修订前还是修订后的《征管法》，均不得向纳税人或扣缴义务人加收滞纳金。

附　件

企业所得税常见永久性差异与暂时性差异项目明细表

在实际工作中，不少企业财务人员在企业所得税汇算清缴时，分不清楚永久性差异与暂时性差异，或者遗漏纳税调整项目，为了便于读者掌握，特编写了一份《企业所得税常见永久性差异与暂时性差异项目明细表》，见表2-42。

表2-42　　企业所得税常见永久性差异与暂时性差异项目明细表

永久性差异	不征税收入	1. 财政拨款；2. 依法收取并纳入财政管理的行政事业性收费、政府性基金；3. 国务院规定的其他不征税收入。
	免税收入	1. 国债利息收入；2. 符合条件的居民企业之间的股息、红利等权益性投资收益；3. 在中国境内设立机构、场所的非居民企业从居民企业取得与该机构、场所有实际联系的股息、红利等权益性投资收益；4. 符合条件的非营利组织的收入。
	先征后返的部分税款	1. 企业按照国务院财政、税务主管部门有关文件规定，实际收到具有专门用途的先征后返所得税税款，准则规定应计入取得当期的利润总额，暂不计入取得当期的应纳税所得额。 2. 软件生产企业实行增值税即征即退政策所退还的税款，由企业用于研究开发软件产品和扩大再生产，不作为企业所得税应税收入，不予征收企业所得税。
	加计扣除	1. 企业为开发新技术、新产品、新工艺发生的研究开发费用，未形成无形资产计入当期损益的，在按照规定据实扣除的基础上，按照研究开发费用的50%加计扣除；形成无形资产的，按照无形资产成本的150%摊销。 2. 企业安置残疾人员所支付的工资可以加计扣除，是指企业安置残疾人员的，在据实扣除支付给残疾职工工资的基础上，按照支付给残疾职工工资的100%加计扣除。残疾人员的范围适用《中华人民共和国残疾人保障法》的有关规定。

续表

永久性差异	超过扣除限额的部分	企业发生的职工福利费支出，不超过工资薪金总额14%的部分，准予扣除。超过部分不得扣除。
		企业拨缴的工会经费，不超过工资薪金总额2%的部分，准予扣除。超过部分不得扣除。
		企业发生的与生产经营活动有关的业务招待费支出，按照发生额的60%扣除，但最高不得超过当年销售（营业）收入的5‰，超过部分不得扣除。
		企业发生的公益性捐赠支出，在年度利润总额12%以内的部分，准予在计算应纳税所得额时扣除。
		企业按照国务院有关主管部门或者省级人民政府规定的范围和标准为职工缴纳的基本养老保险费、基本医疗保险费、失业保险费、工伤保险费、生育保险费等基本社会保险费和住房公积金，准予扣除。超过标准缴纳的部分，不得扣除。
		企业为投资者或者职工支付的补充养老保险费、补充医疗保险费，在国务院财政、税务主管部门规定的范围和标准内，准予扣除，超过标准的部分不得扣除。
		除企业依照国家有关规定为特殊工种职工支付的人身安全保险费和国务院财政、税务主管部门规定可以扣除的其他商业保险费外，企业为投资者或者职工支付的商业保险费，不得扣除。
		非金融企业向非金融企业借款的利息支出，不超过按照金融企业同期同类贷款利率计算的数额的部分，准予扣除；超过部分的利息支出，不得扣除。
		企业从其关联方接受的债权性投资与权益性投资的比例超过规定标准而发生的利息支出，不得在计算应纳税所得额时扣除。
	超过法定范围的支出	税收滞纳金；向行政、司法部门支付的罚款、滞纳金和被没收财物的损失；非公益性捐赠支出；非广告性赞助支出。
	其他永久性差异	减计收入、减免税所得。
		企业的不征税收入用于支出所形成的费用或者财产，不得扣除或者计算对应的折旧、摊销扣除。
		无形资产受让、开发支出不得在税前扣除，但允许以提取折旧和摊销费用的方式逐步扣除。
		自然灾害或意外事故损失有赔偿的部分不得在税前扣除。
		纳税人销售货物给购货方的回扣不得在税前扣除。
		贿赂等非法支出不得在税前扣除。
		企业之间支付的管理费、企业内营业机构之间支付的租金和特许权使用费，以及非银行企业内营业机构之间支付的利息，不得在税前扣除。
		企业依照法律、行政法规有关规定提取的用于环境保护、生态恢复等方面的专项资金，准予扣除，但是专项资金提取后改变用途的，不得在税前扣除。
		转让定价纳税调整加收利息不得在税前扣除。
		未经备案申报的财产损失不得在税前扣除。
		关联交易因未按照独立交易原则定价，税务机关调增收入额或调减扣除额。
		个人消费性支出不得在税前扣除。

续表

暂时性差异	利息、租金、特许权使用费收入	会计上按权责发生制确认收入，而税法规定按照合同约定的应付利息、租金、特许权使用费的日期确认。如果交易合同或协议中规定租赁期限跨年度，且租金提前一次性支付的，根据收入与费用配比原则，出租人可对上述已确认的收入，在租赁期内，分期均匀计入相关年度收入。
	交易性金融资产	会计上按公允价值计量，税法按历史成本作为计税基础。
	持有至到期投资	一次还本付息的投资，其利息收入的确认时间与计税收入的确认时间不同。
	固定资产	1. 账面价值与计税基础不同：账面价值＝实际成本－会计累计折旧－减值准备，计税基础＝实际成本－税收累计折旧。
		2. 折旧方法：会计上可以合理选择折旧方法，税法上除按规定可以加速折旧的以外，允许税前扣除的只能是按照直线法计提的折旧。
		3. 折旧年限：会计上按照固定资产为企业带来经济利益的期限合理估计确定，税法上对每一类固定资产折旧年限都有明确的规定。
		4. 计提减值准备：会计上可以根据资产状况计提减值准备，税法上规定减值准备不得税前扣除。
	融资租入固定资产	企业会计准则要求将租赁开始日租赁资产公允价值与最低租赁付款额现值两者中较低者作为入账价值，税法上以租赁合同约定的付款总额和承租人在签订租赁合同过程中发生的相关费用为计税基础，未约定付款总额的，以该资产的公允价值和承租人在签订租赁合同过程中发生的相关费用为计税基础。由此一般会产生融资租入固定资产的账面价值小于其计税基础，产生可抵扣暂时性差异，应确认递延所得税资产。 同时，会计上核算未确认融资费用，而税法上不核算，产生应纳税暂时性差异，应确认递延所得税负债。以后年度，固定资产折旧的计提会计数额和计税数额不一致，以及会计上未确认融资费用分摊，造成会计利润和税法应纳税所得额不一致，应调整应纳税所得额，并逐步转回固定资产购入年度确认的递延所得税资产和递延所得税负债。
	投资性房地产	公允价值计量模式下，账面价值与计税基础不同，会计不计提折旧，而税法允许折旧；成本计量模式下，其账面价值与计税基础的确定与固定资产、无形资产相同，暂时性差异与固定资产、无形资产相同。
	无形资产	1. 企业会计准则规定使用寿命不确定的无形资产不得摊销，但税法规定可在不少于10年的期限分期扣除。
		2. 自行开发无形资产的计税基础按照会计基础的150%确认。
		3. 税法规定企事业单位购买的软件最短可按2年期限扣除。
		4. 无形资产减值准备不得在税前扣除。

续表

暂时性差异	长期股权投资	1. 企业会计准则：（1）成本法：被投资方宣告分配股利，投资方确认投资收益时应冲减的投资成本；被投资方用留存收益转增股本，投资方不作账务处理：计提减值准备相应减少长期股权投资账面价值。（2）权益法：长期股权投资的账面价值随着被投资方所有者权益的变动而作相应调整；被投资方用留存收益转增股本，投资方不作账务处理；计提减值准备相应减少长期股权投资账面价值。 2. 税法：计税基础按照历史成本确定，被投资方用留存收益转增股本，投资方相应追加投资计税基础。长期股权投资减值准备不得在税前扣除。
	应付款项	由于债权人原因导致债务不能清偿或不需清偿的部分，税法规定应并入所得征税，实际支付时纳税调减。
	预计负债	企业会计准则要求按照履行现时义务所需支出的最佳估计数进行初始计量。税法上除另有规定者外在实际发生时扣除。
	预收账款	房地产企业取得的预收账款会计上作为负债处理，但按税法规定应按照预计利润率计算预计利润并入当期利润总额预缴企业所得税，以后实际结转收入时，前期已纳税款允许退还。
	广告与宣传费	企业发生的符合条件的广告费和业务宣传费支出，除国务院财政、税务主管部门另有规定外，不超过当年销售（营业）收入15%的部分，准予扣除；超过部分，准予在以后纳税年度结转扣除。
	职工教育经费支出	除国务院财政、税务主管部门另有规定外，企业发生的职工教育经费支出，不超过工资薪金总额2.5%的部分，准予扣除；超过部分，准予在以后纳税年度结转扣除。
	债务重组所得	企业重组符合规定条件的，适用特殊性税务处理：企业债务重组确认的应纳税所得额占该企业当年应纳税所得额50%以上，可以在5个纳税年度的期间内，均匀计入各年度的应纳税所得额。
	政策性搬迁	企业在搬迁期间发生的搬迁收入和搬迁支出，可以暂不计入当期应纳税所得额，而在完成搬迁的年度，对搬迁收入和支出进行汇总清算。 企业的搬迁收入，扣除搬迁支出后的余额，为企业的搬迁所得。企业应在搬迁完成年度，将搬迁所得计入当年度企业应纳税所得额计算纳税。 企业搬迁收入扣除搬迁支出后为负数的，应为搬迁损失。搬迁损失可在下列方法中选择其一进行税务处理：（1）在搬迁完成年度，一次性作为损失进行扣除。（2）自搬迁完成年度起分3个年度，均匀在税前扣除。上述方法由企业自行选择，但一经选定，不得改变。
	弥补亏损	企业纳税年度发生的亏损，准予向以后年度结转，用以后年度的所得弥补，但结转年限最长不得超过5年。
	准备金支出	未经核定的准备金支出（坏账准备、减值准备等）

CHAPTER

3 第三章 税务风险案例——增值税

从税收收入规模来看，增值税是我国目前最大的税种，在会计实务、纳税申报中，增值税是一个极其重要的税种，同时也是一个较难的税种，涉及的相关政策也比较多，因此，不少纳税人对相关增值税政策把握不准、理解不透，出现一定的认识偏差，稍有不慎就很容易出现多缴或漏缴增值税款的情况，给企业带来一定的经济损失和税务风险。

为了帮助广大财务人员减少增值税工作中的税务风险，笔者在对众多企业增值税纳税检查案例梳理、分析的基础之上，结合最新税收政策，总结出了增值税核算工作中企业应当特别关注的常见税务风险点与防范方法，帮助企业财务人员掌握税务风险自查方法和提高税务风险防范能力。

案例1

反向取得增值税专用发票不能抵扣进项税额

案例资料

某企业因为销售货物部分存在质量问题而被对方退回，本应当由销售方开具红字专用发票，而销售方却和购货方商量决定，由购货方为销售方开具增值税专用发票，这样销售方可以凭借发票抵扣税金（红字发票冲减销项税额），增加库存，购货方也可以增加销项税额（红字发票减少进项税额），减少库存。这样一来，不需办理开具红字发票的申请手续，看似减少了麻烦，并取得了与销售方开具红字专用发票相同的效果，但是效果真的一样吗？

表 3-1 **记账凭证**

20×2 年 12 月 04 日

记字第 06 号

附件 2 张

摘要	一级账户	明细账户	借方金额	贷方金额
因质量原因销货部分退回	库存商品	A 商品	50 000.00	
因质量原因销货部分退回	应交税费	应交增值税（进项税额）	8 500.00	
因质量原因销货部分退回	应收账款	L 市某某经贸有限公司		58 500.00
合计			58 500.00	58 500.00

会计主管：珠珠　　记账：丹丹　　审核：何花　　出纳：娜娜　　制单：丹丹

表 3-2　1400080002　**××增值税专用发票**　No 00000088

发票联

开票日期：20×2 年 12 月 4 日

国税函〔2010〕253号××钞厂

购货单位	名称：L 市雨丰商贸有限公司 纳税人识别号：370000000000088 地址、电话：L 市××区××路 6 号 05××－6660000 开户行及账号：中国××银行××支行 3700000800660000×××			密码区	＊98/42－/35>3893＋2－6164/80＊2 加密版本：01 ＋64－2052102－2544<56221＊112＋1400080002 ＊4965256＊4561<>5566＋＋52555－89－8< ＋74＋759－＊－＊585＋644>＋9＊5 00000088			
货物或应税劳务名称		规格型号	单位	数量	单价	金额	税率	税额
A 商品			Kg	1 000	50.00	50 000.00	17%	8 500.00
合计						¥50 000.00		¥8 500.00
价税合计（大写）		⊗伍万捌仟伍佰元整						（小写）¥58 500.00
销货单位	名称：L 市某某经贸有限公司 纳税人识别号：××××××××××××××× 地址、电话：L 市开发区工业园××××－××××××× 开户行及账号：中国××银行开发区支行××－×××××××			备注				

第三联：发票联　购货方记账凭证

收款人：出纳　　复核：会计 1　　开票人：会计 2　　销货单位：（章）

注：增值税专用发票（抵扣联）、退回商品验收入库单略

税收政策

《国家税务总局关于修订〈增值税专用发票使用规定〉的通知》（国税发〔2006〕156 号）规定：一般纳税人取得专用发票后，发生销货退回、开票有误等情形但不符合作废条件的，或者因销货部分退回及发生销售折让的，购买方应向主管税务机关填报《开具红字增值税专用发票申请单》。主管税务机关对一般纳税人填报的《申请单》进行审核后，出具《开具红字增值税专用发票通知单》。销售方凭购买方提供的《通知单》开具红字专用发票，在防伪税控系统中以销项负数开具。

税务风险

L 市雨丰商贸有限公司销售给 L 市某某经贸有限公司 A 商品，由于部分商品存在质量

原因，销售退回A商品1 000千克，不含税单价50 000元，按税法规定，应当由L市雨丰商贸有限公司开具红字专用发票。然而，可能是由于双方感觉申请红字发票比较麻烦，或者其他因素，由L市某某经贸有限公司给L市雨丰商贸有限公司开具了增值税专用发票。这样双方的库存商品、往来账项都根据这份发票进行了账务处理。企业这样处理违反了国税发〔2006〕156号文件规定，因此，L市雨丰商贸有限公司取得的这份专用发票不允许抵扣。

自查切入点

增值税专用发票

相关阅读

谁应该给谁开发票，税法都有明确规定，不可以相反方向开票，否则就会产生税务风险。除特殊情况下，都是由收款方向付款方开具发票的。具体政策如下：

《中华人民共和国发票管理办法》第十九条规定："销售商品、提供服务以及从事其他经营活动的单位和个人，对外发生经营业务收取款项，收款方应当向付款方开具发票；特殊情况下，由付款方向收款方开具发票。"

《中华人民共和国发票管理办法实施细则》第二十四条规定："《办法》第十九条所称特殊情况下，由付款方向收款方开具发票，是指下列情况：

(1) 收购单位和扣缴义务人支付个人款项时；

(2) 国家税务总局认为其他需要由付款方向收款方开具发票的。"

案例2

取得增值税专用发票不符合要求不能抵扣进项税额

案例资料

表3-3 记账凭证

20×2年12月05日

记字第07号
附件2张

摘要	一级账户	明细账户	借方金额	贷方金额
购进低值易耗品	周转材料	低值易耗品	10 000.00	
购进低值易耗品	应交税费	应交增值税（进项税额）	1 700.00	
购进低值易耗品	应付账款	L市佳佳经贸有限公司		11 700.00
合计			11 700.00	11 700.00

会计主管：珠珠　记账：丹丹　审核：何花　出纳：娜娜　制单：丹丹

表 3-4　　1400080002　　**××增值税专用发票**　　№ 00000788

发票联　　开票日期：20×2 年 12 月 04 日

国税函〔2010〕253 号××印钞厂

<table>
<tr><td colspan="4">购货单位
名称：L 市雨丰商贸有限公司
纳税人识别号：370000000000088
地址、电话：L 市××区××路 6 号 05××－6660000
开户行及账号：中国××银行××支行 3700000800660000×××</td><td>密码区</td><td colspan="3">＊99/42－/35>3893＋2－6164/80＊2 加密版本：01
＋64－2052102－2544<56221＊112＋1400080002
＊4965256＊4561<>5566＋＋52555－89－8<
＋74＋759－＊－＊585＋644>＋9＊5 00000788</td></tr>
<tr><td>货物或应税劳务名称
材料

合计</td><td>规格型号</td><td>单位
批</td><td>数量
1</td><td>单价
10 000.00</td><td>金额
10 000.00

￥10 000.00</td><td>税率
17%</td><td>税额
1 700.00

￥1 700.00</td></tr>
<tr><td>价税合计（大写）</td><td colspan="7">⊗壹万壹仟柒佰元整　　（小写）￥11 700.00</td></tr>
<tr><td colspan="4">销货单位
名称：L 市佳佳经贸有限公司
纳税人识别号：××××××××××××××××
地址、电话：L 市开发区工业园××××－××××××××
开户行及账号：中国××银行开发区支行××－××××××××</td><td>备注</td><td colspan="3"></td></tr>
</table>

第三联：发票联　购货方记账凭证

收款人：出纳　　复核：会计 1　　开票人：会计 2　　销货单位：（章）

注：增值税专用发票（抵扣联）、入库单略

税收政策

《国家税务总局关于修订〈增值税专用发票使用规定〉的通知》（国税发〔2006〕156 号）第十二条规定：一般纳税人销售货物或者提供应税劳务可汇总开具专用发票。汇总开具专用发票的，同时使用防伪税控系统开具《销售货物或者提供应税劳务清单》，并加盖发票专用章。

税务风险

许多财务人员认为，只要是真实业务，只要不是属于《中华人民共和国增值税暂行条例》第十条规定的五类进项税额不得从销项税额中抵扣的情形，只要能够取得增值税扣税凭证，就可以抵扣，然而事实并非如此。

笔者在对企业进行纳税咨询服务时，遇到过好多企业对汇总开具发票不够重视，有的企业不知道汇总开具发票这回事，有的企业不开具销货清单；还有的企业虽然开具销货清单，但是销货清单不是从防伪税控系统开具的，而是自己使用办公软件自制的；有的企业销货清单虽然符合规定，但是单独保存，没有附在发票之后。

纳税人汇总填开专用发票，“商品或劳务名称”栏不填写（打印的发票票面会显示“详见销货清单”几个字），“计量单位”、“数量”、“单价”栏可以不填写。但汇总填开的专用发票，必须附有使用防伪税控系统开具的加盖发票专用章的销货清单。销货清单应填写购销双方的单位名称、商品或劳务名称、计量单位、数量、单价、销售额，销货清单的汇总销售额应与专用发票“金额”栏的数字一致。销货清单应严格按国家税务总局规定使用，第一联存根联应当保存五年，保存期满后要处理销毁的，报主管税务机关批准。第二联、第三联应分别附在发票联和抵扣联之后，否则，该份增值税专用发票不得作为扣税凭证。

一张发票只能有一份清单，一份清单也只能和一张发票对应，即增值税专用发票与销货清单必须一一对应。然而，有的企业为了省事，汇总开具多份增值税专用发票，而多份增值税专用发票只开具一份销货清单，虽然在销货清单上注明了多份汇总增值税专用发票的号码，但是也属于不按规定开具发票，购货方不能作为抵扣凭证，有权拒收这些专用发票。

这份发票票面显示“材料1批”，显然没有使用防伪税控系统开具销货清单，不得抵扣进项税额。

自查切入点

增值税专用发票

相关阅读

对于运输发票税法有着同样的规定：

《财政部、国家税务总局关于增值税若干政策的通知》（财税〔2005〕165号）第七条第四项规定：

一般纳税人取得的汇总开具的运输发票，凡附有运输企业开具并加盖发票专用章的运输清单，允许计算抵扣进项税额。

未附加盖发票专用章的运输清单的汇总开具的运输发票，不得抵扣进项税额。

案例3

与承租单位共用水电，承租单位取得不符合规定的增值税专用发票不得抵扣进项税额

案例资料

甲公司和乙公司均为增值税一般纳税人。乙公司在甲公司租赁了一间厂房，双方签订的租赁合同规定：水电费由甲公司代收代交，乙公司每月最后一天支付给甲公司水电费。甲公司支付水电费，取得自来水公司按6%的征收率开具的增值税专用发票和电力公司按17%开具的增值税专用发票，乙公司支付水电费时要求甲公司开具增值税专用发票，甲公司开具了“税率”栏为6%的自来水专用发票和“税率”栏为17%的电力专用发票给乙公司。

税收政策

1.《财政部、国家税务总局关于部分货物适用增值税低税率和简易办法征收增值税政策的通知》（财税〔2009〕9号）规定：一般纳税人销售自产的自来水，可选择按照简易办法依照6%的征收率计算缴纳增值税。

2.《中华人民共和国增值税暂行条例》第二条规定：纳税人销售或者进口自来水，税率为13%。

税务风险

甲企业根据财税〔2009〕9号文件规定，得出结论可以给乙公司按照简易办法开具6%的征收率的增值税专用发票。

其实这个结论是不正确的，因为按简易办法征收仅适用于自来水公司销售的自产自来水（注意："自产"两个字），而甲公司属于转售自来水，因而不适用简易办法，甲公司应当按照《中华人民共和国增值税暂行条例》第二条规定的自来水13%的适用税率开具增值税专用发票给乙公司，乙公司可以凭专用发票抵扣进项税额。

对于电费，甲公司可以按照17%的适用税率开具增值税专用发票给乙公司，乙公司可以凭专用发票抵扣进项税额。

自查切入点

增值税专用发票

相关阅读

学习税法要认真仔细，注意税法条文中的关键字，比如本税法条文中的"自产"两个字。

案例4

维修费取得增值税专用发票并非都能抵扣进项税额

案例资料

表3-5　　记账凭证

20×2年12月05日

记字第08号

附件2张

摘要	一级账户	明细账户	借方金额	贷方金额
支付维修费	管理费用	维修费	10 000.00	
支付维修费	应交税费	应交增值税（进项税额）	1 700.00	
支付维修费	银行存款			11 700.00
合计			11 700.00	11 700.00

会计主管：珠珠　　记账：丹丹　　审核：何花　　出纳：娜娜　　制单：丹丹

附件为增值税专用发票，"货物或应税劳务名称"一栏填写"维修费"，格式同表3-4，略。另附有"中央空调维修清单"等资料。

税收政策

1.《国家税务总局关于修订〈增值税专用发票使用规定〉的通知》（国税发〔2006〕156号）第二条规定：专用发票，是增值税一般纳税人销售货物或者提供应税劳务开具的发票，是购买方支付增值税额并可按照增值税有关规定据以抵扣增值税进项税额的凭证。

2.《中华人民共和国增值税暂行条例》第十条规定：

下列项目的进项税额不得从销项税额中抵扣：

（一）用于非增值税应税项目、免征增值税项目、集体福利或者个人消费的购进货物或者应税劳务；

（二）非正常损失的购进货物及相关的应税劳务；

（三）非正常损失的在产品、产成品所耗用的购进货物或者应税劳务；

（四）国务院财政、税务主管部门规定的纳税人自用消费品；

（五）本条第（一）项至第（四）项规定的货物的运输费用和销售免税货物的运输费用。

非增值税应税劳务，是指属于应缴营业税的交通运输业、建筑业、金融保险业、邮电通信业、文化体育业、娱乐业、服务业税目征收范围的劳务。

3.《中华人民共和国增值税暂行条例实施细则》第二十三条规定：

条例第十条第（一）项和本细则所称非增值税应税项目，是指提供非增值税应税劳务、转让无形资产、销售不动产和不动产在建工程。

前款所称不动产是指不能移动或者移动后会引起性质、形状改变的财产，包括建筑物、构筑物和其他土地附着物。

纳税人新建、改建、扩建、修缮、装饰不动产，均属于不动产在建工程。

4.《财政部、国家税务总局关于固定资产进项税额抵扣问题的通知》（财税〔2009〕113号）规定：

《中华人民共和国增值税暂行条例实施细则》第二十三条第二款所称建筑物，是指供人们在其内生产、生活和其他活动的房屋或者场所，具体为《固定资产分类与代码》（GB/T14885－1994）中代码前两位为“02”的房屋；所称构筑物，是指人们不在其内生产、生活的人工建造物，具体为《固定资产分类与代码》（GB/T14885－1994）中代码前两位为“03”的构筑物；所称其他土地附着物，是指矿产资源及土地上生长的植物。

《固定资产分类与代码》（GB/T14885－1994）电子版可在财政部或国家税务总局网站查询。

以建筑物或者构筑物为载体的附属设备和配套设施，无论在会计处理上是否单独记账与核算，均应作为建筑物或者构筑物的组成部分，其进项税额不得在销项税额中抵扣。附属设备和配套设施是指：给排水、采暖、卫生、通风、照明、通讯、煤气、消防、中央空调、电梯、电气、智能化楼宇设备和配套设施。

税务风险

从上述税法规定可以看出，本案例的中央空调维修为非增值税应税项目，公司取得的专用发票不得抵扣，提供此份发票的开票单位应当开具地税劳务发票，补交营业税。

并非所有的维修费都可以开具增值税专用发票，如果是维修电梯、中央空调等以建筑物或者构筑物为载体的附属设备和配套设施，应当开具地税劳务发票；如果维修办公用具、生产设备等，可以开具增值税专用发票。

能否开具专用发票首先应当明确开具发票项目是否属于应税项目，除价外费用、混合销售等特殊情况下，非增值税应税项目的一定不可以开具增值税专用发票，顺便提醒一句，非增值税应税项目开具增值税普通发票也不行。

自查切入点

增值税专用发票

相关阅读

维修费如此，其他也一样。特别是购进的设备能否抵扣，一定要看其是否属于建筑物或者构筑物为载体的附属设备和配套设施，若作为建筑物或者构筑物的组成部分，均不得抵扣。对于不好确定的建筑物和构筑物一定要查询《固定资产分类与代码》。

有的企业对于不动产不得抵扣进项税额掌握得比较好，但是往往忽视相应的运输发票进项税额也不得抵扣。

案例5

不得开具增值税专用发票而开具专用发票的税务风险

案例资料

表 3-6　　记账凭证

20×2 年 12 月 08 日

记字第 08 号

附件 2 张

摘要	一级账户	明细账户	借方金额	贷方金额
销售酒糟	应收账款	甲公司	13 560.00	
销售酒糟	主营业务收入			13 560.00
合计			13 560.00	13 560.00

会计主管：珠珠　记账：丹丹　审核：何花　出纳：娜娜　制单：丹丹

附件为增值税专用发票记账联，“货物或应税劳务名称”一栏填写“酒糟”，格式同表3-4，略。

税收政策

《国家税务总局关于加强免征增值税货物专用发票管理的通知》（国税函〔2005〕780号）规定：增值税一般纳税人销售免税货物，一律不得开具专用发票（国有粮食购销企业销售免税粮食除外）。如违反规定开具专用发票的，则对其开具的销售额依照增值税适用税率全额征收增值税，不得抵扣进项税额，并按照《中华人民共和国发票管理办法》及其实施细则的有关规定予以处罚。

税务风险

在实际工作中，有的纳税人想多抵扣税款，在购进免税货物时，也要求销售方开具增值税专用发票，销售方有时就根据购货方要求开具了专用发票，购货方在认证后进行了抵扣。本案例就是如此，该酒业公司按照商家的要求，为其开具了金额为12 000元、税额为1 560元的增值税专用发票，根据国税函〔2005〕780号文件规定，销售免税货物时，因向购货方开具了增值税专用发票而不能再享受免税的待遇，销售方应依照增值税适用税率全额征收增值税，购货方也不得抵扣进项税额。

自查切入点

增值税专用发票

相关阅读

并非所有的销售货物或者应税劳务都可以开具专用发票，相应的，并非所有的购进货物或者接受应税劳务都可以取得专用发票，某些企业在不得开具专用发票的情况下开具了专用发票，对自己和受票方都造成了税务风险。

增值税一般纳税人除了销售免税货物不得开具增值税专用发票外，税法还明确规定了不得开具增值税专用发票的其他情形。

1.《中华人民共和国增值税暂行条例》第二十一条规定：

属于下列情形之一的，不得开具增值税专用发票：

（1）向消费者个人销售货物或者应税劳务的；

（2）销售货物或者应税劳务适用免税规定的；

（3）小规模纳税人销售货物或者应税劳务的。

2.《国家税务总局关于修订〈增值税专用发票使用规定〉的通知》（国税发〔2006〕156号）第十条规定：

商业企业一般纳税人零售的烟、酒、食品、服装、鞋帽（不包括劳保专用部分）、化妆品等消费品不得开具专用发票。

案例6

企业使用自己生产的机器设备作为固定资产不可以给自己开具增值税专用发票

案例资料

在税务审查中，我们发现某公司一份增值税专用发票非常特别，购货单位与销货单位名称都是该公司自己，原来该公司将自己生产的一台机器设备作为公司固定资产使用，公司财务人员认为需要凭借发票才能入账，于是自己给自己开具了增值税专用发票，使用记账联作附件确认了销售收入并计提了销项税额，使用发票联作为附件确认固定资产并抵扣了进项税额。

税收政策

1.《国家税务总局关于修订〈增值税专用发票使用规定〉的通知》（国税发〔2006〕156号）第二条规定：专用发票，是增值税一般纳税人销售货物或者提供应税劳务开具的发票，是购买方支付增值税额并可按照增值税有关规定据以抵扣增值税进项税额的凭证。

2.《中华人民共和国发票管理办法》第二十条规定：销售商品、提供服务以及从事其他经营活动的单位和个人，对外发生经营业务收取款项，收款方应向付款方开具发票；特殊情况下由付款方向收款方开具发票。

3.《中华人民共和国发票管理办法》第二十二条规定：不符合规定的发票，不得作为财务报销凭证，任何单位和个人有权拒收。

4.《中华人民共和国发票管理办法》第三十六条第三项规定：未按照规定开具发票的单位和个人，由税务机关责令限期改正，没收非法所得，可以并处1万元以下的罚款。

税务风险

根据国税发〔2006〕156号文件第二条规定，只有销售货物或者提供应税劳务才可以开具专用发票，该公司使用自己生产的机器设备作为固定资产，既非销售货物也非提供应税劳务，自然不可以开具专用发票。

根据《中华人民共和国发票管理办法》第二十条规定，只有对外发生经营业务收取款项的，才可以开具发票，该公司使用自己生产的机器设备作为固定资产，只是内部处置资产的行为，既没有对外也没有经营，自然不可以开具发票，而不仅仅是不可以开具专用发票。

不符合规定的发票，不得作为财务报销凭证。违反规定开具专用发票的，则对其开具的销售额依照增值税适用税率全额征收增值税，不得抵扣进项税额，并按照《中华人民共和国发票管理办法》及其实施细则的有关规定予以处罚。

其实，该公司将一个简单的问题复杂化了。由于在生产过程中使用的材料都取得了专用发票，该业务根本不需要凭借发票即可入账，分录如下：

借：固定资产

贷：库存商品

自查切入点

增值税专用发票

案例7

取得运输发票不符合要求不能抵扣进项税额

案例资料

表 3-7 记账凭证

20×2 年 12 月 05 日

记字第 08 号

附件 2 张

摘要	一级账户	明细账户	借方金额	贷方金额
销售商品运费	销售费用	运输费	5 580.00	
销售商品运费	应交税费	应交增值税（进项税额）	420.00	
销售商品运费	应付账款	L 市速快运输有限公司		6 000.00
合计			6 000.00	6 000.00

会计主管：珠珠　　记账：丹丹　　审核：何花　　出纳：娜娜　　制单：丹丹

表 3-8 公路、内河货物运输业统一发票

发票联

发票代码 000000000696

开票日期 20×2-12-05　　发票号码 00000067

机打代码 机打号码 机器编号	000000000696 00000067 000000000677	税控码	/35＞＊864253＊42－389398/＋2－6164/80＊2 4＜56－582652－2052102－254221＊112＋＋64 61＜6＊－/52585256＊45＞5566＋＋52555－＊49 589－85825441＜＋74＋759－＊－＊585＋644＞＋9＊
收货人及 纳税人识别号	L 市双福有限公司 3700000000000YY	承运人及 纳税人识别号	L 市速快运输有限公司 XXXXXXXXXXXXXXX
发货人及 纳税人识别号	L 市雨丰有限公司 ＋370000000000088	主管税务机关 及代码	L 市地方税务局开发区分局 00000Y2

续表

运输项目及金额	货物名称	数量（重量）	单位运价	计费里程	金额	其他项目及金额	费用名称	金额	备注：运输车辆 XLY3669
	B产品				6 000.00				
运费小计 6 000.00						其他费用小计 0.00			
合计（大写）陆仟元整						（小写）¥6 000.00			

承运人盖章：L市速快运输有限公司　　　　　　　　　　　　开票人：李一

注：第二联为抵扣联。企业会计计算：运输发票抵扣额＝6 000×7%＝420 元，销售费用6 000－420＝5 580 元。

税收政策

1.《国家税务总局关于新版公路内河货物运输业统一发票有关使用问题的通知》（国税发〔2007〕101号）第二条规定：

一项运输业务无法明确单位运价和运费里程时，《国家税务总局关于使用新版公路、内河货物运输业统一发票有关问题的通知》（国税发〔2006〕67号）第五条第（五）项规定的“运输项目及金额”栏的填开内容中，“运价”和“里程”两项内容可不填列。

准予计算增值税进项税额扣除的货运发票，发货人、收货人、起运地、到达地、运输方式、货物名称、货物数量、运费金额等项目填写必须齐全，与货物发票上所列的有关项目必须相符，否则，不予抵扣。

2.《财政部、国家税务总局关于增值税若干政策的通知》（财税〔2005〕165号）第七条第五项规定：一般纳税人取得的项目填写不齐全的运输发票（附有运输清单的汇总开具的运输发票除外）不得计算抵扣进项税额。

3.《国家税务总局关于使用新版公路、内河货物运输业统一发票有关问题的通知》（国税发〔2006〕67号）第五条第五项规定：《货运发票》应如实一次性填开，运费和其他费用要分别注明。“运输项目及金额”栏填开内容包括：货物名称、数量（重量）、单位运价、计费里程及金额等；“其他项目及金额”栏内容包括：装卸费（搬运费）、仓储费、保险费及其他项目和费用。备注栏可填写起运地、到达地和车（船）号等内容。

税务风险

该份发票，数量（重量）、起运地、到达地等项目内容不全，不能抵扣进项税额。

在税收检查中发现，许多企业取得的运输发票都进行了抵扣，然而仔细检查，发现许多运输发票并不符合抵扣条件，甚至有的企业在一个纳税年度内取得的运输发票没有一份符合税法规定抵扣条件的，尽管这些运费确实是企业实际发生的费用，但是按照税法规定，都需要做进项税额转出处理，补缴税款，并进行罚款和加收滞纳金等处罚。

自查切入点

运输发票

相关阅读

运输发票项目不全在中小企业中相当普遍，甚至有的企业在一个纳税年度内取得的所有运输发票没有一份是符合抵扣要求的，企业有必要引起足够的重视。下面是几种常见的运输发票不可以抵扣进项税额的情况：

1. 有的企业虽然票面项目齐全，但是货物名称一栏填写“运费”，而不是填写货物的具体名称，仍然不允许抵扣。

2. 有的企业虽然票面项目齐全，但是却存在运输发票的货物名称、货物数量等项目与货物发票上所列的有关项目不相符的情况，同样不能抵扣进项税额，而且还有虚开运输发票之嫌。

3. 有的企业虽然票面项目齐全，但是却不符合实际情况，比如有的企业为了多抵扣税款，没有将实际发生的装卸费、保险费等其他杂费单独填开，被税务机关查实，同样不可以抵扣。

4. 有的企业购进原材料，未能取得增值税专用发票，将材料价款并入运费中一同开具运输发票，这种运输发票的进项税额不得抵扣。

另外，还需要注意准予抵扣进项税额的运输费用，是指运输单位开具的发票上注明的运费、建设基金，但不包括随同运费支付装御费、保险费等其他杂费。

也有某些税务检查人员发现某些运输发票没有加盖开票人专章而不让纳税人抵扣进项税额，这是不正确的。根据《国家税务总局关于新版公路内河货物运输业统一发票有关使用问题的通知》（国税发〔2007〕101号）规定，自开票纳税人开具货运发票时，不再加盖开票人专章。因此，一般纳税人取得某运输单位自开的新版公路、内河货物运输业统一发票，未加盖开票人专章，是符合规定的发票，可以作为进项税额抵扣凭证。

案例8

运输发票项目与实际经营情况不符
不能抵扣进项税额

案例资料

表 3-9　　　**记账凭证**

20×2年12月08日

记字第09号

附件3张

摘要	一级账户	明细账户	借方金额	贷方金额
运输费挂账	销售费用	运费	9 300.00	
运输费挂账	应交税费	应交增值税（进项税额）	700.00	

续表

摘要	一级账户	明细账户	借方金额	贷方金额
运输费挂账	应收账款	甲公司		10 000.00
合计			10 000.00	10 000.00

会计主管：珠珠　　记账：丹丹　　审核：何花　　出纳：娜娜　　制单：丹丹

附件为：

1. 运输发票："收货人及纳税人识别号"一栏填写为甲公司及其税号，格式略。

2. 证明：乙公司同意将运费10 000元挂入甲公司账户的一份证明。

3. 成品发货通知单："客户名称"一栏为乙公司。

税收政策

《中华人民共和国发票管理办法》规定：销售商品、提供服务以及从事其他经营活动的单位和个人，对外发生经营业务收取款项，收款方应向付款方开具发票；特殊情况下由付款方向收款方开具发票。

税务风险

发票上的收货单位（甲公司）与实际购货单位（乙公司）不一致，与实际经营情况不符，为不按规定开具发票的行为，不允许抵扣进项税额。

自查切入点

运输发票

相关阅读

运输发票项目与实际经营情况不符的情形还有下列几种：

1. 企业把运输沿途发生的过路过桥等费用开成运输费用，多抵进项税额。

2. 企业把随同运费支付的装御费、保险费等其他杂费开成运输费用，多抵进项税额。

3. 运输发票上"备注栏"内填写的运输车辆的车牌号，经核实运输企业无此车辆或挂靠车辆。

4. 运输发票发货人、收货人不是同一企业，而开成同一企业。

5. 数量、运输单价与实际经营情况不符，比如，正常吨公里运费价格一般是0.2元～0.25元，票面上的运费价格却开成0.6元。

案例9

票、物、款不一致，不能抵扣进项税额

案例资料

1. 甲公司向A公司购进货物而销货方提供的增值税专用发票却为B公司开具，甲公司抵扣了进项税额。

2. 乙公司向A公司购买货物，取得A公司开具的增值税专用发票，但因为A、B公司为同一个老板，乙公司将该笔货款支付给了B公司。乙公司取得的增值税专用发票抵扣了进项税额。

税收政策

1.《国家税务总局关于纳税人取得虚开的增值税专用发票处理问题的通知》（国税发〔1997〕134号）规定：在货物交易中，购货方从销售方取得第三方开具的专用发票，或者从销货地以外的地区取得专用发票，向税务机关申报抵扣税款或者申请出口退税的，应当按偷税、骗取出口退税处理，依照《中华人民共和国税收征收管理法》及有关规定追缴税款，处以偷税、骗税数额五倍以下的罚款。

2.《国家税务总局关于加强增值税征收管理若干问题的通知》（国税发〔1995〕192号）规定：纳税人购进货物或应税劳务，支付运输费用，所支付款项的单位，必须与开具抵扣凭证的销货单位、提供劳务的单位一致，才能够申报抵扣进项税额，否则不予抵扣。

3.《中华人民共和国发票管理办法》（中华人民共和国国务院令第587号）第二十二条规定：

开具发票应当按照规定的时限、顺序、栏目，全部联次一次性如实开具，并加盖发票专用章。任何单位和个人不得有下列虚开发票行为：

（一）为他人、为自己开具与实际经营业务情况不符的发票；

（二）让他人为自己开具与实际经营业务情况不符的发票；

（三）介绍他人开具与实际经营业务情况不符的发票。

税务风险

1. 甲公司的行为为国税发〔1997〕134号文件规定的取得虚开的增值税专用发票，因此，不能将抬头为销货方以外的其他单位的专用发票税额进行抵扣，当月发票已经认证的要作进项税额转出，已经申报抵扣的增值税进项税额应补缴增值税。

2. 乙公司将货款支付给B公司，与开具增值税专用发票的销售单位A公司不一致，违反了国税发〔1995〕192号文件规定，因此不能抵扣进项税额。

自查切入点

原材料、库存商品、银行存款、应付账款等科目，增值税专用发票

相关阅读

在执法实践中，对三种票货款不一致的情形能否抵扣进项税额的界定：

第一种情形：甲公司与乙公司签订了商品交易合同，甲公司给乙公司供货并开具增值税专用发票，但由于丙公司与乙公司存在债权债务关系，乙公司委托丙公司向甲公司支付货款，乙公司免除丙公司相应金额的债务。这种情形下，乙公司要想抵扣进项税额必须做到甲公司、乙公司、丙公司三家企业签订委托支付令。

第二种情形：甲公司与乙公司签订了商品交易合同，甲公司给乙公司供货，但是甲公司并没有给乙公司开具增值税专用发票，而是向乙公司提供了销货单位为丙公司的专用发票。这种情形下，不管甲公司与丙公司之间是否存在关联关系（哪怕两个公司一个老板），乙公司取得的专用发票都不得抵扣进项税额，而且相应的成本费用在企业所得税税前都不得扣除，因为这种情形属于虚开发票。

第三种情形：甲公司与乙公司签订了商品交易合同，甲公司给乙公司供货并开具增值税专用发票，由于甲公司与丙公司为关联企业（比如两个公司一个老板），乙公司将货款支付给了丙公司。这种情形下，乙公司要想抵扣进项税额必须做到甲公司、乙公司、丙公司三家企业签订委托收款书。

案例10

虚构资金流，不能抵扣进项税额

案例资料

某公司大量使用银行承兑汇票进行业务结算，在纳税检查中，对企业应收票据科目进行检查时，发现了两份汇票号码相同的银行承兑汇票复印件，一份显示向甲公司付款，一份显示向乙公司付款。继续检查，发现该企业还有几份银行承兑汇票复印件存在重复支付问题。

另外，还发现该公司使用两份金额分别为30万元和50万元的承兑汇票支付丙公司20万元和丁公司60万元的情况，丙公司与丁公司非关联单位，明显为虚构资金流。

税收政策

1.《国家税务总局关于加强增值税征收管理若干问题的通知》（国税发〔1995〕192号）第一条第三项规定：纳税人购进货物或应税劳务，支付运输费用，所支付款项的单位，必须与开具抵扣凭证的销货单位、提供劳务的单位一致，才能够申报抵扣进项税额，否则不予抵扣。

2.《国家税务总局关于纳税人虚开增值税专用发票征补税款问题的公告》（国家税务总局公告2012年第33号）规定：纳税人虚开增值税专用发票，未就其虚开金额申报并缴纳增值税的，应按照其虚开金额补缴增值税；已就其虚开金额申报并缴纳增值税的，不再按照其虚开金额补缴增值税。税务机关对纳税人虚开增值税专用发票的行为，应按《中华人民共和国税收征收管理法》及《中华人民共和国发票管理办法》的有关规定给予处罚。纳税人取得虚开的增值税专用发票，不得作为增值税合法有效的扣税凭证抵扣其进项税额。

税务风险

银行承兑汇票仅以复印件入账，这就为某些企业虚构资金流提供了便利，该企业正是利用这一点反复使用同一份承兑汇票虚构资金流以掩饰接受虚开发票的行为，达到抵扣进项税额的目的。另外，两份金额分别为30万元和50万元的承兑汇票支付丙公司20万元和丁公司60万元，显然也是使用承兑汇票虚构资金流以掩饰接受虚开发票的行为。

该企业取得的虚开代开的增值税专用发票，不得作为增值税合法的抵扣凭证抵扣进项税额。

自查切入点

应付账款、应收票据、应付票据等科目，增值税专用发票

相关阅读

1. 为应付税务部门检查，一些财务人员利用银行承兑汇票去虚构资金流，掩盖虚开发票真相，企图蒙混过关。其主要方式有四种：

（1）利用真银行承兑汇票虚构资金流。受票方为了掩饰其虚抵进项发票的真相，向银行申请开具银行承兑汇票，注明受票人为增值税专用发票开票方，虚假制造资金流向，然后再授意专用发票开票方背书给第三方、第四方等，最后返回受票方或下属机构。

（2）利用银行承兑汇票退回虚构资金流。受票方为虚构资金流，申请开具银行承兑汇票后，将汇票复印件作为入账依据，然后将原件以“申请未用”的名义退还银行，取消此项承兑汇票业务。

（3）利用虚假背书入账。受票方与开票方勾结，在受票方持有的其他银行承兑汇票复印件上作虚假背书，制造已将银行承兑汇票背书给开票方的假象。而实际上，银行承兑汇票持有人仍是受票方，汇票所有权并没有转让，而是利用虚假背书虚构资金流。

（4）利用虚假银行承兑汇票入账。银行承兑汇票票面内容可机打、可手写，各专业银行没有统一的规定。企业对银行承兑汇票复印件任意修改复印，虚构资金流。

2. 虚开增值税专用发票罪。

根据《刑法》第二百零五条规定：虚开增值税专用发票或者虚开用于骗取出口退税、抵扣税款的其他发票，是指有为他人虚开、为自己虚开、让他人为自己虚开、介绍他人虚开行为之一的。

最高人民法院《关于适用〈全国人民代表大会常务委员会关于惩治虚开、伪造和非法出售增值税专用发票犯罪的决定〉的若干问题的解释》（以下简称《解释》）之规定：虚开增值税专用发票的，构成虚开增值税专用发票罪。具有下列行为之一的，属于“虚开增值税专用发票”：

（1）没有货物购销或者没有提供或接受应税劳务而为他人、为自己、让他人为自己、介绍他人开具增值税专用发票；

（2）有货物购销或者提供或接受了应税劳务但为他人、为自己、让他人为自己、介绍他人开具数量或者金额不实的增值税专用发票；

（3）进行了实际经营活动，但让他人为自己代开。

在最高人民法院《关于对为他人代开增值税专用发票的行为如何定性问题的答复》（以下简称《答复》）和《解释》这两个文件中，都把“为他人的实际经营活动代开增值税专用

发票的行为"纳入到了虚开增值税专用发票罪中。所不同的是：《答复》中的代开是指"自己为他人的实际经营活动代开"，"自己"构成虚开增值税专用发票罪；《解释》中的代开是指"进行了实际经营活动，但让他人为自己代开"，"他人"构成虚开增值税专用发票罪。

总之，根据这两个文件规定，可以得出一个结论："尽管进行了实际经营活动，但是，只要代开，无论是开票人还是发票代开请求人，即便开票数额和经营数额相符，也可构成虚开增值税专用发票罪。"

按照《刑法》及相关司法解释的规定，构成犯罪的，量刑标准分为四种情形。其中，最低刑罚是处以"三年以下有期徒刑或者拘役，并处二万元以上二十万元以下罚金"；最高刑罚则是处以"无期徒刑或者死刑，并没收财产"。

虚开增值税专用发票税务风险主要体现在几个方面：

（1）补缴已申报抵扣的增值税款。

无论有没有实际经营活动，一旦被查处为自己、让他人为自己虚开增值税专用发票，凭虚开增值税专用发票申报抵扣的税款必须被补缴入库。

（2）罚款、滞纳金。

根据《税收征收管理法》第六十三条：对纳税人逃避缴纳税款的，由税务机关追缴其不缴或者少缴的税款、滞纳金，并处不缴或者少缴的税款百分之五十以上五倍以下的罚款。根据《中华人民共和国税收征收管理实施细则》第五十二条规定：滞纳金的计算期限自纳税人应缴未缴税款之日起至实际缴纳之日止，按日加收滞纳税款万分之五。

（3）承担刑事责任。

一旦虚开增值税专用发票的数量和程度达到《刑法》关于"虚开增值税专用发票或者虚开用于骗取出口退税、抵扣税款的其他发票"的定罪量刑标准——虚开税款数额1万元以上或者虚开增值税专用发票致使国家税款被骗取5千元以上，将被移送司法机关追究刑事责任，重者判处死刑，并处没收财产。

另外，虚开增值税专用发票一旦被查处，纳税人在贷款人、投资人、客户、供货商的信誉度下降，纳税人正常的经营运作会受到较大的负面影响，涉案当事人的信誉也受到影响。

案例11

购入生产设备对外出租不能抵扣进项税额

案例资料

甲公司为一般纳税人，乙公司为小规模纳税人，乙公司为甲公司刚刚成立的子公司，乙公司需要添置价值117万元的机器设备，由于乙公司是小规模纳税人，相应的增值税额17万元不可在税前抵扣。但增值税额相应计入设备价值中可抵扣企业所得税金额为17×25％＝4.25万元。甲乙公司为了节省税金，做出了一个看似完美的税收筹划方案：

由甲公司购置价值117万元的机器设备，甲公司再将新设备融资租赁给乙公司使用，租赁期为5年，年租赁费23.4万元。

将甲公司与乙公司作为一个企业集团来考虑，甲公司5年共收取租赁费117万元，支付的营业税为117×5%=5.85万元，产生税收成本收益为17−5.85=11.15万元。另外缴纳的营业税可抵扣企业所得税5.85×25%=1.46万元，共节税11.15+1.46=12.61万元。

该纳税筹划方案节税金额为12.61−4.25=8.36万元。

税收政策

1.《中华人民共和国增值税暂行条例》第十条规定：用于非增值税应税项目的购进货物或者应税劳务的进项税额不得从销项税额中抵扣。

2.《财政部、国家税务总局关于全国实施增值税转型改革若干问题的通知》（财税〔2008〕170号）第五条规定：纳税人已抵扣进项税额的固定资产用于非增值税应税项目的，不得抵扣的进项税额=固定资产净值×适用税率。

3.《国家税务总局关于融资租赁业务征收流转税问题的通知》（国税函〔2000〕514号）规定：对经中国人民银行批准经营融资租赁业务的单位所从事的融资租赁业务，无论租赁的货物的所有权是否转让给承租方，均按《中华人民共和国营业税暂行条例》的有关规定征收营业税，不征收增值税。其他单位从事的融资租赁业务，租赁的货物的所有权转让给承租方，征收增值税，不征收营业税；租赁的货物的所有权未转让给承租方，征收营业税，不征收增值税。

税务风险

上述筹划方案是不可行的，因为企业购入的用于生产经营的固定资产对外出租属于用于非增值税应税项目，甲公司将不能抵扣新设备的进项税额，必须在出租设备当月将该进项税额转出，该筹划方案不仅不能节约增值税，还将使公司额外负担营业税税款5.85万元。

另外，该方案还有一个风险点，即企业出租设备缴纳营业税是否正确呢？这还要看该租赁设备业务的性质。若甲公司租赁新设备为融资租赁且设备所有权转让给乙公司，需要缴纳增值税，未转让所有权才缴纳营业税。

自查切入点

其他业务收入、固定资产等科目

案例12

增值税一般纳税人安装监控设备不能抵扣进项税额

案例资料

某企业安装监控设备，取得一份增值税专用发票，企业对票面税额进行了抵扣。

税收政策

《财政部、国家税务总局关于固定资产进项税额抵扣问题的通知》（财税〔2009〕113号）规定，以建筑物或者构建物为载体的附属设备和配套设施，无论在会计处理上是否单独记账与核算，均应作为建筑物或者构建物的组成部分，其进项税额不得在销项税额中抵扣。

附属设备和配套设施是指：给排水、采暖、卫生、通风、照明、通讯、煤气、消防、中央空调、电梯、电气、智能化楼宇设备和配套设施。

税务风险

根据上述规定，监控设备作为智能化楼宇设备，属于以建筑物或者构筑物为载体的附属设备和配套设施，其进项税额不得在销项税额中抵扣。

在自查中要特别注意，上述规定中的附属设备和配套设施作为建筑物或者构建物的组成部分，其进项税额不得在销项税额中抵扣。

自查切入点

固定资产科目，增值税专用发票

案例13

购置客车用于接送员工上下班，不能抵扣进项税额

案例资料

甲公司购置了两辆客车，一辆客车专门用于接送员工上下班，另一辆客车既用于运输货物又用于接送员工上下班，企业对两辆车的进项税额均进行了抵扣。

税收政策

1.《中华人民共和国增值税暂行条例》第十条规定，用于非增值税应税项目、免征增值税项目、集体福利或者个人消费的购进货物或者应税劳务的进项税额不得从销项税额中抵扣。

2.《中华人民共和国增值税暂行条例实施细则》第二十一条规定，既用于增值税应税项目也用于非增值税应税项目、免征增值税项目、集体福利或个人消费的固定资产可以抵扣进项税额。

税务风险

甲公司购置客车用于接送员工上下班属于集体福利范畴，因此，企业新购用于接送员

工上下班的客车的进项税额不得抵扣。

而既用于运输货物又用于接送员工上下班的购进客车属于混用的固定资产，其进项税额可以抵扣。

自查切入点

固定资产科目，增值税专用发票

案例14

设备“构筑物”进项税额抵扣的税务风险

案例资料

许多企业对大型生产线或大型安装装置中砌体、罐、塔、平台等是否可抵扣增值税进项税额的问题拿不准，有的认为这些属于《固定资产分类和代码》中列举的构筑物，不应该抵扣进项税额，有的认为这些构筑物只是大型生产线或装置的组成部分，应该属于生产设备，可以抵扣进项税额。这些设备“构筑物”金额通常不小，处理不好，很容易给企业带来税务风险。

税收政策

《财政部、国家税务总局关于固定资产进项税额抵扣问题的通知》（财税〔2009〕113号），见案例12。

税务风险

我们都知道，房屋、建筑物以及用于不动产的固定资产在建工程不得抵扣进项税额。购进货物或者劳务用于机器设备类固定资产的在建工程允许抵扣，只有用于不动产在建工程的不允许抵扣。不动产是指不能移动或者移动后会引起性质、形状改变的财产，包括建筑物、构筑物和其他土地附着物。纳税人新建、改建、扩建、修缮、装饰不动产，均属于不动产在建工程，不能抵扣进项税额。

大型生产线或大型安装装置中砌体、罐、塔、平台等是否可抵扣增值税进项税额，关键是看对这些砌体、罐、塔、平台等是否构成建筑物或构筑物的界定。

本案例以工业炉窑为例进行说明。

通常情况下，工业用炉的种类有熔铸炉、加热炉、热处理炉、烘干炉、其他工业窑炉。无论哪种炉，通常是由工业炉砌体、工业炉排烟系统、工业炉预热器和工业炉燃烧装置组成，这里的“砌体”是任何一座工业炉不可缺少的部分。虽然购建该炉过程中，既涉及土建又涉及设备，但土建部分最后没有构成独立构筑物，所以“砌体”耗用材料中的进项税额按规定是可以抵扣的。

再如炼油企业的常减压蒸馏装置，其计量单位为“套”，是因为该装置由电脱盐罐、换热网络、闪蒸塔、常压塔、回流罐、气体压缩机、气体脱硫装置、稳定塔、汽提塔、加氢罐、减压炉、减压塔、污水处理系统、集油箱、换热冷却设备构成。该套装置在上述设备之间连接，还需要通过一些平台、通道等，最后才能建成《固定资产分类与代码》27中的炼油化工基本设备类炼油化工专用设备中炼油专用设备——常减压蒸馏生产设备。

包括在整套设备中的“罐”、“塔”、“平台”、“通道支架”等，这些部件与整套设备不能分开，如不分析和了解这些“罐”、“塔”、“平台”、“通道支架”的用途和功能，仅从字面上确认，就是《固定资产分类与代码》03中的建筑物和构筑物，相关的增值税进项税额不得抵扣。这种界定并不正确。

在理解固定资产抵扣增值税进项税额时，还应注意两个问题：

一是对企业购建的在财税〔2009〕113号文件附表《固定资产分类和代码》中列举的部分构筑物，也可以抵扣增值税，如03—2中“槽”、03—3中“塔、烟囱”、03—4“井”，这些设备虽然被列入构筑物，但该附表在备注中对上述3项作出了特别注明，应将上述用于生产的设备分别按“炼油化工专用设备”（27—2）类、“炼油化工专用设备”塔类（27—1—1）、“采油专用设备”井类（25—1—1）分类和命名。

二是对于属于建筑物或者构筑物的附属设备和配套设施，尽管都列为《固定资产分类和代码》03之外的通用设备、专用设备、电气设备中，但按财税〔2009〕113号文件规定也不得抵扣进项税额。

自查切入点

固定资产科目，增值税专用发票

案例15

非公司名下车辆耗油费进项税额抵扣的税务风险

案例资料

在日常纳税咨询和纳税检查中，笔者经常发现某些企业取得的普通发票中有不少货物名称为“柴油”、“汽油”等，这些发票我们经常简称为“油票”，笔者问企业会计“为什么不要求对方开具增值税专用发票来获得抵扣进项税额的好处”时，企业会计一般都会回答：“这些耗费油费的车辆都不是在企业名下，取得专用发票也不能抵扣，无所谓。”

在日常纳税咨询和纳税检查中，笔者也经常发现某些企业取得的专用发票中有不少货物名称为“柴油”、“汽油”等，这些发票我们也经常简称为“油票”，但是这些企业也并没有自己的运输车辆，却仍然将“油票”认证抵扣，而且抵扣税额有时候还比较大。那这些没有自己运输车辆的公司取得的这些油票能否抵扣呢？这是纳税人比较关心的一个疑难问题。

其实，非公司名下的运输车辆所耗油费，符合一定的条件，取得“油票”也可以抵扣，因此，笔者建议纳税人应当取得专用发票，这是获得抵扣的先决条件，但是，取得了专用发票并不意味着就一定可以抵扣。

某煤炭销售公司，经常需要去某省进货，由于该公司自身车辆不能满足经营需要，于是2010年1月分别和4个货车司机口头约定，货车司机负责将煤炭按时、安全地运达公司指定地点，公司负责提供运输车辆的油费，货车司机所耗油费必须开具抬头为该煤炭销售公司的增值税专用发票并及时交给公司，公司每月根据货车司机运煤量支付工资。假设1月份公司为4个货车提供柴油并取得增值税专用发票，专用发票税额共计16万元，那么公司这部分油票进项税额16万元能否抵扣?

税收政策

《中华人民共和国增值税暂行条例》第八条规定：

纳税人购进货物或者接受应税劳务（以下简称购进货物或者应税劳务）支付或者负担的增值税额，为进项税额。

下列进项税额准予从销项税额中抵扣：（一）从销售方取得的增值税专用发票上注明的增值税额……（四）购进或者销售货物以及在生产经营过程中支付运输费用的，按照运输费用结算单据上注明的运输费用金额和7%的扣除率计算的进项税额。

税务风险

根据增值税有关规定，若该公司属于经营租赁车辆并负担油费，与经营活动相关的油票是可以抵扣进项税额的。但是由于该公司并没有和货车司机分别签订《车辆租赁合同》，所以不能抵扣。

该公司要想合法地抵扣这部分油票，可以这样操作：第一，该煤炭销售公司应当分别和4个货车司机签订《车辆租赁合同》；第二，《车辆租赁合同》应当明确规定出租方（货车司机）让渡使用权给承租方（煤炭销售公司），承租方按规定支付出租方租赁费（而不是支付工资，否则不满足租赁合同要件）；第三，油费必须开具抬头为该煤炭销售公司的增值税专用发票并及时交给承租方。

若货车司机不想将车辆使用权让渡给该煤炭销售公司，双方无法签订《车辆租赁合同》，怎么办呢? 有的公司可能会私下里和货车司机商量好，签订一份假的《车辆租赁合同》应付税务机关，而私下里签订一份真的合同。在此笔者提醒这类公司，这样做会为企业埋下隐患，给企业带来巨大的税收风险。

在不能签订《车辆租赁合同》情况下，货车司机不用为公司提供增值税专用发票，而应该由货车司机按照实际所购油费向该煤炭销售公司开具运输发票，该公司就可以按运输发票金额的7%抵扣进项税额了。

可以看出，两种方式该公司抵扣进项税额并不相同，签订《车辆租赁合同》取得油票，进项税额抵扣率$=1/(1+17\%)\times 17\%=14.53\%$，不签订《车辆租赁合同》取得运输发票，进项税额抵扣率7%。因此，公司可以考虑给货车司机多支付不超过油费金额7.53%的费用作为租赁费，选择签订《车辆租赁合同》取得油票的方式，在货车司机多得一部分收入的时候，货车司机应该会选择第一种签订《车辆租赁合同》的方式。

自查切入点

管理费用、销售费用等科目，车辆租赁合同、增值税专用发票，租赁费发票

案例16

应征消费税的小汽车用于生产经营所发生的修理、加油费用能否抵扣进项税额

案例资料

不少纳税人咨询：《中华人民共和国增值税暂行条例》第十条和《中华人民共和国增值税暂行条例实施细则》第二十五条明确规定，应征消费税的小汽车的进项税额不能抵扣，那么，对于生产经营用的小汽车的修理、加油费用能否抵扣？这是纳税人关注度非常高的一个热点问题。大部分企业的税务处理是，能够取得增值税专用发票的，一般都进行了抵扣进项税额的处理，只有少数纳税人遵循谨慎性原则未抵扣进项税额。

遗憾的是，对于这个热点问题，国家税务总局并未明确下文，各地方税务局明确下文的也不多。各地税务机关执行不一致，有的认为可以抵扣，有的认为不可以抵扣，税法规定的模糊性导致了纳税人的税务风险。

税收政策

1.《中华人民共和国增值税暂行条例》第十条规定：

下列项目的进项税额不得从销项税额中抵扣：

（1）用于非增值税应税项目、免征增值税项目、集体福利或者个人消费的购进货物或者应税劳务；

（2）非正常损失的购进货物及相关的应税劳务；

（3）非正常损失的在产品、产成品所耗用的购进货物或者应税劳务；

（4）国务院财政、税务主管部门规定的纳税人自用消费品；

（5）本条第（1）项至第（4）项规定的货物的运输费用和销售免税货物的运输费用。

非增值税应税劳务，是指属于应缴营业税的交通运输业、建筑业、金融保险业、邮电通信业、文化体育业、娱乐业、服务业税目征收范围的劳务。

2.《安徽省国家税务局关于明确若干增值税政策和管理问题的通知》（皖国税函〔2009〕105号）规定：纳税人自用的应征消费税的摩托车、汽车和游艇发生的修理费用和油料费用，其进项税额准予抵扣。

3.《河北省国家税务局关于增值税若干问题的公告》（2011年第7号公告）规定：应

征消费税的摩托车、汽车、游艇耗用的油料及维修费可以抵扣进项税额。

税务风险

由于此问题为关注度较高的热点问题，这里笔者进行分析，谈一下自己的看法，仅供参考。

总局虽未明确下文，但是，我们可以从立法模式上分析。列举和概括是语言表达的两种基本模式。作为法律主要载体的成文规范只能通过语言文字反映，列举和概括就成为表述法律所不可缺少的技术手段。对于增值税来说，基本上可以概括为，销项税额按照“正列举”的方式，即：凡是《中华人民共和国增值税暂行条例》和《中华人民共和国增值税暂行条例实施细则》未正面列举的，均不缴纳增值税。而进项税额的抵扣则是采取了“反列举”的方式，《中华人民共和国增值税暂行条例》第10条列举了5类不允许抵扣进项税额的情形，凡是未列举的都允许抵扣进项税额。《中华人民共和国增值税暂行条例》和《中华人民共和国增值税暂行条例实施细则》只是列举了纳税人自用的应征消费税的摩托车、汽车和游艇不得抵扣进行税额，但是并没有列举其发生的修理费用和油料费用，因此其进项税额应当准予抵扣。

2009年3月19日，在安徽省国税局流转税相关政策访谈中，省局流转税处汪国云处长关于应征消费税的小汽车的修理、燃料费用能否抵扣问题的答复为：总局的意见是，应征消费税的小汽车容易混为生产经营用固定资产抵扣进项税额，造成税款损失，因此，财政部和国家税务总局在修订增值税暂行条例时借鉴国际惯例，规定自用的上述物品不得抵扣进项税额，小汽车的修理费可以准确归集到具体车辆上，因此不能抵扣；小汽车的燃料费很难归集到具体车辆上，也无法采取按销售额比例分摊进项税额的方法，因此，对小汽车的燃料费可暂准予其抵扣。

另外，我们可以参考地方性文件，比如皖国税函〔2009〕105号、河北省国家税务局2011年第7号公告等文件，特别是2009年7月2安徽省国税局发布的皖国税函〔2009〕105号文件的第一句话“新增值税暂行条例、施细则及部分增值税调整政策实施以来，各市陆续反映了一些增值税政策和管理问题，经研究，并经请示国家税务总局，现就若干增值税政策和管理问题明确如下”中含有“经请示国家税务总局”这几个字，可以推测，国家税务总局的意见是生产经营用的小汽车发生的修理、燃料费用是可以允许抵扣的，这比2009年3月19日总局的意见有了进步。

通过从立法模式、政策答复、总局意见、地方性文件分析，生产经营用的小汽车发生的修理、燃料费用是可以允许抵扣的。

尽管如此，由于税法没有直接、明确的规定，除了安徽、河北等有明确文件规定的省市外，纳税人要减少税务风险，还需首先取得当地税务机关的支持。

自查切入点

管理费用、销售费用等科目，增值税专用发票

案例17

工程物资转为原材料的进项税额不能抵扣多缴税的税务风险

案例资料

某公司购买一部分物资用于建设生产车间，工程完工后，将未使用完的一部分物资转为原材料，该企业账务处理：

购入工程物资时，

借：工程物资

　贷：银行存款

领用时，

借：在建工程

　贷：工程物资

转为原材料时，

借：原材料

　贷：工程物资

税收政策

《国家税务总局关于增值税一般纳税人取得防伪税控系统开具的增值税专用发票进项税额抵扣问题的通知》（国税发〔2003〕17号）规定，增值税一般纳税人认证通过的防伪税控系统开具的增值税专用发票，应在认证通过的当月按照增值税有关规定核算当期进项税额并申报抵扣，否则不予抵扣进项税额。

税务风险

工程物资转为原材料的部分并未用于非增值税应税项目，是可以抵扣的，但是该公司却无法抵扣。原因有三个方面，一是公司购入工程物资未取得专用发票；二是公司虽然取得专用发票但是未认证，转为原材料时已超过认证期限；三是公司虽然取得专用发票并认证但是当月并未抵扣，做了进项税额转出处理，当月不抵扣，以后月份不能再抵扣进项税额。

那怎样才能让这部分原材料的进项税额得以抵扣呢？该企业应当这样操作：

在购货时取得增值税专用发票并在规定的时间内认证，在认证的当月抵扣，在生产车间项目实际领用时，根据数量和相应的金额做进项税额转出，这样就会避免工程物资剩余退回时不能抵扣进项税的情况。

自查切入点

工程物资、在建工程等科目

案例18

公司货物损失进项税额转出的税务风险

案例资料

甲公司因自然灾害造成一批货物损坏，甲公司进行了进项税额转出处理。

乙公司因仓库管理不严造成一批货物被盗，乙公司将损失计入营业外支出，未作进项税额转出。

丙公司生产的一批货物因为市场原因超过保质期无法销售而进行销毁，企业进行了进项税额转出处理。

丁公司将一批货物运往某地销售时，被当地工商部门查处，并被以货物成本价30%的低价强制收购。企业在税务处理时，对被低价收购的货物按“非正常损失”处理，进行了进项税额转出处理。

税收政策

1.《中华人民共和国增值税暂行条例》第十条规定，见案例16。

2.《中华人民共和国增值税暂行条例实施细则》第二十七条规定：已抵扣进项税额的购进货物或者应税劳务，发生条例第十条规定的情形的（免税项目、非增值税应税劳务除外），应当将该项购进货物或者应税劳务的进项税额从当期的进项税额中扣减；无法确定该项进项税额的，按当期实际成本计算应扣减的进项税额。

3.《中华人民共和国增值税暂行条例实施细则》第二十四条规定：非正常损失是指因管理不善造成被盗、丢失、霉烂变质的损失。

税务风险

不得从销项税额中抵扣进项税额的非正常损失仅指因管理不善造成被盗、丢失、霉烂变质的损失，其他损失都可以抵扣进项税额。

甲公司自然灾害造成的货物损失不属于因管理不善造成被盗、丢失、霉烂变质的损失，不用作进项税额转出。

乙公司仓库被盗属于增值税规定的非正常损失，应当作进项税额转出处理。

丙公司生产的货物超过保质期无法进行销售，需作销毁处理的，为企业在经营过程中的正常经营损失，不属于非正常损失，不用作进项税额转出。

丁公司的货物被低价收购，并不属于税法所列举的“非正常损失”范畴，不用作进项税额转出。货物被低价收购，也并不意味着其退出了正常的流转环节，在有关部门以拍卖等形式处理后，该商品还会继续进行正常的流转，因此对于被没收的货物，企业应按销售处理，计提销项税额。但是按照货物成本价30%的收购价计提销项税额，可能会被税务部门以“价格明显偏低并无正当理由”而要求按核定销售额调整其销项税额。

自查切入点

原材料、库存商品、营业外支出、管理费用、待处理财产损益、进项税额转出科目

相关阅读

各种形式的进项税额转出可能涉及三方面问题：

1. 应该作进项税额转出而未转出的，比如：某些企业将购进的货物用于非应税项目未转出进项税额或少转出的，购进的货物发生非正常损失不处理未转出进项税额等情形。

2. 转出金额是否正确，比如，某些企业将50吨原材料用于非应税项目，只计40吨故意少转出进项税额的情形。

3. 转出的时间，比如，购进的货物在1月发生非正常损失，到6月份才进行处理的情形。

案例19

获得保险赔偿的非正常损失存货也应当进项税额转出

案例资料

甲公司一批非正常损失的存货已投财产保险，并获得保险补偿58 500元，甲公司将保险公司的补偿款做视同销售处理，按补偿额计提销项税额：58 500÷(1＋17%)×17%＝8 500元，同时该批存货的进项税额18 500元也未作进项税额转出处理。

税收政策

1.《中华人民共和国增值税暂行条例》第十条规定，见案例16。

2.《中华人民共和国增值税暂行条例实施细则》第二十七条规定，见案例18。

3.《中华人民共和国增值税暂行条例实施细则》第四条规定：

单位或者个体工商户的下列行为，视同销售货物：

（1）将货物交付其他单位或者个人代销；

（2）销售代销货物；

（3）设有两个以上机构并实行统一核算的纳税人，将货物从一个机构移送其他机构用于销售，但相关机构设在同一县（市）的除外；

（4）将自产或者委托加工的货物用于非增值税应税项目；

（5）将自产、委托加工的货物用于集体福利或者个人消费；

（6）将自产、委托加工或者购进的货物作为投资，提供给其他单位或者个体工商户；

（7）将自产、委托加工或者购进的货物分配给股东或者投资者；

（8）将自产、委托加工或者购进的货物无偿赠送其他单位或者个人。

税务风险

存货发生非正常损失已成事实，所以其进项税额 17 000 元应全部转出，保险赔偿并不符合视同销售的规定，不应计提销项税额。甲公司计提销项税额而不作进项税额转出，少缴增值税 10 000 元。

自查切入点

原材料、库存商品、营业外收入、销项税额科目

案例20

非正常损失的存货贱卖，也要作进项税额转出处理

案例资料

表 3-10　　记账凭证

20×2 年 12 月 22 日

记字第 26 号

附件 3 张

摘要	一级账户	明细账户	借方金额	贷方金额
销售原材料	库存现金		11 700.00	
销售原材料	其他业务收入			10 000.00
销售原材料	应交税费	应交增值税（销项税额）		1 700.00
合计			11 700.00	11 700.00

会计主管：珠珠　　记账：丹丹　　审核：何花　　出纳：娜娜　　制单：丹丹

附件：甲材料非正常损失处理通知书、销售发票、收据等

表 3-11　　记账凭证

20×2 年 12 月 31 日

记字第 36 号

附件 1 张

摘要	一级账户	明细账户	借方金额	贷方金额
结转原材料成本	其他业务成本		100 000.00	

续表

结转原材料成本	原材料	甲材料		100 000.00
合计			100 000.00	100 000.00

会计主管：珠珠　　记账：丹丹　　审核：何花　　出纳：娜娜　　制单：丹丹

附件：甲材料出库单

税收政策

1.《中华人民共和国增值税暂行条例》第十条规定，见案例16。

2.《中华人民共和国增值税暂行条例实施细则》第二十四条规定，见案例18。

税务风险

单纯看26号凭证，似乎并无问题，结合36号凭证，可以发现，甲材料购入成本为100 000元，售价为10 000元，再结合企业甲材料非正常损失处理通知书，可以看出，企业甲材料因为非正常损失而贱卖处理。

企业未确认存货损失，也未将存货损失部分的进项税额转出，直接按照正常销售确认销售收入及销项税额，看上去购进货物的增值税专用发票的链条业务断裂，好像可以正常抵扣原材料购进时的进项税额，其实这是对税法规定的错误理解。错误理解导致错误的账务处理，进而忽略了存货的非正常损失，给企业带来了税务风险。

企业正确的处理方法：

1. 企业实际发生的存货非正常损失金额应为存货的成本减除残值、保险赔款和责任人赔偿后的余额，即100 000－10 000＝90 000元。进项税额转出＝90 000×17%＝15 300元。

借：待处理财产损益　105 300

　贷：原材料　90 000

　　应交税费——应交增值税（进项税额转出）　15 300

2. 贱卖时，

借：库存现金　11 700

　贷：其他业务收入　10 000

　　应交税费——应交增值税（销项税额）　1 700

借：其他业务成本　10 000

　贷：原材料　10 000

该企业错误的账务处理方法导致少缴增值税15 300元。

另外，该企业错误的账务处理还会使企业漏掉申报存货损失，可能导致调整应纳税所得额补缴企业所得税的税务风险。

自查切入点

原材料、库存商品、其他业务收入、其他业务成本科目

案例21

进项税额转出计算不准确的税务风险

案例资料

甲公司由于保管不善，原材料发生非常损失，其实际成本为 20 000 元（含运输费用 2 140元）；产成品发生非正常损失，其实际成本为 26 000 元，其中所耗原材料成本为 18 000元。这些原材料在购入时均取得专用发票进行了抵扣，则甲公司计算进项税额转出：

原材料进项税额转出＝20 000×17%＝3 400(元)

产成品进项税额转出＝26 000×17%＝4 420(元)

税收政策

《中华人民共和国增值税暂行条例实施细则》第二十七条规定：已抵扣进项税额的购进货物或者应税劳务，发生条例第十条规定的情形的（免税项目、非增值税应税劳务除外），应当将该项购进货物或者应税劳务的进项税额从当期的进项税额中扣减；无法确定该项进项税额的，按当期实际成本计算应扣减的进项税额。

税务风险

1. 若确定原材料购入时原抵扣的进项税额，直接转出即可，若不能确定则需要计算出原材料应该转出的进项税额，需要注意相应的运费进项税额也要一并转出，计算公式为：

进项税额转出＝(材料成本－运费)×17%＋运费/(1－7%)×7%

因此，原材料进项税额转出＝(20 000－2 140)×17%＋2 140/(1－7%)×7%＝3 197.28元。

2. 在产品、产成品发生上述行为，在确定进项税额转出金额时，按照生产这些在产品、产成品所耗用购进货物或应税劳务已经抵扣了的进项税额计算，而不是在产品、产成品的实际成本，因为实际成本里还包括一些没有抵扣过的诸如人工费、折旧费等成本费用。

在产品、产成品所耗用购进货物或应税劳务已经抵扣了的进项税额能够确定的，直接转出，不能确定的则计算转出，计算公式同上。

因此，产成品进项税额转出＝18 000×17%＝3 060 元。

自查切入点

原材料、库存商品、固定资产、进项税额转出科目

相关阅读

1. 若原材料是免税农产品，计算公式为：

进项税额转出＝原材料成本/(1－13%)×13%

2. 已抵扣进项税额的固定资产在发生上述行为的情况下，按下列公式确定进项税额转出金额：

进项税额转出＝固定资产净值×适用税率

3. 在购入时没有取得专用发票或取得专用发票但是没有抵扣的，不必转出进项税。

案例22

盘亏盘盈合并处理，非正常损失的进项税额转出计算有误，少缴增值税

案例资料

表 3-12　　记账凭证

20×2 年 4 月 4 日

记字第 13 号

附件 2 张

摘要	一级账户	明细账户	借方金额	贷方金额
原材料盘亏	营业外支出	存货盘亏	78 836.94	
原材料盘亏	原材料			67 382.00
原材料盘亏	应交税费	应交增值税（进项税额转出）		11 454.94
合计			78 836.94	78 836.94

会计主管：xx　　记账：dd　　审核：pp　　制单：dd

表 3-13　　**记账凭证**

20×2 年 4 月 4 日

记字第 14 号

附件 2 张

摘要	一级账户	明细账户	借方金额	贷方金额
产品盘盈	库存商品		69 809.40	
产品盘盈	营业外收入	存货盘盈		69 809.40
合计			69 809.40	69 809.40

会计主管：xx　　记账：dd　　审核：pp　　制单：dd

表 3-14　　**附件——存货盘点结果汇总表**

单位名称：甲公司　　20×2 年 3 月 31 日　　单位：元

项目	账面数量	账面金额	盘点数量	盘点金额	数量差异	金额差异	备注
甲材料	15 000.00	1 502 380.00	14 000.00	1 402 221.33	−1 000.00	−100 158.67	盘亏
乙材料	12 000.00	1 266 640.00	12 500.00	1 319 416.67	500.00	52 776.67	盘盈
丙材料	6 000.00	1 200 000.00	5 900.00	1 180 000.00	−100.00	−20 000.00	盘亏
小计	33 000.00	3 969 020.00	32 400.00	3 901 638.00	−600.00	−67 382.00	盘亏
A 产品	2 090.00	2 504 010.18	2 190.00	2 623 819.28	100.00	119 809.10	盘盈
B 产品	1 305.00	1 304 992.19	1 255.00	1 254 992.49	−50.00	−49 999.70	盘亏
小计	3 395.00	3 809 002.37	3 445.00	3 878 811.77	50.00	69 809.40	盘盈
合计	—	7 778 022.37	—	7 780 449.77	—	2 427.40	盘亏

财务负责人：xx　　监盘人：pp　　盘点人：zz

注：材料单位：kg，产品单位：件。

表 3-15　　**附件——物资盘亏（盈）处理通知单**

物资盘亏（盈）处理通知单

20×2 年 4 月 4 日

经审查确认，盘亏物资原因：保管人员保管不善而丢失；盘盈物资原因：计量收发差错。

盘亏物资处理计入营业外支出，盘盈物资计入营业外收入。

总经理：yy　　财务经理：xx　　会计：dd　　保管：zz

税收政策

1.《中华人民共和国增值税暂行条例》第十条规定，见案例 16。

2.《中华人民共和国增值税暂行条例实施细则》第二十四条规定：非正常损失，是指因管理不善造成被盗、丢失、霉烂变质的损失。

税务风险

咋看这两笔业务分录是没有问题的，但是结合附件我们可以发现：该公司第一笔业务以实际盘亏的金额减去实际盘盈的金额后的余额进行账务处理，少转出进项税额；第二笔业务以实际盘盈的金额减去实际盘亏的金额后的余额进行账务处理，未转出进项税额。

该公司财务人员认为，各种材料（产品）应该作为一个整体看待，对盘盈和盘亏的结果，应该相互冲减后，其余额才是这次盘存的最终结果，余额盘亏才转出进项税额。

财务人员对税收政策的理解是错误的，该公司盘盈的货物与盘亏的物资，不属于同一种类，不应该在相互冲减后再计算进项税额转出金额，而应该对盘盈的物资与盘亏的物资分别进行账务处理，并对实际盘亏的物资全额计算进项税额转出金额。

那么什么情况下才可以相互冲减呢？只有同种物资在不同的存放地点，因某种原因，在这个存放地点盘盈，在那个存放地点盘亏，这种物资并没有真正地减少或增加，才可以相互冲减。

自查切入点

原材料、库存商品、营业外收入、营业外支出、进项税额转出等科目

案例23

视同销售和进项税额转出容易混淆的税务风险

案例资料

甲公司购进一批衣料，委托服装厂加工成服装用于对外赠送。购买衣料与支付加工费的进项税额都已作抵扣处理。甲公司在收到委托加工的服装对外赠送时，将购买衣料与支付加工费已抵扣的进项税作转出处理，计入服装成本。

税收政策

1.《中华人民共和国增值税暂行条例》第十条规定，见案例16。
2.《中华人民共和国增值税暂行条例实施细则》第二十七条规定，见案例18。
3.《中华人民共和国增值税暂行条例实施细则》第四条规定，见案例19。
4.《中华人民共和国增值税暂行条例实施细则》第二十三条规定，见案例4。

税务风险

外购衣料与应税劳务加工成服装，并不属于税法规定的进项税额不得抵扣的任何情形，却将其进项税额作转出处理；而将委托加工的服装对外赠送属于税法规定的视同销售行为，却未按视同销售计提销项税额。甲公司的正确处理应该是：购买衣料与支付加工费

的进项税额应正常抵扣，同时，对外赠送的服装按视同销售计提销项税额。

仔细分析增值税视同销售和进项税额转出的规定，可以得出这样的结论：对于改变用途的自产或委托加工的货物，无论是用于内部还是外部，都应作视同销售处理；而对于改变用途的外购货物或应税劳务，若是用于外部的，即用于投资、分配或无偿赠送，应作视同销售处理，若是用于内部的，即用于免税项目、非增值税应税项目、集体福利或个人消费，则应作进项税额转出处理。

自查切入点

销项税额、进项税额转出科目

案例24

代垫代付运输费的税务风险

案例资料

表 3-16　　记账凭证

20×2 年 12 月 08 日

记字第 09 号

附件 1 张

摘要	一级账户	明细账户	借方金额	贷方金额
代垫代付运输费	其他应收款	甲公司	9 300.00	
代垫代付运输费	应交税费	应交增值税（进项税额）	700.00	
代垫代付运输费	银行存款			10 000.00
合计			10 000.00	10 000.00

会计主管：珠珠　　记账：丹丹　　审核：何花　　出纳：娜娜　　制单：丹丹

附件为运输发票，略

表 3-17　　记账凭证

20×2 年 12 月 09 日

记字第 12 号

附件 1 张

摘要	一级账户	明细账户	借方金额	贷方金额
收取代垫运输费	银行存款		10 000.00	

续表

收取代垫运输费	其他应收款	甲公司		10 000.00
合计			10 000.00	10 000.00

会计主管：珠珠　　记账：丹丹　　审核：何花　　出纳：娜娜　　制单：丹丹

附件为收据，略

税收政策

《中华人民共和国增值税暂行条例实施细则》第十二条规定：价外费用，包括价外向购买方收取的手续费、补贴、基金、集资费、返还利润、奖励费、违约金、滞纳金、延期付款利息、赔偿金、代收款项、代垫款项、包装费、包装物租金、储备费、优质费、运输装卸费以及其他各种性质的价外收费。但下列项目不包括在内：……（二）同时符合以下条件的代垫运输费用：1. 承运部门的运输费用发票开具给购买方的；2. 纳税人将该项发票转交给购买方的……

税务风险

该公司向甲公司销售货物同时代垫代付运输费用，然后向甲公司收取运输费用。该公司认为该项费用最终是由甲公司承担的，自己仅仅是代垫代付，不用缴纳任何税费，不用开具发票，仅开具收据收取此代垫费用。

该公司取得运输发票并进行了抵扣，可见运输发票是开具给该公司（销售方）的，因此，该项运输费用虽然表面上是由甲公司承担，但是却属于增值税价外费用，需要缴纳增值税。记字 12 号凭证未计提销项税额，应补提。

另外，甲公司未能取得发票，支付的 10 000 元运输费用也无法在企业所得税前扣除。

正确的做法是，该公司销售货物时开具增值税专用发票，第一行开具货物名称，第二行开具运输费。

自查切入点

其他应收款科目、运输发票

相关阅读

销售方支付代垫运费，运输发票开给谁更节税？我们举例说明：

甲公司销售给乙公司一批商品，该批商品含税销售收入 1 170 万元，另外需要代乙公司支付承运人丙公司运费 20 万元。有两种方式可供选择，第一种方式，要求丙公司将运输发票开具给甲公司，甲公司代垫运费；第二种方式，要求丙公司将运输发票直接开具给乙公司，由甲公司代垫运费并转交给乙公司。两种方式虽然都是代垫运费，但是纳税却不一样多。

1. 对于甲公司：

有的财务人员认为，第一种方式由于甲公司可以取得运输发票进行抵扣进项税额，于是要求丙公司将运输发票开具给甲公司，其实这是个误区，因为没有注意到这部分运费属于价外费用需要并入商品销售额缴纳增值税，而第二种方式的运费不属于甲公司的价外费用，不需要并入商品销售额缴纳增值税。

第一种方式，丙公司将运输发票开给甲公司，运费属于价外费用，甲公司应该将运费并入销售额中缴纳增值税。

甲公司该交易应纳增值税额＝(1 170＋20)/1.17×17%－20×7%
＝171.51(万元)

第二种方式，丙公司将运输发票直接开具给乙公司，由甲公司代垫运费并转交给乙公司，运费不属于价外费用，甲公司不用将运费并入销售额中缴纳增值税。

甲公司该交易应纳增值税额＝1 170/1.17×17%
＝170(万元)

可见，要求丙公司将运输发票直接开具给乙公司比开具给甲公司更节税。

2. 对于乙公司：

有的财务人员认为，第二种方式由于乙公司可以取得运输发票进行抵扣进项税额，于是要求丙公司将运输发票直接开具给乙公司，其实这同样是个误区。因为没有注意到第一种方式的运费属于甲公司的价外费用需要并入商品销售额，能够取得包含这部分运费金额的增值税专用发票进行抵扣进项税额，而第二种方式的运费不属于甲公司的价外费用，不能取得这部分运费金额的增值税专用发票。

第一种方式，丙公司将运输发票开给甲公司，运费属于价外费用，甲公司应该将该运费和商品一起给乙公司开具增值税专用发票。

乙公司该交易可以抵扣进项税额＝(1 170＋20)/1.17×17%
＝172.91(万元)

若甲公司没有将该运费作为价外费用开具增值税专用发票或者单独开具货物名称为“运费”的专用发票，则乙公司不能抵扣进项税额。

乙公司该交易可以抵扣进项税额＝1 170/1.17×17%
＝170(万元)

第二种方式，丙公司将运输发票直接开具给乙公司，由甲公司代垫运费并转交给乙公司，运费不属于价外费用。

乙公司该交易可以抵扣进项税额＝1 170/1.17×17%＋20×7%
＝171.4(万元)

可见，丙公司将运输发票直接开具给甲公司比开具给乙公司更节税，但一定要取得甲公司开具的符合规定的增值税专用发票。

案例25

将商品作为促销礼品赠送给消费者的税务风险

案例资料

表 3-18　　记账凭证

20×2 年 12 月 28 日

记字第 98 号

附件 2 张

摘要	一级账户	明细账户	借方金额	贷方金额
促销礼品出库	销售费用	促销费	30 000.00	
促销礼品出库	库存商品			30 000.00
合计			30 000.00	30 000.00

会计主管：珠珠　　记账：丹丹　　审核：何花　　出纳：娜娜　　制单：丹丹

附件为促销活动办法文件、促销商品出库单等，促销活动办法为：凡消费者在规定时间内一性购物达 200 元以上的，均可免费获得价值不等的礼品。

税收政策

1.《关于确认企业所得税收入若干问题的通知》（国税函〔2008〕875 号）规定：企业以买一赠一等方式组合销售本企业商品的，不属于捐赠，应将总的销售金额按各项商品的公允价值的比例来分摊确认各项的销售收入。

2.《国家税务总局关于企业销售折扣在计征所得税时如何处理问题的批复》（国税函发〔1997〕472 号）规定：纳税人销售货物给购货方的销售折扣，如果销售额和折扣额在同一张销售发票上注明的，可按折扣后的销售额计算征收所得税；如果将折扣额另开发票，则不得从销售额中减除折扣额。

3.《国家税务总局关于折扣额抵减增值税应税销售额问题通知》（国税函〔2010〕56 号）规定：纳税人采取折扣方式销售货物，销售额和折扣额在同一张发票上分别注明是指销售额和折扣额在同一张发票上的“金额”栏分别注明的，可按折扣后的销售额征收增值税；未在同一张发票“金额”栏注明折扣额，而仅在发票的“备注”栏注明折扣额的，折扣额不得从销售额中减除。

税务风险

该商场将一批商品作为促销礼品赠送给消费者，商场只是将主商品在会计上作销售收入处理，而将这批礼品在会计上直接作为“销售费用”处理，对促销商品单独填制了出库单。

商场的这种“满额送礼品”是商业企业经常采用的一种促销行为，在销售主货物的同时赠送从货物，这种赠送是出于利润动机的正常交易，属于捆绑销售或降价销售。要免掉促销商品的增值税，关键看企业如何进行账务处理才能符合税法规定。企业应当将赠送商品的价格体现在商业折扣上。如企业销售一台价值 2 000 元的冰箱，赠送一台 300 元的微波炉，在开具发票时，开具冰箱 1 台，金额 2 000 元，开具微波炉 1 台，金额 300 元，然后在同一张发票上体现 300 元的折扣。

该商场账务处理不符合税法规定，销售额和折扣额未在一张发票上注明，应计提销项税额。

自查切入点

销售费用、营业外支出、库存商品等科目，增值税发票

案例26

单纯的资产转让或资产收购行为应当申报缴纳增值税

案例资料

A 企业将存货、机器设备等整体资产转让给另一家企业，A 企业的债权、债务和劳动力并未转让，A 企业误以为企业资产重组，存货、机器设备等整体资产的转让不缴纳增值税。

B 企业用优良资产（占企业总资产的 90%左右）和另外一家企业成立一家新公司，B 企业误以为企业资产重组，对这部分资产的转让也没有申报缴纳增值税。

C 企业分离出一个独立法人企业，分离时分给该企业一部分原材料，C 企业误以为企业资产重组，对这部分材料的转让也没有申报缴纳增值税。

税收政策

《国家税务总局关于纳税人资产重组有关增值税问题的公告》（国家税务总局公告 2011 年第 13 号）规定：纳税人在资产重组过程中，通过合并、分立、出售、置换等方式，将全部或者部分实物资产以及与其相关联的债权、负债和劳动力一并转让给其他单位和个人，不属于增值税的征税范围，其中涉及的货物转让，不征收增值税。

税务风险

A、B、C 企业没有分清整体转让产权和和整体转让资产的区别，若交易的对象仅为企业的资产，则属于单纯的转让资产的行为，无论单笔转让的资产金额有多大，比例有多

高，都应当缴纳增值税；若企业整体转让产权，即企业转让全部或者部分实物资产以及与其相关联的债权、负债和劳动力，则涉及的货物转让不用缴纳增值税。

A、B、C企业的两种行为都不属于《国家税务总局关于纳税人资产重组有关增值税问题的公告》（国家税务总局公告 2011 年第 13 号）规定的行为，应依法缴纳增值税。

自查切入点

原材料、库存商品、固定资产等科目

相关阅读

资产重组营业税的问题也有类似的规定，大家可以结合起来掌握：

《国家税务总局关于纳税人资产重组有关营业税问题的公告》（国家税务总局公告 2011 年第 51 号）规定：自 2011 年 10 月 1 日起，纳税人在资产重组过程中，通过合并、分立、出售、置换等方式，将全部或者部分实物资产以及与其相关联的债权、债务和劳动力一并转让给其他单位和个人的行为，不属于营业税征收范围，其中涉及的不动产、土地使用权转让，不征收营业税。

该文件只规定了整体转让产权涉及的不动产、土地使用权转让不征收营业税，但是未明确规定无形资产转让不征收营业税，在执行中可能会出现争议和分歧。

案例27

自产存货出租需缴纳增值税

案例资料

某企业将自产的一台机器设备用于出租，企业按照租赁业就租金收入申报缴纳了营业税，未申报缴纳增值税。

税收政策

1.《中华人民共和国增值税暂行条例实施细则》第四条规定，见案例 19。

2.《中华人民共和国增值税暂行条例实施细则》第十六条规定：

纳税人有条例第七条所称价格明显偏低并无正当理由或者有本细则第四条所列视同销售货物行为而无销售额者，按下列顺序确定销售额：

（1）按纳税人最近时期同类货物的平均销售价格确定；

（2）按其他纳税人最近时期同类货物的平均销售价格确定；

（3）按组成计税价格确定。组成计税价格的公式为：

组成计税价格＝成本×(1＋成本利润率)

属于应征消费税的货物，其组成计税价格中应加计消费税额。

公式中的成本是指：销售自产货物的为实际生产成本，销售外购货物的为实际采购成本。公式中的成本利润率由国家税务总局确定。

3.《中华人民共和国增值税暂行条例实施细则》第二十三条规定，见案例4。

税务风险

根据税法规定，将自产或者委托加工的货物用于非增值税应税项目，应该视同销售，因此企业将自产的一台机器设备用于出租应当视同销售缴纳增值税，销售额按照《中华人民共和国增值税暂行条例实施细则》第十六条的规定进行确定。

自查切入点

库存商品、其他业务收入等科目

相关阅读

1. 自产存货用于出租，视同销售缴纳增值税，是毫无疑问的，但是，这笔业务是否缴纳营业税目前还有争议。

第一种说法是，自产存货出租是混合销售行为，只征收增值税。

第二种说法是，自产存货出租，国税按视同销售缴纳增值税，地税按租金收入缴纳营业税。

目前，大部分地区按照第二种说法征收税款，企业应事先与当地税务局沟通，以避免税务风险。

2. 自产存货用于出租，增值税视同销售，但是企业所得税不视同销售，那么增值税和企业所得税关于视同销售都有哪些区别呢？

增值税与企业所得税关于“视同销售”的范围区别主要是资产内部处置的不同，属于内部处置的增值税视同销售行为一般不属于企业所得税的视同销售行为，例如，某公司不动产在建工程领用自产品应视同销售缴纳增值税，但不视同销售缴纳企业所得税，再如，某公司所属的单独核算但不具有独立法人资格的境内分支机构之间的货物转移、生产加工性耗用等情形，需要视同销售缴纳增值税，而不视同销售缴纳企业所得税。增值税视同销售与企业所得税视同销售的确认原则和税法规定具体见表3-19：

表3-19　增值税视同销售与企业所得税视同销售的确认原则和不同规定

项目	企业所得税	增值税
视同销售的确认原则	1. 海关原则：资产转移至境外应视同销售。 2. 产权原则：资产所有权发生改变应视同销售。 3. 法人原则：资产在不同法人企业之间转移应视同销售。	1. 改变生产目的原则：货物用于非增值税应税项目、集体福利、个人消费、投资、分红、赠送等应视同销售。 2. 会计主体原则：货物从一个会计主体转移至另一会计主体的应视同销售。

续表

项目	企业所得税	增值税
视同销售的范围规定	1. 企业发生非货币性资产交换，以及将货物、财产、劳务用于捐赠、偿债、赞助、集资、广告、样品、职工福利或者利润分配等用途的，应当视同销售货物、转让财产或者提供劳务，但国务院财政、税务主管部门另有规定的除外。 2. 企业发生下列情形的处置资产，除将资产转移至境外以外，由于资产所有权属在形式和实质上均不发生改变，可作为内部处置资产，不视同销售确认收入，相关资产的计税基础延续计算。 （1）将资产用于生产、制造、加工另一产品； （2）改变资产形状、结构或性能； （3）改变资产用途（如，自建商品房转为自用或经营）； （4）将资产在总机构及其分支机构之间转移； （5）上述两种或两种以上情形的混合； （6）其他不改变资产所有权属的用途。 3. 企业将资产移送他人的下列情形，因资产所有权属已发生改变而不属于内部处置资产，应按规定视同销售确定收入。企业发生下列规定情形时，属于企业自制的资产，应按企业同类资产同期对外销售价格确定销售收入；属于外购的资产，可按购入时的价格确定销售收入。 （1）用于市场推广或销售； （2）用于交际应酬； （3）用于职工奖励或福利； （4）用于股息分配； （5）用于对外捐赠； （6）其他改变资产所有权属的用途。	8种视同销售行为： 1. 将货物交付其他单位或者个人代销； 2. 销售代销货物； 3. 设有两个以上机构并实行统一核算的纳税人，将货物从一个机构移送其他机构用于销售，但相关机构设在同一县（市）的除外； 4. 将自产或者委托加工的货物用于非增值税应税项目； 5. 将自产、委托加工的货物用于集体福利或者个人消费； 6. 将自产、委托加工或者购进的货物作为投资，提供给其他单位或者个体工商户； 7. 将自产、委托加工或者购进的货物分配给股东或者投资者； 8. 将自产、委托加工或者购进的货物无偿赠送其他单位或者个人。

案例28

销售代销商品不按视同销售核算的税务风险

案例资料

乙公司是一家电脑销售企业，2010年1月与甲公司签订委托代销协议，按照协议规定，乙公司应按不含税销售价格为6 000元/台进行销售，甲公司按照200元/台向乙公司支付手续费。1月乙公司收到电脑130台，至2月底结账时，乙公司销售100台，乙公司账务处理为：

（1）收到受托代销的商品，不记账，只在备查簿上登记商品数量。

（2）销售代销商品时，在备查簿上登记，同时，

借：库存现金　　702 000

　贷：应付账款——甲公司　　702 000

（3）支付代销款时，

借：应付账款——甲公司　702 000

贷：其他业务收入——手续费收入　20 000

银行存款　682 000

税收政策

《中华人民共和国增值税暂行条例实施细则》第四条规定，见案例19。

税务风险

乙公司未按照增值税视同销售进行处理，同时也未就手续费收入缴纳营业税。乙公司正确的账务处理应当这样：

（1）收到受托代销的商品，按数量130台和约定的价格6 000元/台，

借：受托代销商品　780 000

贷：受托代销商品款　780 000

（2）销售代销商品时：按销售数量100台和销售价格6 000元/台，

借：银行存款　702 000

贷：应付账款　600 000

应交税费——应交增值税（销项税额）　102 000

同时结转代销商品1 000台的成本，

借：受托代销商品款　600 000

贷：受托代销商品　600 000

（3）收到对方发票，

借：应交税费——应交增值税（进项税额）　102 000

贷：应付账款　102 000

（4）支付货款并确认代销手续费时，

借：应付账款　702 000

贷：其他业务收入——手续费收入　20 000

银行存款　682 000

（5）计征营业税，

借：营业税金及附加　1 000

贷：应交税费——应交营业税　1 000

我们可以看出，乙公司若按照正确的账务处理，并不会多缴增值税，因为销项税额和进项税额之差为零，但是乙公司由于不按正确的账务处理方法核算，未能取得甲公司的发票，被税务机关检查时，要按照视同销售补缴增值税102 000元。

自查切入点

其他业务收入、应付账款等科目

案例29

自产产品用于设备维护不需要视同销售缴纳增值税

案例资料

甲公司生产一种保温材料，而在该产品生产过程中需经过高温炉处理，而高温炉内部也需使用跟自产产品同类型的保温材料，为降低采购成本，甲公司直接使用自产保温材料，用于更换高温炉内的保温材料，每3～5个月更换一批，有人认为该企业使用自产产品用于设备维护应按照视同销售业务缴纳增值税。

税收政策

1.《中华人民共和国增值税暂行条例实施细则》第四条，见案例19。

2.《中华人民共和国增值税暂行条例实施细则》第二十三条规定，见案例4。

税务风险

根据上述规定，企业将自产保温材料用于高温炉设备维护，不属于八项视同销售的情形，不需要视同销售缴纳增值税。

自查切入点

库存商品、销项税额等科目

案例30

垫付货款代购商品需缴纳增值税

案例资料

甲公司主要经营镁锭的销售业务，每年都要从销货方进货，然后再卖给其常年客户乙公司，除去需要缴纳的增值税款等各种税费和运输费用等相关费用后利润不是很大，甚至有时候还会挣不到钱，原因是在同行中销售价格没有竞争优势，销售价格已经没有了再降低的空间，但是销售价格不降低，很难和同行竞争，业务越来越不好做。

于是，甲公司改变经营策略，将与乙公司的购销业务转化为甲公司为乙公司寻找货源并代乙公司购买货物。具体操作为：甲公司先行为乙公司垫付资金向销售方付款，销售方直接开具购货方为乙公司的专用发票，甲公司将发票转交给乙公司，向乙公司收取垫付款及代购手续费。甲公司认为，公司并未发生购销业务，仅仅收取代购手续费，不用缴纳增值税。

税收政策

《财政部、国家税务总局关于增值税、营业税若干政策规定的通知》（财税字〔1994〕第026号）规定：代购货物行为，凡同时具备以下条件的，不征收增值税；不同时具备以下条件的，无论会计制度规定如何核算，均征收增值税。(1) 受托方不垫付资金；(2) 销货方将发票开具给委托方，并由受托方将该项发票转交给委托方；(3) 受托方按销售方实际收取的销售额和增值税额（如系代理进口货物则为海关代征的增值税额）与委托方结算货款，并另外收取手续费。

税务风险

若购货方资金暂时不足，先要求代购方垫付货款，代购方为了保住这个客户，垫付资金也未尝不可，但是这就不再符合税法规定的代购货物行为，代购方必须按照垫付的货款和收取的手续费（此时作为价外费用）缴纳增值税，若仍然按照代购方式处理则属于逃避缴纳税款行为。

正确操作应当为，甲公司（受托方）和乙公司（委托方）签订代购合同，合同规定，乙公司预付足额货款给甲公司，由甲公司为乙公司联系货源代购镁锭，销货方按实际收取的价款直接为乙公司开具专用发票并由甲公司转交给乙公司，甲公司按专用发票价款与委托方结算货款，乙公司向甲公司支付代购手续费。

这样操作，便符合了代购货物行为的税收规定，不再缴纳增值税。

采取代购货物方式必须注意：签订代购货物合同后要严格按照代购合同执行，决不能先为购货方垫付资金再向购货方结算货款。顺序一变，性质就发生了改变。

自查切入点

其他业务收入、其他应收款等科目

案例31

保修期内免费为客户提供维修服务所领用的零配件不需要视同销售缴纳增值税

案例资料

甲公司保修期内免费为客户提供维修服务，所领用的零配件均视同销售缴纳了增值税。

税收政策

《中华人民共和国增值税暂行条例实施细则》第四条规定，见案例 19。

税务风险

保修期内免费为客户提供维修服务所领用零配件不属于八项视同销售的情形。

保修期内免费保修业务是作为销售合同的一部分，有关收入实际已经在销售时获得，该公司已就销售额缴纳了税款，免费保修时无须再缴纳增值税，维修领用零配件也不需视同销售缴纳增值税。

自查切入点

原材料、销项税额等科目

案例32

非同一县（市）总分支机构间转移机器设备，不以销售为目的，不需要缴纳增值税

案例资料

某审计人员在审查某公司账务时，发现该公司向其分支机构转移机器设备，未计提增值税，将其记录于工作底稿上。在与企业座谈时，与企业财务人员产生分歧，那么这笔业务到底应不应该缴纳增值税呢？

税收政策

1.《中华人民共和国增值税暂行条例实施细则》第四条规定，见案例 19。

2.《国家税务总局关于企业所属机构间移送货物征收增值税问题的通知》（国税发〔1998〕137 号）规定：《中华人民共和国增值税暂行条例实施细则》第四条视同销售货物行为的第（三）项所称的用于销售，是指受货机构发生以下情形之一的经营行为：

一、向购货方开具发票；

二、向购货方收取货款。

受货机构的货物移送行为有上述两项情形之一的，应当向所在地税务机关缴纳增值税；未发生上述两项情形的，则应由总机构统一缴纳增值税。

3.《中华人民共和国增值税暂行条例实施细则》第二十一条规定：固定资产，是指使用期限超过 12 个月的机器、机械、运输工具以及其他与生产经营有关的设备、工具、器具等。

税务风险

根据《中华人民共和国增值税暂行条例实施细则》第四条视同销售的规定“设有两个以上机构并实行统一核算的纳税人，将货物从一个机构移送其他机构用于销售，但相关机构设在同一县（市）的除外”，很容易误判为总分支机构间转移机器设备视同销售缴纳增值税。

然而，结合国税发〔1998〕137号文件规定和《中华人民共和国增值税暂行条例实施细则》第二十一条固定资产的定义，经仔细分析，我们可以发现总分支机构间转移的机器设备是以使用为目的的“固定资产”，而非“用于销售目的的货物”，不属于税法规定的视同销售情形，自然不需要缴纳增值税。

自查切入点

固定资产、销项税额等科目

案例33

借货还货需缴纳增值税

案例资料

甲公司与乙公司生产同类货物。乙公司年初库存不足，把甲公司的商品借来予以销售，并于三月后在甲公司需要销售时归还了这批货物。该企业同类货物的借货还货业务未做销售处理缴纳增值税。仅做分录：

借：其他应收款——乙公司

　贷：库存商品

商品归还时，作相反分录。

税收政策

1.《中华人民共和国增值税暂行条例》第一条规定：在中华人民共和国境内销售货物或者提供加工、修理修配劳务以及进口货物的单位和个人，为增值税的纳税人。

2.《中华人民共和国增值税暂行条例实施细则》第三条第一款规定：条例第一条所称销售货物，是指有偿转让货物的所有权。

税务风险

甲公司与乙公司的“借货还货”行为属于有偿转让货物的所有权，因此应当缴纳增值税。试想，若借货还货行为不缴纳增值税，那企业都可以以借货还货的方式销售货物了，对方不还货的，还可以申请财产损失，在企业所得税税前扣除，企业就都不用交税了，明显不现实。

自查切入点

库存商品、原材料、其他应收款等科目

案例34

出租出借包装物收取押金的税务风险

案例资料

1. 甲公司本月销售产品200万元，对出租出借包装物收取押金11.7万元。甲公司对包装物押金未进行单独记账核算，也未并入销售额缴纳增值税。

2. 乙公司为一家啤酒生产企业，每年向其代理商丙公司销售啤酒1 170万元，并随啤酒销售向代理商丙公司收取啤酒瓶押金117万元，由于丙公司为企业的常年客户，因此，财务人员为了核算方便，将上次应退的押金直接抵顶本次进货应交的押金，这117万元的啤酒瓶押金始终不用退还，循环使用。乙公司并未对这种循环使用的押金缴纳增值税。

税收政策

1.《国家税务总局关于印发〈增值税若干问题的规定〉的通知》（国税发〔1993〕154号）规定，纳税人为销售货物而出租出借包装物收取的押金，单独记账核算的，不并入销售额征税；但对因逾期未收回包装物不再退还的押金，应按所包装货物的适用税率计算销项税额。

2.《国家税务总局关于取消包装物押金逾期期限审批后有关问题的通知》（国税函〔2004〕827号）规定，自2004年7月1日起，纳税人为销售货物出租出借包装物而收取的押金，无论包装物周转使用期限长短，超过一年（含一年）以上仍不退还的均并入销售额征税。

税务风险

纳税人为销售货物而出租出借包装物收取的押金，必须做到两点，一是单独核算，二是及时收回，做到这两点，方能避免税务风险且能节税。

1. 单独核算。

在实际工作中，有很多企业会计人员将销售货物而出租出借包装物收取的押金作为销售额核算，这样操作虽然简单方便，但是却多交了增值税税款。若甲公司对包装物押金未进行单独记账核算，则应并入销售额缴纳增值税1.7万元，若对包装物押金进行单独记账核算，则不并入销售额征税，可以节约税金1.7万元。

因此，企业要降低税负，必须将出租出借包装物收取的押金进行单独记账。若不单独记账缴纳增值税也不违反税法，但是却得不到节税的好处。

2. 及时收回。

企业要降低税负，必须将出租出借包装物收取的押金在规定期限内收回，循环使用的包装物押金也不得例外。

乙公司这种只图方便的财务处理方法便给企业带来了税务风险。因为按照《国家税务总局关于取消包装物押金逾期期限审批后有关问题的通知》（国税函〔2004〕827号）的规定，甲公司应当将这笔常年不退还代理商的押金117万元作为价外费用处理，缴纳增值税117/(1+17%)×17%=17万元。

其实，乙公司完全可以做到既不用缴纳这17万元税金，又能避免这种税务风险。具体的操作有以下两点：

（1）根据企业产品销售的实际情况，与代理商签订低于1年期限的押金合同，要求代理商在规定期限内退回啤酒瓶，并严格按照押金合同及时与代理商结算退回啤酒瓶押金；

（2）财务人员必须与代理商逐笔结算啤酒瓶押金，每销售一批产品，就收取一批包装物押金，同时退还上次包装物押金，不得将上次应退的押金直接抵顶本次进货应缴的押金。

这样操作，使企业收取的包装物押金不超过一年，企业就不必再为收取的包装物押金缴纳增值税。

本例中的啤酒企业乙公司主要是由于财务核算不规范，会计人员只图方便省力，却没有考虑税收相关规定，导致多交增值税。所以，建议企业一定要完善财务核算制度，认真按照税法规定进行财务处理，既能规避不当核算导致税务风险，又能少纳税款。

自查切入点

周转材料、其他应付款等科目

相关阅读

出租、出借包装物收取的押金风险点主要有下列几点：

1. 纳税人为销售货物而出租、出借包装物收取的押金，没有单独记账核算的，应当并入销售额征税。

2. 逾期，是指按合同规定实际逾期或以1年为期限作为标准，对收取1年以上的押金，无论是否退还均应并入销售额征税。比如：企业将超过一年的包装物押金缴纳了增值税，一个月后收回包装物押金，逾期收回的包装物押金也不能冲减已缴纳增值税款。

3. 包装物押金不应混同于包装物租金，包装物租金在销售货物时应当作为价外费用并入销售额计算缴纳增值税。

4. 出租包装物收取的押金，与销售货物无关的，则无论是否退还押金，均不征收增值税。比如：啤酒生产企业将啤酒瓶、酒桶等包装物出租给其他酒厂使用，取得的租金和押金，是单纯的租赁行为，与销售货物无关，不用缴纳增值税。

5. 特殊情形：

《国家税务总局关于加强增值税征收管理若干问题的通知》（国税发〔1995〕192号）规定："从1995年6月1日起，对除售出啤酒、黄酒外的其他酒类产品而收取的包装物押金，无论是否返还以及会计上如何核算，均应并入当期销售额征收增值税。"

《财政部、国家税务总局关于酒类产品包装物押金征税案例的通知》（财税字〔1995〕53号）规定："从1995年6月1日起，对酒类产品生产企业销售酒类产品而收取的包装物押金，无论如何核算均需并入酒类产品销售额中，依酒类产品的适用税率征收消费税。"

根据上述规定，酒厂销售除啤酒、黄酒以外的其他酒类而收取的包装物押金应该缴纳增值税和消费税，而销售啤酒、黄酒收取的包装物押金只需缴纳消费税（只有逾期或超过一年以上仍不退还的才需要缴纳增值税）。

案例35

企业销售货物因在运输途中破损而收到的运输公司支付的赔偿款不需要缴纳增值税

案例资料

甲企业销售给乙企业货物一批，由丙运输公司提供运输服务，在运输途中货物破损，甲公司收取了运输公司支付的赔偿款，某事务所建议甲公司将这笔赔偿款作为价外费用缴纳增值税。

税收政策

《中华人民共和国增值税暂行条例》第六条规定，销售额为纳税人销售货物或者应税劳务向购买方收取的全部价款和价外费用，但是不包括收取的销项税额。《中华人民共和国增值税暂行条例实施细则》第十二条规定，条例第六条第一款所称价外费用，包括价外向购买方收取的手续费、补贴、基金、集资费、返还利润、奖励费、违约金、滞纳金、延期付款利息、赔偿金、代收款项、代垫款项、包装费、包装物租金、储备费、优质费、运输装卸费以及其他各种性质的价外收费。

税务风险

因为运输公司不是购买方，所以这笔赔偿款不属于价外费用，其行为仅仅属于补偿性质的赔付，因此这部分赔偿款不包含在销售额中，不必计算缴纳增值税。

自查切入点

营业外收入、销项税额等科目

案例36

市场原因导致商品打折销售而致使销售价格低于购进价格的，不用补缴增值税

案例资料

某企业因为市场原因导致商品价格一路下滑，无奈只得打折销售，亏本经营，因增值税税负与去年同期相比偏低而被预警，税管员让企业财务人员进行自查是否有少缴税行为，企业财务人员委托某事务所审查账务，某税务师认为该企业存在商品销售价格偏低问题，应当重新确定销售额并缴纳税款。企业财务人员根据税务师建议补缴了部分税款。

税收政策

1.《中华人民共和国增值税暂行条例》第七条规定：纳税人销售货物或者应税劳务的价格明显偏低并无正当理由的，由主管税务机关核定其销售额。

2.《中华人民共和国增值税暂行条例》第十六条规定：纳税人有条例第七条所称价格明显偏低并无正当理由或者有本细则第四条所列视同销售货物行为而无销售额者，按下列顺序确定销售额：

（1）按纳税人最近时期同类货物的平均销售价格确定；

（2）按其他纳税人最近时期同类货物的平均销售价格确定；

（3）按组成计税价格确定。组成计税价格的公式为：

组成计税价格＝成本×(1＋成本利润率)

属于应征消费税的货物，其组成计税价格中应加计消费税额。

公式中的成本是指：销售自产货物的为实际生产成本，销售外购货物的为实际采购成本。公式中的成本利润率由国家税务总局确定。

3.《国家税务总局关于纳税人折扣折让行为开具红字增值税专用发票问题的通知》（国税函〔2006〕1279号）规定：纳税人销售货物并向购买方开具增值税专用发票后，由于购货方在一定时期内累计购买货物达到一定数量，或者由于市场价格下降等原因，销货方给予购货方相应的价格优惠或补偿等折扣、折让行为，销货方可按现行《增值税专用发票使用规定》的有关规定开具红字增值税专用发票。

税务风险

从上述规定中可以看出，此种情形不属于《中华人民共和国增值税暂行条例》第七条规定的税务机关核定销售额的情形。因市场原因导致价格打折销售属于有正当理由的销售，即使出现销售价格低于购进价格的情形，也不能认定为价格明显偏低并无正当理由。

自查切入点

主营业务收入、主营业务成本、库存商品、销项税额等科目

相关阅读

1. “价格明显偏低并无正当理由”没有规范性解释规定，那么如何判断“价格明显偏低且无正当理由”?

(1) 价格明显偏低一般由主管税务机关根据当地同类货物或劳务的市场价格判定，价格只要在一个合理的波动范围之内，通常就认为价格合理，超出了这个范围，通常认为价格偏低。

税法上虽然没有明确规定，但是《最高人民法院关于适用〈中华人民共和国合同法〉若干问题的解释（二）》第十九条规定涉及合同和交易，在税务中为我们提供了可以参考的量化标准。

该条规定：对于合同法第七十四条规定的“明显不合理的低价”，人民法院应当以交易当地一般经营者的判断，并参考交易当时交易地的物价部门指导价或者市场交易价，结合其他相关因素综合考虑予以确认。

转让价格达不到交易时交易地的指导价或者市场交易价百分之七十的，一般可以视为明显不合理的低价；对转让价格高于当地指导价或者市场交易价百分之三十的，一般可以视为明显不合理的高价。

也可以说，企业销售货物或提供的应税劳务的价格低于交易时交易地的指导价或者市场交易价的幅度或尺度超出30%的，属于“价格明显偏低”。

(2) 正当理由，一般指纳税人正常生产经营的通常理由，如季节降价、临时促销、质量问题等事由，超出“正当理由”之外的，属于无正当理由。

“价格明显偏低并无正当理由”在税务总局出台规范性解释规定之前，应谨慎对待。

2. 很多企业都出现过预警，那么如何判断增值税税负指标是否合理呢?

纳税评估是指国税机关根据纳税人的申报资料及其他征管信息，按照一定的程序，运用一定的手段和方法，进行审核、比对、分析、核查，对纳税人一定时期内申报纳税的真实性、准确性进行综合评估的工作。包括行业评估和个案评估。

增值税税负是增值税纳税评估的主要分析指标，但不同企业之间存在着一定的税负差异，即使是生产相同产品的企业，由于生产经营方式、生产技术水平、市场价格定位、销售策略等因素的不同，税负也可能存在着比较大的差异，因而，税负是否合理需要经过分析才能得出答案，“面黄的未必有病”，也就是说，增值税税负较低并不能说明企业税收一定存在问题，也可能存在其他方面的因素，比方受市场因素影响，存在产品销售价格下降、材料成本上升、销售额下降、库存加大、节税筹划等情况。企业应根据自身实际情况积极与税务机关沟通，另外，对于节税筹划税负下降的情况要特别注意，节税筹划是一件专业性很强的工作，要注意税收风险，最好在税收筹划执行前就将税收筹划方案与税务机关沟通，得到税务机关的认可。

因此，税负低并不一定说明企业有问题，企业出现预警也并非一定要补缴税款。

案例37

不按纳税义务发生时间开具发票多缴税、早缴税

案例资料

在实际工作中，许多公司不按照税法规定的纳税义务发生时间开具发票，而是在对方需要发票时开具发票，对方不需要发票时暂不开具发票，也有时候，为了控制每月的税负均衡而提前或者延迟开票。

税收政策

1.《增值税专用发票使用规定》(国税发〔2006〕156 号) 第十一条规定：增值税专用发票按照增值税纳税义务的发生时间开具。

2.《中华人民共和国增值税暂行条例实施细则》第十九条规定：增值税纳税义务发生时间：(1) 销售货物或者应税劳务，为收讫销售款项或者取得索取销售款项凭据的当天；先开具发票的，为开具发票的当天。(2) 进口货物，为报关进口的当天。

增值税扣缴义务发生时间为纳税人增值税纳税义务发生的当天。

3.《中华人民共和国增值税暂行条例实施细则》第三十八条规定：条例第十九条第一款第（一）项规定的收讫销售款项或者取得索取销售款项凭据的当天，按销售结算方式的不同，具体为：

(1) 采取直接收款方式销售货物，不论货物是否发出，均为收到销售款或者取得索取销售款凭据的当天；

(2) 采取托收承付和委托银行收款方式销售货物，为发出货物并办妥托收手续的当天；

(3) 采取赊销和分期收款方式销售货物，为书面合同约定的收款日期的当天，无书面合同的或者书面合同没有约定收款日期的，为货物发出的当天；

(4) 采取预收货款方式销售货物，为货物发出的当天，但生产销售生产工期超过 12 个月的大型机械设备、船舶、飞机等货物，为收到预收款或者书面合同约定的收款日期的当天；

(5) 委托其他纳税人代销货物，为收到代销单位的代销清单或者收到全部或者部分货款的当天。未收到代销清单及货款的，为发出代销货物满 180 天的当天；

(6) 销售应税劳务，为提供劳务同时收讫销售款或者取得索取销售款的凭据的当天；

(7) 纳税人发生本细则第四条第（三）项至第（八）项所列视同销售货物行为，为货物移送的当天。

税务风险

在实务中，有许多种销售结算方式，而销售结算方式不同，增值税纳税义务的发生时间不同，相应的发票开具时间也会不同。

1. 在不该开具发票的时候提前开具发票会提前交税，比如分期收款结算方式应该在书面合同约定的收款日期的当天开具发票，若企业在货物发出的当天就开具发票，则要按照开具发票金额缴纳增值税款，早缴税就享受不到递延税款的好处。

2. 在应该开具发票的时候不开具发票同样会造成一定的损失，仍以分期收款结算方式为例，企业应当在书面合同约定的收款日期的当天开具发票，然而某些时候因为某些原因，比如购货方暂时不需要发票，于是，销售方不开具发票，待到购货方需要时再开具。然而专用发票按照增值税纳税义务的发生时间开具，事后不能补开发票。当月增值税纳税义务的发生即使没有开具发票，也应当申报缴纳增值税，不申报缴纳增值税就会面临一定的罚款、滞纳金等税务风险。若当月不申报纳税，待开具发票后（属于不按规定开具发票）再申报纳税，按照规定也要承担罚款和滞纳金的损失。

自查切入点

销售合同、增值税发票

案例38

折扣额须按规定开具增值税专用发票，否则不允许冲减销项税额

案例资料

甲公司采用折扣方式销售商品，有部分折扣额未在同一张发票注明，而将折扣额另外开具红字发票，20×2 年度该公司用此方法开出红字专用发票 16 份，冲减销售额 426 000 元、销项税额 72 420 元。

乙公司采用折扣方式销售商品，将每笔货物的折扣额填写在专用发票“备注”栏，20×2年度该公司用此方法开具专用发票，冲减销售额 129 000 元、冲减销项税额 21 930元。

丙公司采用折扣方式销售商品，并且在增值税专用发票的“金额”栏同时反映有销售额和折扣额，其中一份发票标明的销售额为 1 980 000 元，折扣额为 1 366 000，折扣金额为销售额的 68.99%，折扣额明显偏高，原来是，该公司每季度根据代理商的销售业绩计算折扣，并在下一次销售货物时，将该批货物的销售额与这一个季度的折扣额在同一张发票上分别注明，然后按照折扣后的销售额计算增值税的销项税额。

税收政策

1.《国家税务总局关于折扣额抵减增值税应税销售额问题通知》（国税函〔2010〕56 号）规定：纳税人采取折扣方式销售货物，销售额和折扣额在同一张发票上分别注明是指销售额和折扣额在同一张发票上的“金额”栏分别注明的，可按折扣后的销售额征收增值

税。未在同一张发票“金额”栏注明折扣额，而仅在发票的“备注”栏注明折扣额的，折扣额不得从销售额中减除。

2.《国家税务总局关于纳税人折扣折让行为开具红字增值税专用发票问题的通知》（国税函〔2006〕1279号）规定：纳税人销售货物并向购买方开具增值税专用发票后，由于购货方在一定时期内累计购买货物达到一定数量，或者由于市场价格下降等原因，销货方给予购货方相应的价格优惠或补偿等折扣、折让行为，销货方可按现行《增值税专用发票使用规定》的有关规定开具红字增值税专用发票。

税务风险

甲公司采取折扣方式销售货物，没有将销售额和折扣额在同一份增值税专用发票上开具，而是将折扣额另外开具红字发票，因而，折扣额不得从销售额中减除，企业应补缴增值税72 420元。

乙公司虽然将销售额和折扣额在同一份增值税专用发票上分别注明，但是注明的方式不正确，折扣额仍然不得从销售额中减除，企业应补缴增值税21 930元。

丙公司在同一份增值税专用发票的“金额”栏同时反映有销售额和折扣额，但是销售额和折扣额并非为同一批次货物，在计算对象和数量上并不配比，虽然满足了发票形式上的要求，但是根据实质重于形式原则和国税函〔2006〕1279号文件的规定，仍然属于不按规定开具发票的行为，为企业留下了很大的税务风险。

丙公司可能不知道国税函〔2006〕1279号文件的规定，也可能是嫌开具红字发票的手续麻烦而擅自将折扣额以负数形式开具发票。该公司应当根据国税函〔2006〕1279号文件规定，先取得购买方提供的《开具红字增值税专用发票申请单》，然后按规定开具红字增值税专用发票，从而实现在销售额中扣减其折扣额的目标。

自查切入点

主营业务收入科目，增值税专用发票

案例39

延迟缴纳增值税也会被税务机关处罚

案例资料

某公司与客户乙公司于20×2年2月签订了一份货物销售合同，合同约定，2月20日该公司向乙公司提供117万元（含税）的产品，乙公司应于3月10日之前支付全部货款。3月初乙公司由于突发事件，资金紧张，暂时无力支付。3月份公司已实现增值税10万元，若再申报缴纳该笔业务税款17万元，由于未能收回货款，将造成公司资金周转困难，于是财务人员决定暂不申报缴纳该笔业务的税款，待实际收到货款时再进行申报纳税。7

月份收到货款后，财务人员开具专用发票，申报缴纳了税款。财务人员认为自己只是延迟缴纳税款，并未少缴税款。7月份稽查局对公司20×2年上半年的增值税纳税情况进行专项检查，发现这笔业务，稽查局认为该公司未按规定期限申报纳税，为逃避缴纳税款行为，以未按期缴纳税款的0.5倍缴纳罚款并加收滞纳金。

税收政策

《中华人民共和国税收征收管理法》第六十三条规定：纳税人伪造、变造、隐匿、擅自销毁记账凭证，或者在账簿上多列支出或者不列、少列收入，或者经税务机关通知申报而拒不申报或者进行虚假的纳税申报，不缴或者少缴应纳税款的，是偷税。对纳税人偷税的，由税务机关追缴其不缴或者少缴的税款、滞纳金，并处不缴或者少缴的税款50%以上5倍以下的罚款。

税务风险

根据《中华人民共和国增值税暂行条例实施细则》第三十三条的规定，采取赊销和分期收款方式销售货物，纳税义务发生时间为合同约定的收款日期的当天。因此，不论在3月10日公司是否收回货款，均应申报缴纳税款。

根据《税收征收管理法》第六十三条规定，未在规定的期限内申报缴纳税款的行为已经构成逃避缴纳税款。虽然公司在实际收到货款后主动申报缴纳了这笔税款，但这并不影响逃避缴纳税款行为的成立，只是减轻了逃避缴纳税款行为所造成的危害后果，可以根据《行政处罚法》第二十七条第一项规定，依法从轻或者减轻行政处罚。

自查切入点

主营业务收入、库存商品等科目，销售合同，增值税发票

案例40

视同销售应开发票而不开发票多缴纳增值税

案例资料

甲公司为增值税一般纳税人，增值税税率为17%，甲公司将100万元的原材料换取乙公司100万元的库存商品，假设原材料和库存商品的市场价均为100万元。甲公司与乙公司互相不开具专用发票。

甲公司账务处理：

借：库存商品	1 170 000	
贷：原材料		1 000 000
应交税费——应交增值税（销项税额）		170 000

乙公司账务处理：

借：原材料　1 170 000

　贷：库存商品　1 000 000

　　应交税费——应交增值税（销项税额）　170 000

甲公司、乙公司应纳增值税额均为 17 万元。

税收政策

1.《中华人民共和国增值税暂行条例》第二十一条规定：纳税人销售货物或者应税劳务，应当向索取增值税专用发票的购买方开具增值税专用发票，并在增值税专用发票上分别注明销售额和销项税额。属于下列情形之一的，不得开具增值税专用发票：(1) 向消费者个人销售货物或者应税劳务的；(2) 销售货物或者应税劳务适用免税规定的；(3) 小规模纳税人销售货物或者应税劳务的。

2.《增值税专用发票使用规定》(国税发〔2006〕156 号) 第十条规定：

一般纳税人销售货物或者提供应税劳务，应向购买方开具专用发票。

商业企业一般纳税人零售的烟、酒、食品、服装、鞋帽（不包括劳保专用部分）、化妆品等消费品不得开具专用发票。

增值税小规模纳税人（以下简称小规模纳税人）需要开具专用发票的，可向主管税务机关申请代开。

销售免税货物不得开具专用发票，法律、法规及国家税务总局另有规定的除外。

税务风险

纳税人将自产、委托加工或购买的货物用作投资、分配给股东或投资者、无偿赠送，以物易物、以物抵债、委托代销等视同销售若属于《中华人民共和国增值税暂行条例》第二十一条和《增值税专用发票使用规定》(国税发〔2006〕156 号) 第十条等文件规定的不得开具发票的情形，不得开具发票。若不属于上述规定的不得开具发票的情形，可以根据其要求开具专用发票，但有些企业却不开专用发票，这样不仅没有少缴税，还要多缴税。

甲公司与乙公司按正常的销售、购货进行处理，互相开具专用发票。

甲公司账务处理：

借：库存商品　1 000 000

　　应交税费——应交增值税（进项税额）　170 000

　贷：原材料　1 000 000

　　应交税费——应交增值税（销项税额）　170 000

乙公司账务处理：

借：原材料　1 000 000

　　应交税费——应交增值税（进项税额）　170 000

　贷：库存商品　1 000 000

　　应交税费——应交增值税（销项税额）　170 000

甲公司、乙公司应纳增值税额均为 17－17＝0 万元。

由此可见，不开具专用发票比开具专用发票要多缴 17 万元增值税，由于增值税实行凭票抵扣的制度，没有取得增值税专用发票，其进项税额就不能抵扣。而销售货物或应税劳务，不管开不开专用发票，都要计提销项税额，如果公司不计提销项税额，那就是逃避缴纳税款。因而，视同销售，若不属于上述规定的不得开具发票的情形，只要对方是增值税一般纳税人，就应该向其开具增值税专用发票。

自查切入点

原材料、库存商品科目及其对应的除主营业务成本和其他业务成本以外的科目、固定资产清理等科目

案例41

增值税应税项目错交营业税的税务风险（一）

案例资料

某商业企业日常经营需要储备一定量的常用货物，于是与供货商达成协议，由供货商提前将货物囤积在该企业的仓库里。等到需要这些货物时再由供货商开具发票，该企业再支付货款，并且按购进货物金额 1%的比例向供货商收取仓储费，由企业从应付供货商的货款金额中扣收。20×2 年，该商业企业共收取仓储费 1 609 808.90 元。该企业按照《中华人民共和国营业税暂行条例》有关“仓储业”收取仓储费的规定，依照 5%的税率计算缴纳营业税 80 490.45 元。

税收政策

《国家税务总局关于商业企业向货物供应方收取的部分费用征收流转税问题的通知》（国税发〔2004〕136 号）规定：商业企业向供货方收取的部分收入，按照以下原则征收增值税或营业税：

（1）对商业企业向供货方收取的与商品销售量、销售额无必然联系，且商业企业向供货方提供一定劳务的收入，例如进场费、广告促销费、上架费、展示费、管理费等，不属于平销返利，不冲减当期增值税进项税金，应按营业税的适用税目税率征收营业税。

（2）对商业企业向供货方收取的与商品销售量、销售额挂钩（如以一定比例、金额、数量计算）的各种返还收入，均应按照平销返利行为的有关规定冲减当期增值税进项税金，不征收营业税。

（3）商业企业向供货方收取的各种收入，一律不得开具增值税专用发票。

其他增值税一般纳税人向供货方收取的各种收入的纳税处理，比照本通知的规定执行。

税务风险

根据国税发〔2004〕136号文件规定，该企业是按购进金额的1%的比例向供货商收取仓储费的，与销售额有必然联系，应按照平销返利行为的有关规定冲减当期增值税进项税金，不征收营业税。企业应作进项税额转出273 667.50元。

自查切入点

其他业务收入、往来账科目，营业税发票

相关阅读

在实际工作中，除了企业收到的正常销售货款外，还会收到一些比较特殊的款项，这些特殊的款项该缴纳增值税还是营业税，有的企业并不清楚，虽然缴纳了税费，但是却交错了税费，给企业带来一定的损失。商业企业收到的各种返还收入到底该缴纳什么税呢?

商业企业向供货方收取的各种收入，一定要分清性质，合理确定需要缴纳的税种。

商业企业向供货方收取的各种收入，一律不得开具增值税专用发票。那么，该以什么票据进行账务处理呢?该怎样开具发票呢?

(1)对商业企业向供货方收取的与商品销售量、销售额无必然联系，且商业企业向供货方提供一定劳务的收入，例如进场费、广告促销费、上架费、展示费、管理费等，不属于平销返利，不冲减当期增值税进项税额，应按营业税的适用税目税率征收营业税。因此由商业企业开具服务业发票。

(2)对商业企业向供货方收取的与商品销售量、销售额挂钩(如以一定比例、金额、数量计算)的各种返还收入，均应按照平销返利行为的有关规定冲减当期增值税进项税额，不征收营业税。商业企业不必开具任何发票，由生产企业按照销售折让开具专用发票，一种是在销售时发生的返还费用，将销售额和返还费用(折让额)开在同一张发票上;一种是在开具发票后发生的返还费用，按《增值税专用发票使用规定》开具红字专用发票。

案例42

增值税应税项目错交营业税的税务风险(二)

案例资料

表3-20

记账凭证

20×2年12月05日

记字第08号

附件1张

摘要	一级账户	明细账户	借方金额	贷方金额
收取贴现息	库存现金		11 202.26	

续表

收取贴现息	财务费用	贴现息	-11 202.26	
合计			0.00	0.00

会计主管：珠珠　记账：丹丹　审核：何花　出纳：娜娜　制单：丹丹

表 3-21

记账凭证

20×2 年 12 月 05 日

记字第 09 号

附件 1 张

摘要	一级账户	明细账户	借方金额	贷方金额
收取延期付款利息	库存现金		11 062.68	
收取延期付款利息	财务费用	利息收入	-11 062.68	
合计			0.00	0.00

会计主管：珠珠　记账：丹丹　审核：何花　出纳：娜娜　制单：丹丹

两张记账凭证的附件均为收到现金时开具的收据。

第一张记账凭证，公司销售货物，将收到的银行承兑汇票贴现支付贴现息后，向购货方收取等额贴现息共计 11 202.26 元；第二张记账凭证，因购货方延期付款而向购货方收取延期付款利息 11 062.68 元，从后面的凭证可以看出该企业就这两笔业务缴纳了营业税。

另外，还有的企业将收取的贴现息、延期付款利息计入了营业外收入，只是使用会计科目错误，税务处理也是缴纳营业税或者不缴纳任何税费。

税收政策

1.《中华人民共和国增值税暂行条例》第六条规定：销售额为纳税人销售货物或者应税劳务向购买方收取的全部价款和价外费用，但是不包括收取的销项税额。

2.《中华人民共和国增值税暂行条例实施细则》第十二条规定：价外费用，包括价外向购买方收取的手续费、补贴、基金、集资费、返还利润、奖励费、违约金、滞纳金、延期付款利息、赔偿金、代收款项、代垫款项、包装费、包装物租金、储备费、优质费、运输装卸费以及其他各种性质的价外收费。

税务风险

企业销售货物，除了收取销货款外，有时候还会收取其他费用，比如，向购货方收取的手续费、贴现息等，这些费用缴纳营业税还是增值税？还是无需缴税呢？

货物销售活动中，销售方向购买方收取的价外费用，应作为销售额的组成部分，按规定计算缴纳增值税。该公司向购货单位收取的贴现息、延期付款利息，均应作为价外费用处理，按销售货物的适用税率17%计算缴纳增值税：(11 202.26＋11 062.68)/(1＋17%)×17%＝3 235.08元。

销售方可以向购买方开具销售发票，若购买方为一般纳税人，可开具增值税专用发票，“货物或应税劳务名称”一栏可以填写“贴现息”、“延期付款利息”等价外费用项目（国家税务总局网站2012年8月22日纳税服务司解释），购买方可凭票抵扣。

自查切入点

财务费用、营业外收入、往来账等科目、营业税发票

相关阅读

1. 价外费用不计算缴纳任何税费或者错交营业税的现象非常普遍，应当引起纳税人的重视。

2. 价外费用与平销返利不同，价外费用应计提销项税额，而平销返利是冲减进项税额。

案例43

增值税应税项目错交营业税的税务风险（三）

案例资料

某商贸公司销售空调的同时负责安装，该公司销售空调缴纳增值税，安装空调缴纳营业税。

税收政策

1.《中华人民共和国增值税暂行条例实施细则》第五条规定：一项销售行为如果既涉及货物又涉及非增值税应税劳务，为混合销售行为。除本细则第六条的规定外，从事货物的生产、批发或者零售的企业、企业性单位和个体工商户的混合销售行为，视为销售货物，应当缴纳增值税；其他单位和个人的混合销售行为，视为销售非增值税应税劳务，不缴纳增值税。本条第一款所称非增值税应税劳务，是指属于应缴营业税的交通运输业、建筑业、金融保险业、邮电通信业、文化体育业、娱乐业、服务业税目征收范围的劳务。本条第一款所称从事货物的生产、批发或者零售的企业、企业性单位和个体工商户，包括以从事货物的生产、批发或者零售为主，并兼营非增值税应税劳务的单位和个体工商户在内。

2.《中华人民共和国增值税暂行条例实施细则》第六条规定：纳税人的下列混合销售行为，应当分别核算货物的销售额和非增值税应税劳务的营业额，并根据其销售货物的销

售额计算缴纳增值税，非增值税应税劳务的营业额不缴纳增值税；未分别核算的，由主管税务机关核定其货物的销售额：（1）销售自产货物并同时提供建筑业劳务的行为；（2）财政部、国家税务总局规定的其他情形。

3.《中华人民共和国增值税暂行条例实施细则》第七条规定：纳税人兼营非增值税应税项目的，应分别核算货物或者应税劳务的销售额和非增值税应税项目的营业额；未分别核算的，由主管税务机关核定货物或者应税劳务的销售额。

税务风险

商贸公司销售空调同时负责安装，属于《中华人民共和国增值税暂行条例实施细则》第五条规定的混合销售行为，不属于第六条规定的特殊情形，也不属于兼营非增值税应税项目，应当缴纳增值税，不缴纳营业税。

自查切入点

主营业务收入、其他业务收入等科目、营业税发票

相关阅读

1. 该企业混淆了混合销售和兼营非增值税应税项目，混合销售和兼营非增值税应税项目的区别，见下表。

表 3-22　混合销售和兼营非增值税应税项目的区别

混合销售行为	兼营非增值税应税项目
销售货物和提供非增值税应税劳务是在同一项销售行为中发生的	销售货物或应税劳务和提供非应税劳务是纳税人经营范围中的两种经营项目，不在同一项销售行为中发生
销售货物和提供非增值税应税劳务的价款是同时从一个购买方取得的	销售货物或应税劳务和提供非应税劳务不是同时发生在同一购买者身上，价款要向两个以上的购买者收取
按经营主业只征收一种税，或征增值税或征营业税，特殊情况除外[①]	分别核算，分别征收增值税和营业税，未分别核算的，由主管税务机关核定货物或者应税劳务的销售额

注①：特殊情况，是指在混合销售行为中的特殊规定：

1. 销售自产货物并同时提供建筑业劳务的行为，应当分别核算货物的销售额和非增值税应税劳务的营业额，并根据其销售货物的销售额计算缴纳增值税，非增值税应税劳务的营业额不缴纳增值税；未分别核算的，由主管税务机关核定其货物的销售额。

2. 电信单位（电信局及电信局批准的其他从事电信业务的单位）自己销售无线寻呼机、移动电话，并为客户提供有关的电信劳务服务的，属于混合销售，征收营业税；对单纯销售无线寻呼机、移动电话，不提供有关的电信劳务服务的，征收增值税。

2. 混合销售行为怎样开具发票，也是纳税人比较关注的问题。混合销售行为中的非增值税业务可以开在“货物及应税劳务名称”一栏吗？接收发票方可以抵扣吗？

纳税人混合销售行为（一项销售行为如果既涉及货物又涉及非增值税应税劳务）是一

种特殊的销售方式，比如销售一批商品同时提供运输、装卸等劳务，按照增值税暂行条例规定需要缴纳增值税。由于增值税一般纳税人的销售货物和提供非增值税应税劳务是同时发生的，因此，只有将销售货物和提供非增值税应税劳务同时开在一张发票上才能体现混合销售行为的完整性，增值税专用发票“货物及应税劳务名称”不能单独开具运输费、装卸费等非增值税应税劳务，否则就属于未按规定开具发票，这类增值税专用发票是不允许抵扣的。

案例44

营业税应税项目错交增值税的税务风险

案例资料

某企业生产销售铝合金门窗并负责安装，该企业按照混合销售一并开具增值税发票，缴纳了增值税。

税收政策

税收政策与例43相同，另外，与《中华人民共和国增值税暂行条例实施细则》第五条和第六条内容相对应，《中华人民共和国营业税暂行条例实施细则》（财政部、国家税务总局第52号令）第六条和第七条也有相似规定：

1.《中华人民共和国营业税暂行条例实施细则》（财政部 国家税务总局第52号令）第六条规定：一项销售行为如果既涉及应税劳务又涉及货物，为混合销售行为。除本细则第七条的规定外，从事货物的生产、批发或者零售的企业、企业性单位和个体工商户的混合销售行为，视为销售货物，不缴纳营业税；其他单位和个人的混合销售行为，视为提供应税劳务，缴纳营业税。第一款所称货物，是指有形动产，包括电力、热力、气体在内。第一款所称从事货物的生产、批发或者零售的企业、企业性单位和个体工商户，包括以从事货物的生产、批发或者零售为主，并兼营应税劳务的企业、企业性单位和个体工商户在内。

2.《中华人民共和国营业税暂行条例实施细则》第七条规定：纳税人的下列混合销售行为，应当分别核算应税劳务的营业额和货物的销售额，其应税劳务的营业额缴纳营业税，货物销售额不缴纳营业税；未分别核算的，由主管税务机关核定其应税劳务的营业额：（1）提供建筑业劳务的同时销售自产货物的行为；（2）财政部、国家税务总局规定的其他情形。

3.《国家税务总局关于纳税人销售自产货物并同时提供建筑业劳务有关税收问题的公告》（国家税务总局公告2011年第23号）规定：

纳税人销售自产货物同时提供建筑业劳务，应按照《中华人民共和国增值税暂行条例实施细则》第六条及《中华人民共和国营业税暂行条例实施细则》第七条规定，分别核算其货物的销售额和建筑业劳务的营业额，并根据其货物的销售额计算缴纳增值税，根据其建筑业劳务的营业额计算缴纳营业税。未分别核算的，由主管税务机关分别核定其货物的销售额和建筑业劳务的营业额。

纳税人销售自产货物同时提供建筑业劳务，须向建筑业劳务发生地主管地方税务机关提供其机构所在地主管国家税务机关出具的本纳税人属于从事货物生产的单位或个人的证明。建筑业劳务发生地主管地方税务机关根据纳税人持有的证明，按本公告有关规定计算征收营业税。

税务风险

该企业将生产铝合金门窗并负责安装的业务作为混合销售是正确的，但是该企业忽视了关于混合销售的特殊规定，即：销售自产货物并同时提供建筑业劳务的行为需要分别核算货物的销售额和非增值税应税劳务的营业额，并根据其销售货物的销售额计算缴纳增值税，非增值税应税劳务的营业额缴纳营业税。因此，该企业应将门窗价款和安装费用分别核算，门窗价款缴纳增值税，开具增值税发票；安装费缴纳营业税，应开具建筑业发票。

若该企业自已不生产铝合金门窗，而只是销售铝合金门窗并负责安装，则不属于销售自产货物并同时提供建筑业劳务的行为，就应该适用混合销售的一般规定一并缴纳增值税了。差别就在于税法中的“自产”两个字。

自查切入点

主营业务收入等科目，增值税发票

相关阅读

1. 学习税法要全面，关注一般规定的同时，更要关注特殊规定。

2. 纳税人销售自产货物同时提供建筑业劳务，应合理划分货物销售收入和建筑业劳务收入，不出现明显异常。如果不合理划分收入，销售货物价格明显偏低，而建筑业劳务收入明显偏高，实际的结果往往是按照偏高的营业收入缴纳了营业税后，又被国税机关因为销售货物价格明显偏低，根据《中华人民共和国增值税暂行条例》第七条和《中华人民共和国增值税暂行条例实施细则》第十六条的相关规定对销售价格进行核定，补缴增值税税款，同时按照征管法的相关规定进行处罚。

3. 纳税人销售自产货物同时提供建筑业劳务，应区别货物生产用物资和建筑业劳务耗用物资，专门用于建筑业劳务而购进辅助材料、工具或者设备的进项税额不能抵扣，不得当做生产货物用原材料抵扣进项税额。例如安装门窗时，需要使用胶水、螺钉、打孔枪等材料工具的进项税额不得从销项税额中抵扣。

4. 纳税人销售自产货物同时提供建筑业劳务，须向建筑业劳务发生地主管地方税务机关提供其机构所在地主管国家税务机关出具的本纳税人属于从事货物生产的单位或个人的证明。如果没有按要求提供证明是自产货物，税务机关会按照增值税、营业税条例及细则规定，判断缴纳增值税还是营业税，纳税人可能会多缴税款。

案例45

超过小规模纳税人标准不认定

案例资料

甲公司为增值税一般纳税人，甲公司60%左右的产品销售给一般纳税人企业，40%左右的产品销售给小规模纳税人企业和非增值税企业，适用的增值税税率为17%。

节税筹划前，甲公司的产品销售给一般纳税人企业和销售给小规模纳税人企业和非增值税企业，适用的增值税税率均为17%，而能够抵扣的进项税额比较少，增值税税负在8%左右，税负较重。

考虑到小规模纳税人和非增值税企业一般不需要取得增值税专用发票，而小规模纳税人销售自产品的征收率为3%，所以甲公司的筹划方案是，成立一家子公司，子公司负责将产品销售给小规模纳税人企业和非增值税企业，开具普通发票，而甲公司负责销售给一般纳税人企业，开具增值税发票，这样甲公司40%左右的产品销售业务将使增值税税负下降为3%。

假设某建筑公司向甲公司购入产品58.5万元（含税价），甲公司实现的销售收入为58.5/1.17=50万元，需缴纳增值税17万元。若成立子公司后，因建筑公司不需要增值税专用发票，将由子公司向该建筑公司销售产品58.5万元（含税价），甲公司实现的销售收入为58.5/1.03=56.8万元，需缴纳增值税56.8×3%=1.7万元。以相同的销售额58.5万元计算，设立子公司后可少缴增值税17-1.70=15.3万元。

税收政策

《中华人民共和国增值税暂行条例实施细则》第三十四条规定，纳税人销售额超过小规模纳税人标准（工业50万元、商业80万元），未申请办理一般纳税人认定手续的，应按销售额依照增值税税率计算应纳税额，不得抵扣进项税额，也不得使用增值税专用发票。

税务风险

甲公司的节税筹划方案看似巧妙，实际上是行不通的。这是因为公司财务人员没有仔细研读税法，对税法理解不透造成的。

根据《中华人民共和国增值税暂行条例实施细则》第三十四条规定，子公司的销售额一旦超过50万元而未申请办理一般纳税人资格，其子公司的销售将按17%征收增值税，不得抵扣进项税额，增值税税负率将达17%。

自查切入点

主营业务收入、其他业务收入等科目，视同销售项目

相关阅读

1.《增值税一般纳税人资格认定管理办法》（国家税务总局令第22号）第三条第二款规定：本办法所称年应税销售额，是指纳税人在连续不超过12个月的经营期内累计应征增值税销售额，包括免税销售额。

2.《国家税务总局关于明确〈增值税一般纳税人资格认定管理办法〉若干条款处理意见的通知》（国税函〔2010〕139号）第一条规定：认定办法第三条所称年应税销售额，包括纳税申报销售额、稽查查补销售额、纳税评估调整销售额、税务机关代开发票销售额和免税销售额。稽查查补销售额和纳税评估调整销售额计入查补税款申报当月的销售额，不计入税款所属期销售额。

3. 国税函〔2010〕139号文件第二条规定：认定办法第三条所称经营期，是指在纳税人存续期内的连续经营期间，含未取得销售收入的月份。

4. 大家一定要注意两点：1. 经营期是指连续不超过12个月，而不是1个纳税年度；2. 应税销售额包括纳税申报销售额、稽查查补销售额、纳税评估调整销售额、税务机关代开发票销售额和免税销售额。

案例46

兼营免税项目不分开核算的税务风险

案例资料

甲公司为增值税一般纳税人，增值税税率为17%，生产免税产品也生产应税产品，2月份销售收入为1 000万元（免税产品占60%、应税产品占40%），购入原材料600万元，进项税额为102万元，均无法准确划分不得抵扣的进项税额，无上期留抵税额。销售额未分别核算。本期应纳增值税额＝1 000×17%－102＝68万元。

税收政策

1.《中华人民共和国增值税暂行条例》第十六条规定：纳税人兼营免税、减税项目的，应当分别核算免税、减税项目的销售额；未分别核算销售额的，不得免税、减税。

2.《中华人民共和国增值税暂行条例实施细则》第二十六条规定：一般纳税人兼营免税项目或者非增值税应税劳务而无法划分不得抵扣的进项税额的，按下列公式计算不得抵扣的进项税额：

不得抵扣的进项税额＝当月无法划分的全部进项税额
×当月免税项目销售额、非增值税应税劳务营业额合计
÷当月全部销售额、营业额合计

税务风险

该企业若将销售额分别核算，则：

本期应纳增值税额＝1 000×40％×17％－(102－102×60％)
＝27.2(万元)

通过比较可以很清楚地知道，分别核算比未分别核算少缴 40.8 万元（68－27.2）增值税。

自查切入点

主营业务收入、库存商品、原材料等科目

案例47

兼营非增值税应税劳务不分开核算的税务风险

案例资料

乙公司从事装饰材料销售业务，并兼营装饰装修业务，7 月份销售装饰材料取得不含税收入 100 万元，装饰装修业务收入 40 万元，本月允许抵扣的进项税额 10 万元。

若乙公司分开核算销售额，应缴纳增值税＝100×17％－10＝7 万元，应缴纳营业税＝40×3％＝1.2 万元，共缴纳税款 8.2 万元。

若乙公司没有分开核算销售额，则由主管税务机关核定货物或者应税劳务的销售额，假设主管国税局对装饰材料不含税销售额核定为 105 万元，主管地税务局对装饰装修营业额核定为 45 万元，那么乙公司应缴纳增值税 105×17％－10＝7.85 万元，计算营业税 45×3％＝1.35 万元，共缴纳税款 9.2 万元。不分开核算比分开核算多缴纳税款 9.2－8.2＝1 万元。

税收政策

《中华人民共和国增值税暂行条例实施细则》第七条规定：纳税人兼营非增值税应税项目的，应分别核算货物或者应税劳务的销售额和非增值税应税项目的营业额；未分别核算的，由主管税务机关核定货物或者应税劳务的销售额。

税务风险

原政策规定，纳税人兼营销售货物、增值税应税劳务和营业税应税劳务应分别核算销售额和营业额，不分别核算或不能准确核算的，应一并征收增值税，是否应一并征收增值税由国家税务总局确定。而新政策规定兼营非增值税应税劳务不分别核算也分别纳税，对此，似乎分开核算已经失去意义，但是，在此还是建议大家分开核算，以免国税主管税务机关核定货物或者应税劳务的销售额过高，地税主管税务机关核定非增值税应税项目的营业额也过高，而多缴税款。

从本案例可见，兼营业务还是应该分开核算，缴税要缴得明明白白，别稀里糊涂地多缴了税。

自查切入点

主营业务收入、其他业务收入、库存商品、原材料等科目

案例48

兼营免税项目或者非增值税应税劳务不得抵扣进项税额计算错误的税务风险

案例资料

甲公司为增值税一般纳税人，增值税税率为17%，生产免税产品也生产应税产品，销售额分别核算，2月份免税产品销售收入600万元，应税产品销售收入400万元，为生产应税产品购进的原料进项税额为30万元，为生产免税产品购进的原料进项税额为40万元，既可用于生产应税产品又可用于生产免税产品购进的原料进项税额为32万元，无上期留抵税额。甲公司计算本期应纳增值税额＝400×17%－(102－102×60%)＝27.2万元。

税收政策

《中华人民共和国增值税暂行条例实施细则》第二十六条规定，见案例46。

税务风险

甲公司计算应纳增值税额不正确，因为不得抵扣的进项税额计算有误，不得抵扣的进项税额应当以“当月无法划分的全部进项税额”为基础计算，而甲公司却按照“当月全部进项税额”为基础计算，多计算了“不得抵扣的进项税额”，多缴纳了增值税。

正确的计算方法是：

不得抵扣的进项税额＝32×600÷1 000＝19.2(万元)

本期应纳增值税额＝400×17%－(102－19.2)＝－14.8(万元)

企业本月留抵税额14.8万元，多缴纳增值税27.2万元。

自查切入点

进项税额转出明细科目

案例49

纳税人销售自己使用过的固定资产、旧货、其他物品等缴纳增值税的税务风险

案例资料

许多企业销售旧设备，未申报缴纳增值税；也有的企业虽然申报缴纳增值税，但是税率选择不正确；还有的企业本应开具普通发票的却开具了专用发票。这些处理方法都给企业带来一定的税务风险。

税收政策

《关于增值税简易征收政策有关管理问题的通知》（国税函〔2009〕90号）规定：

1. 关于纳税人销售自己使用过的固定资产。

（1）一般纳税人销售自己使用过的固定资产，凡根据《财政部、国家税务总局关于全国实施增值税转型改革若干问题的通知》（财税〔2008〕170号）和财税〔2009〕9号文件等规定，适用按简易办法4%征收率减半征收增值税政策的，应开具普通发票，不得开具增值税专用发票。

（2）小规模纳税人销售自己使用过的固定资产，应开具普通发票，不得由税务机关代开增值税专用发票。

2. 纳税人销售旧货，应开具普通发票，不得自行开具或者由税务机关代开增值税专用发票。

3. 一般纳税人销售货物适用财税〔2009〕9号文件第二条第（三）项、第（四）项和第三条规定的，可自行开具增值税专用发票。

税务风险

关于纳税人销售自己使用过的固定资产、旧货、其他物品等业务，其税务处理、发票开具类型和计税公式等问题比较复杂，涉及税法政策较多，在实务中容易混淆，稍有不慎就会给纳税人带来税务风险。为了便于大家掌握，特根据国税函〔2009〕90号、财税〔2008〕170号和财税〔2009〕9号等文件，总结如下：

表3-23　　销售自己使用过的固定资产、旧货、其他物品疑难问题汇总表

纳税人	销售情形	税务处理	发票类型	计税公式
一般纳税人	《增值税暂行条例》第十条规定不得抵扣且未抵扣进项税额、2009年1月1日后购进应抵扣而未抵扣的固定资产	按简易办法依4%征收率减半征收增值税	增值税普通发票（税率一栏按4%）	增值税＝售价/(1＋4%)×4%×50%

续表

纳税人	销售情形	税务处理	发票类型	计税公式
一般纳税人	2009年1月1日前购进或者自制的固定资产	按简易办法：按照4%征收率减半征收增值税	增值税普通发票（税率一栏按4%）	增值税＝售价/(1＋4%)×4%×50%
	2009年1月1日后购进或者自制的进项税额已抵扣的固定资产	按照适用税率征收增值税	增值税专用发票（税率一栏按适用税率）	增值税＝售价/(1＋17%)×17%（假设适用税率为17%）
	销售自己使用过的除固定资产以外的其他物品	按照适用税率征收增值税		
	销售旧货	按照简易办法依照4%征收率减半征收	增值税普通发票（税率一栏按4%）	增值税＝售价/(1＋4%)×4%×50%
小规模纳税人（除其他个人外）	销售旧货	按照简易办法依照4%征收率减半征收	普通发票	增值税＝售价/(1＋3%)×4%×50%
	销售自己使用过的固定资产（不区分购进年限）	按2%的征收率征收增值税	普通发票，不得代开增值税专用发票	增值税＝售价/(1＋3%)×2%
	销售自己使用过的除固定资产以外的其他物品	减按3%征收率征收增值税		增值税＝售价/(1＋3%)×3%

注：旧货，是指进入二次流通的具有部分使用价值的货物（含旧机动车、旧摩托车和旧游艇），但不包括使用过的物品。

自查切入点

固定资产清理、营业外收入、应交税费等科目，增值税发票

案例50

增值税发票不及时认证的税务风险

案例资料

很多企业有开具发票后在收到货款前不交给购货方发票的习惯，而一些购货方财务人员也为了调节税负在收到发票后不及时认证抵扣，也有的业务员不及时把取得的发票交给财务人员，这些习惯都有可能会对企业产生税收风险。

目前增值税专用发票已建立了严密的监控机制，总局定期把滞留票信息下发到基层进行核查，防止纳税人为隐瞒销售收入不抵扣进项税额的行为，因此，建议纳税人收到专用发票后及时认证。

税收政策

1.《国家税务总局关于调整增值税扣税凭证抵扣期限有关问题的通知》(国税函〔2009〕617号)规定,增值税一般纳税人取得2010年1月1日以后开具的增值税专用发票、公路内河货物运输业统一发票和机动车销售统一发票,应在开具之日起180日内到税务机关办理认证,并在认证通过的次月申报期内,向主管税务机关申报抵扣进项税额。

2.《国家税务总局关于增值税一般纳税人取得防伪税控系统开具的增值税专用发票进项税额抵扣问题的通知》(国税发〔2003〕17号)规定,增值税一般纳税人认证通过的防伪税控系统开具的增值税专用发票,应在认证通过的当月按照增值税有关规定核算当期进项税额并申报抵扣,否则不予抵扣进项税额。

3.《国家税务总局关于修订〈增值税专用发票使用规定〉的通知》(国税发〔2006〕156号)规定,一般纳税人取得专用发票后,发生销货退回、开票有误等情形但不符合作废条件的,或者因销货部分退回及发生销售折让的,购买方应向主管税务机关填报《开具红字增值税专用发票申请单》。《申请单》所对应的蓝字专用发票应经税务机关认证。主管税务机关对一般纳税人填报的《申请单》进行审核后,出具《开具红字增值税专用发票通知单》,销售方凭购买方提供的《通知单》开具红字专用发票,在防伪税控系统中以销项负数开具。购买方必须暂依《通知单》所列增值税税额从当期进项税额中转出,未抵扣增值税进项税额的可列入当期进项税额,待取得销售方开具的红字专用发票后,与留存的《通知单》一并作为记账凭证。

税务风险

根据上述规定,有两种税务风险:

1. 在不发生退货的情况下,购货方会因为发票超过180天认证期限未认证而无法抵扣,多缴纳增值税款。

2. 在不发生退货的情况下,购货方会因为发票超过180天认证期限未认证而无法认证,不得申请出具《通知单》,不可将发票退回,销货方也不可以作废或冲红后重新开具,造成购销两方均多缴纳增值税款。

自查切入点

增值税专用发票

相关阅读

1. 铁路货运发票和农产品收购发票计算抵扣进项税额有没有180天的申报抵扣期限?

税法只是对增值税专用发票、公路内河货物运输业统一发票和机动车销售统一发票、海关进口增值税专用缴款书的进项税额申报抵扣期限进行了规定,对铁路货运发票、农产品收购发票等其他抵扣凭证并没有作出规定,因此,铁路货运发票、农产品收购发票计算抵扣进项税额没有180天的申报抵扣期限。

2. 具有申报抵扣期限的几类发票规定:

增值税一般纳税人取得增值税专用发票、公路内河货物运输业统一发票和机动车销售统一发票，应在开具之日起 180 日内认证，并在认证通过的次月申报期内，向主管税务机关申报抵扣进项税额。

未实行海关进口增值税专用缴款书“先比对后抵扣”管理办法的增值税一般纳税人取得海关进口增值税专用缴款书，应在开具之日起 180 日后的第一个纳税申报期结束以前，向主管税务机关申报抵扣进项税额。

实行海关进口增值税专用缴款书“先比对后抵扣”管理办法的增值税一般纳税人取得海关进口增值税专用缴款书，应在开具之日起 180 日内向主管税务机关报送《海关完税凭证抵扣清单》(包括纸质资料和电子数据）申请稽核比对。

CHAPTER

4 第四章 税务风险案例——消费税

消费税，是对特定消费品和消费行为在特定环节征收的一种流转税，在保证国家财政收入的稳定增长、贯彻国家产业政策和消费政策、调节消费水平、缓解社会分配不公等方面具有重要作用。

消费税实行价内税，具有以下几个特点：

1. 征收范围具有选择性，一般是选择部分消费品和消费行为征收；

2. 征收环节具有单一性，通常是在消费品生产、委托加工、进口、零售等某一环节一次征收，但卷烟在生产环节、批发环节征收两次消费税；

3. 征收方法具有灵活性，既可以采取对消费品的数量实行从量定额的征收方法，也可以实行从价定率的征收方法，还可以实行从量定额和从价定率相结合的符合计税的征收方法；

4. 税率税额具有差别性，可以根据消费品的价格水平、国家的产业政策和消费政策等情况，对不同消费品制定不同的税率、税额；

5. 税负具有转嫁性。消费税是世界各国普遍采用的一个税种，不仅是国家组织财政收入的重要手段，还具有独特的调节功能，在体现国家奖励政策、引导消费方向、调节市场供求、缓解社会成员之间分配不均等方面发挥着越来越重要的作用。

消费税与增值税既有联系又有区别：

1. 两者都是对货物征收，增值税对货物普遍征收，消费税对特定货物征收；

2. 通常情况下，两者计税依据相同。对从价征收消费税的应税消费品计征消费税和增值税销项税额的计税依据是相同的，均以不含增值税的销售额为计税依据；

3. 两者都属于流转税，都是全额征税的税种，不得从销售额中减除任何费用；

4. 两者的纳税环节不同：消费税是单一环节征收，增值税是在货物所有的流转环节道道征收；

5. 两者对企业所得税影响不同。消费税是价内税（计税依据中含消费税税额），与所得税有直接关系，增值税是价外税（计税依据中不含增值税税额），对所得税没有直接影响；

6. 消费税纳税人同时是增值税纳税人，增值税纳税人未必是消费税纳税人；

7. 两者都具有转嫁性。

消费税与增值税之间的联系容易使纳税人混淆，导致企业产生税务风险，笔者在此对企业常见的消费税税务风险点进行总结。

案例1

收取价外费用的税务风险

案例资料

某公司5月份销售酒精取得不含增值税销售额5.8万元，同时，向购货方收取手续费0.1万元，储备费0.5万元，另外代垫运费400元，运输公司将发票开给购货方。该公司申报缴纳消费税为：58 000×5%=2 900元。

税收政策

1.《中华人民共和国消费税暂行条例》（中华人民共和国国务院令第539号）第六条规定：销售额为纳税人销售应税消费品向购买方收取的全部价款和价外费用。

2.《中华人民共和国消费税暂行条例实施细则》（中华人民共和国财政部国家税务总局令第51号）第十四条规定：条例第六条所称价外费用，是指价外向购买方收取的手续费、补贴、基金、集资费、返还利润、奖励费、违约金、滞纳金、延期付款利息、赔偿金、代收款项、代垫款项、包装费、包装物租金、储备费、优质费、运输装卸费以及其他各种性质的价外收费。但下列项目不包括在内：(1) 同时符合以下条件的代垫运输费用：①承运部门的运输费用发票开具给购买方的；②纳税人将该项发票转交给购买方的。(2) 同时符合以下条件代为收取的政府性基金或者行政事业性收费：①由国务院或者财政部批准设立的政府性基金，由国务院或者省级人民政府及其财政、价格主管部门批准设立的行政事业性收费；②收取时开具省级以上财政部门印制的财政票据；③所收款项全额上缴财政。

税务风险

手续费0.1万元，储备费0.5万元应为价外费用，该公司销售酒精的计税依据=58 000+1 000÷(1+17%)+5 000÷(1+17%)=63 128元，应缴消费税=63 128×5%=3 156元。

自查切入点

其他业务收入、管理费用、其他应收款等科目

案例2

应税消费品连同包装物销售的税务风险

案例资料

某公司6月份销售化妆品一批，不含增值税价款9.2万元。随同化妆品出售包装物单独作价，共计8 000元（不含增值税）。另外，还有一批去年5月份随同产品销售的包装物押金11 700元未退回。该公司申报缴纳消费税为：92 000×30%＝2 760元。

税收政策

《中华人民共和国消费税暂行条例实施细则》第十三条规定：

应税消费品连同包装物销售的，无论包装物是否单独计价以及在会计上如何核算，均应并入应税消费品的销售额中缴纳消费税。如果包装物不作价随同产品销售，而是收取押金，此项押金则不应并入应税消费品的销售额中征税。但对因逾期未收回的包装物不再退还的或者已收取的时间超过12个月的押金，应并入应税消费品的销售额，按照应税消费品的适用税率缴纳消费税。

对既作价随同应税消费品销售，又另外收取押金的包装物的押金，凡纳税人在规定的期限内没有退还的，均应并入应税消费品的销售额，按照应税消费品的适用税率缴纳消费税。

税务风险

应税消费品连同包装物出售的，无论是否单独作价，均应并入销售额中计算消费税。因此，消费税计税依据＝92 000＋8 000＝100 000元，应纳消费税＝100 000×30%＝30 000元。

已收取的时间超过12个月的押金，应并入应税消费品的销售额，其计税依据为＝11 700÷(1＋17%)＝10 000元，应纳消费税＝10 000×30%＝3 000元。

自查切入点

周转材料、其他应付款、其他业务成本、销售费用等科目

案例3

酒类产品生产企业销售酒类产品而收取包装物押金的税务风险

案例资料

某公司6月份销售粮食白酒500千克，金额50 000元（不含增值税），同时收取包装

物押金 11 700 元。该公司申报缴纳消费税 50 000×20%+0.5×1 000=10 500 元。

税收政策

《国家税务总局关于酒类产品包装物押金征税问题的通知》（财税字〔1995〕53 号）规定：从 1995 年 6 月 1 日起，对酒类产品生产企业销售酒类产品而收取的包装物押金，无论押金是否返还与会计上如何核算，均需并入酒类产品销售额中，依酒类产品的适用税率征收消费税。

税务风险

对酒类产品生产企业销售除啤酒、黄酒以外的其他酒类产品而收取的包装物押金，无论是否返还，均应换算为不含增值税的销售额，其计税依据=50 000+11 700÷(1+17%)=60 000 元，应纳消费税=60 000×20%+0.5×1 000=12 500 元。

相关阅读

根据《中华人民共和国消费税暂行条例》的规定，对啤酒和黄酒实行从量定额的办法征收消费税，即按照应税数量和单位税额计算应纳税额，按照这一办法征税的消费品的计税依据为应税消费品的数量，而非应税消费品的销售额，征税的多少与应税消费品的数量成正比，而与应税消费品的销售金额无直接关系，因此，对酒类包装物押金征税的规定只适用于实行从价定率办法征收消费税的粮食白酒、薯类白酒和其他酒，而不适用于实行从量定额办法征收消费税的啤酒和黄酒产品。

自查切入点

周转材料、其他应付款等科目

案例 4

应税消费品视同销售的税务风险

案例资料

某公司 7 月份销售自产摩托车 100 辆（气缸容量在 250 毫升以上），每辆 2 000 元（不含增值税），共 20 万元，赞助市电视台某节目同类产品作为奖品 5 辆，每辆成本 1 000 元。该公司申报缴纳消费税 200 000×10%=20 000 元。

税收政策

1.《中华人民共和国消费税暂行条例》第四条规定：

纳税人生产的应税消费品，于纳税人销售时纳税。纳税人自产自用的应税消费品，用于连续生产应税消费品的，不纳税；用于其他方面的，于移送使用时纳税。

委托加工的应税消费品，除受托方为个人外，由受托方在向委托方交货时代收代缴税款。委托加工的应税消费品，委托方用于连续生产应税消费品的，所纳税款准予按规定抵扣。

2.《中华人民共和国消费税暂行条例实施细则》第六条规定：

条例第四条第一款所称用于连续生产应税消费品，是指纳税人将自产自用的应税消费品作为直接材料生产最终应税消费品，自产自用应税消费品构成最终应税消费品的实体。

条例第四条第一款所称用于其他方面，是指纳税人将自产自用应税消费品用于生产非应税消费品、在建工程、管理部门、非生产机构、提供劳务、馈赠、赞助、集资、广告、样品、职工福利、奖励等方面。

税务风险

将自产摩托车用于赞助，应视同销售，缴纳增值税和消费税。由于存在同类消费品，应按同类消费品的销售价格计税，应纳的消费税＝200 000×10%＋2 000×5×10%＝21 000元。

自查切入点

库存商品科目及其对应的除主营业务成本以外的借方科目

案例5

自设非独立核算的门市部消费税计税依据的税务风险

案例资料

某公司（增值税一般纳税人）6月份将生产的摩托车（气缸容量在250毫升以上）10辆，以每辆出厂价2 340元（含增值税）发/调给自设非独立核算的门市部；门市部又以每辆3 510元（含增值税）售给消费者。摩托车适用的消费税税率为10%，6月份该企业计算消费税：应纳税额＝销售额×税率＝2 340÷(1＋17%)×10×10%＝2 000元。

税收政策

《消费税若干具体问题的规定》(国税发〔1993〕156号）第三条第五项规定：纳税人通过自设非独立核算门市部销售的自产应税消费品，应当按照门市部对外销售额或者销售数量征收消费税。

税务风险

该企业应当以门市部对外销售价格作为计税依据，因此，应纳税额＝销售额×税率＝

3 510÷(1+17%)×10×10%=3 000 元。

自查切入点

库存商品、主营业务收入、应交税费等科目

案例6

换取生产资料和消费资料，投资入股和抵偿债务等方面的应税消费品的税务风险

案例资料

甲公司3月份销售给乙公司实木地板200箱，销售单价1 500元/箱，销售给丙公司同类实木地板160箱，销售单价1 600元/箱，销售给丁公司同类实木地板120箱，销售单价1 700元/箱，另外，甲公司将100箱同类实木地板发给其原材料供应商换取原材料，将50箱同类实木地板赠送给一所中学，该企业计算消费税：

平均销售价格=(1 500×200+1 600×160+1 700×120)÷(200+160+120)
=1 583.33(元)

应纳消费税=(1 500×200+1 600×160+1 700×120+100×1 583.33+50×1 583.33)×5%
=49 874.98(元)

税收政策

《消费税若干具体问题的规定》(国税发〔1993〕156号)第三条第六项规定：纳税人用于换取生产资料和消费资料，投资入股和抵偿债务等方面的应税消费品，应当以纳税人同类应税消费品的最高销售价格作为计税依据计算消费税。

税务风险

纳税人用于换取生产资料和消费资料，投资入股和抵偿债务等方面的应税消费品，应当以纳税人同类应税消费品的最高销售价格作为计税依据计算消费税，与增值税计税依据不同；纳税人将自己生产的应税消费品用于其他方面的，与增值税计税依据相同，参见表4-1。

该企业将换取原材料的同类实木地板按照平均销售价格计算消费税，不符合税法规定，应按照同类实木地板的最高销售价格计算消费税。

应纳消费税=(1 500×200+1 600×160+1 700×120+100×1 700+50×1 583.33)×5%
=50 458.33(元)

自查切入点

库存商品、原材料、主营业务收入、长期股权投资、应交税费、往来账等科目

相关阅读

应税消费品增值税、消费税的计税依据不一定相同，详见表 4-1。

表 4-1　应税消费品增值税、消费税计税依据对照表

项目	增值税	消费税组成计税价格	备注
从价计税组成计税价格	1. 销售应税消费品组成计税价格=(成本+利润)÷(1−消费税比例税率)	1. 自产自用的应税消费品组成计税价格=(成本+利润)÷(1−比例税率)	成本利润率为《消费税若干具体问题的规定》中规定的成本利润率。
	2. 进口应税消费品组成计税价格=(关税完税价格+关税)÷(1−消费税比例税率)	2. 进口的应税消费品组成计税价格=(关税完税价格+关税)÷(1−消费税比例税率)	
	3. 受托加工的应税消费品只按加工费计算增值税	3. 委托加工的应税消费品组成计税价格=(材料成本+加工费)÷(1−比例税率)	
从量计税组成计税价格	组成计税价格=成本×(1+成本利润率)+消费税税额（从量）	不用组价	成本利润率为10%
复合计税组成计税价格	1. 销售应税消费品组成计税价格=(成本+利润+销售数量×定额税率)÷(1−消费税比例税率)	1. 自产自用的应税消费品组成计税价格=(成本+利润+自产自用数量×定额税率)÷(1−比例税率)	成本利润率为《消费税若干具体问题的规定》中规定的成本利润率。
	2. 进口应税消费品组成计税价格=(关税完税价格+关税+进口数量×定额税率)÷(1−消费税比例税率)	2. 进口的应税消费品组成计税价格=(关税完税价格+关税+进口数量×消费税定额税率)÷(1−消费税比例税率)	
	3. 受托加工的应税消费品只按加工费计算增值税。	3. 委托加工的应税消费品组成计税价格=(材料成本+加工费+委托加工数量×定额税率)÷(1−比例税率)	
视同销售计税依据	纳税人有价格明显偏低并无正当理由或者有视同销售货物行为而无销售额者，按下列顺序确定销售额： ①按纳税人最近时期同类货物的平均销售价格确定； ②按其他纳税人最近时期同类货物的平均销售价格确定； ③按组成计税价格确定。	纳税人用于换取生产资料和消费资料，投资入股和抵偿债务等方面的应税消费品，应当以纳税人同类应税消费品的最高销售价格作为计税依据计算消费税。 纳税人将自己生产的应税消费品用于其他方面的，与增值税计税依据相同。	

案例7

混淆不同税率应税消费品销售的税务风险

案例资料

某公司生产销售酒类产品，故意混淆白酒和酒精的生产销售数量，将部分白酒按照酒精进行账务处理并计算缴纳消费税。

税收政策

《中华人民共和国消费税暂行条例》第三条规定：纳税人兼营不同税率的应当缴纳消费税的消费品，应当分别核算不同税率应税消费品的销售额、销售数量；未分别核算销售额、销售数量，或者将不同税率的应税消费品组成成套消费品销售的，从高适用税率。

税务风险

该公司故意混淆不同税率的白酒和酒精的生产销售数量，将税率高的白酒当做税率低的酒精进行计算消费税，造成少缴税款，应当按照高税率进行补税。

自查切入点

库存商品科目

案例8

成本利润率确定错误的税务风险

案例资料

甲企业（增值税一般纳税人）将一批成本为10 000元的自产鞭炮用于职工福利，鞭炮消费税率为15%，由于无同类产品的销售价格，企业按照组成计税价格计算增值税和消费税：

组成计税价格＝10 000×(1＋10%)÷(1－15%)＝12 941.18(元)

增值税＝12 941.18×17%＝2 200.00(元)

消费税＝12 941.18×15%＝1 941.18(元)

税收政策

1.《中华人民共和国消费税暂行条例》第七条规定：纳税人自产自用的应税消费品，

按照纳税人生产的同类消费品的销售价格计算纳税；没有同类消费品销售价格的，按照组成计税价格计算纳税。

实行从价定率办法计算纳税的组成计税价格计算公式：

组成计税价格＝(成本＋利润)÷(1－比例税率)

实行复合计税办法计算纳税的组成计税价格计算公式：

组成计税价格＝(成本＋利润＋自产自用数量×定额税率)÷(1－比例税率)

2.《中华人民共和国消费税暂行条例实施细则》第十七条规定：条例第七条所称利润，是指根据应税消费品的全国平均成本利润率计算的利润。应税消费品全国平均成本利润率由国家税务总局确定。

3.《消费税若干具体问题的规定》（国税发〔1993〕156号）第三条第二项规定：应税消费品全国平均成本利润率规定如下：

（1）甲类卷烟10%；

（2）乙类卷烟5%；

（3）雪茄烟5%；

（4）烟丝5%；

（5）粮食白酒10%；

（6）薯类白酒5%；

（7）其他酒5%；

（8）酒精5%；

（9）化妆品5%；

（10）护肤护发品5%；

（11）鞭炮、焰火5%；

（12）贵重首饰及珠宝玉石6%；

（13）汽车轮胎5%；

（14）摩托车6%；

（15）小轿车8%；

（16）越野车6%；

（17）小客车5%。

税务风险

增值税成本利润率一般为10%，而消费税成本利润率有可能大于或者小于增值税的成本利润率。在消费税成本利润率和增值税成本利润率不一致的情况下，应税消费品的组成计税价格应按照消费税成本利润率来计算。

组成计税价格＝10 000×(1＋5%)÷(1－15%)＝12 352.94(元)

增值税＝12 352.94×17%＝2 100.00(元)

消费税＝12 352.94×15%＝1 852.94(元)

企业常犯的错误有两种：一是均按增值税成本利润率10%计算组成计税价格；二是计算增值税和消费税时分别按照增值税成本利润率10%和消费税成本利润率计算组成计税价格。而正确的做法是，不管应税消费品的增值税还是消费税均按照消费税成本利润率计算组成计税价格。

自查切入点

应交税费科目

案例9

委托方以高于受托方的计税价格出售的，不属于直接出售，需按照规定申报缴纳消费税

案例资料

甲公司将委托加工的应税消费品直接出售，出售价格高于受托方的计税价格，该公司未申报缴纳消费税。

税收政策

1.《中华人民共和国消费税暂行条例实施细则》第七条规定：委托加工的应税消费品直接出售的，不再缴纳消费税。

2.《财政部、国家税务总局〈关于中华人民共和国消费税暂行条例实施细则〉有关条款解释的通知》（财法〔2012〕8号）规定：委托方将收回的应税消费品，以不高于受托方的计税价格出售的，为直接出售，不再缴纳消费税；委托方以高于受托方的计税价格出售的，不属于直接出售，需按照规定申报缴纳消费税，在计税时准予扣除受托方已代收代缴的消费税。

税务风险

财法〔2012〕8号文件是对《消费税暂行条例实施细则》有关条款的解释性文件，刚刚发布不久，还不为广大消费税纳税人所知，许多企业仍然根据《消费税暂行条例实施细则》第七条规定未申报缴纳消费税。建议企业时常关注国家税务总局网站“最新法规”、“政策解读”等栏目，及时了解最新税法，防范因税法更新而带来的税务风险。

自查切入点

委托加工物资、库存商品、主营业务收入、应交税费等科目

案例10

委托加工应税消费品的税务风险

案例资料

甲企业将150万元的原材料提供给乙企业，委托乙企业加工化妆品，加工后全部收回，甲企业支付给乙企业辅助材料和加工费50万元，其中：辅助材料款30万元，加工费20万元，乙企业代收代缴消费税＝(150＋20)÷(1－30％)×30％＝72.86万元。

税收政策

1.《中华人民共和国消费税暂行条例》第八条规定：委托加工的应税消费品，按照受托方的同类消费品的销售价格计算纳税；没有同类消费品销售价格的，按照组成计税价格计算纳税。

实行从价定率办法计算纳税的组成计税价格计算公式：

$$组成计税价格=(材料成本+加工费)\div(1-比例税率)$$

实行复合计税办法计算纳税的组成计税价格计算公式：

$$组成计税价格=\frac{材料成本+加工费+委托加工数量\times定额税率}{1-比例税率}$$

2.《中华人民共和国消费税暂行条例实施细则》第十九条规定：条例第八条所称加工费，是指受托方加工应税消费品向委托方所收取的全部费用（包括代垫辅助材料的实际成本）。

税务风险

委托加工应税消费品时，受托方收取的加工费和收到的代垫辅助材料费，应该全部计入组成计税价格中计算组价。

乙企业代收代缴消费税＝(150＋50)÷(1－30％)×30％＝85.71(万元)

相关阅读

委托加工，是指由委托方提供原料或主要材料，受托方只收取加工费和代垫部分辅助材料进行加工。

对于由受托方提供原材料生产的产品，或者受托方先将原材料卖给委托方，然后再接受加工的产品，以及由受托方以委托方名义购进原材料生产的产品，不论在财务上是否作销售处理，都不得作为委托加工产品，而应当按照销售自制产品征收增值税和消费税。

自查切入点

受托加工物资、原材料、应交税费等科目

案例11

实行复合计税办法计算纳税的组成计税价格的税务风险

案例资料

某企业（一般纳税人）用10标准箱的自产卷烟赠送给消费者，无同类当期商品价格，已知该卷烟的成本为10万元，成本利润率5%，消费税率30%，每箱定额税率150元，该企业计算消费税：

组成计税价格＝100 000×(1＋5%)÷(1－30%)＝150 000(元)

消费税＝150 000×30%＋150×10＝46 500(元)

税收政策

《中华人民共和国消费税暂行条例》第七条规定，见案例8。

税务风险

组成计税价格中不仅包含复合计税从价定率的部分，也包括从量定额的部分，正确的计算方法为：

组成计税价格＝[100 000×(1＋5%)＋150×10]÷(1－30%)

＝152 142.86(元)

消费税＝152 142.86×30%＋150×10

＝47 142.86(元)

自查切入点

应交税费等科目

案例12

白酒生产企业向商业销售单位收取“品牌使用费”的税务风险

案例资料

某白酒生产企业向商业销售单位收取“品牌使用费”，冲减管理费用，未将此品牌使用费并入白酒销售额中计算消费税。

税收政策

《国家税务总局关于酒类产品消费税政策问题的通知》（国税发〔2002〕第109号）第三条规定：白酒生产企业向商业销售单位收取的“品牌使用费”是随着应税白酒的销售而向购货方收取的，属于应税白酒销售价款的组成部分，因此，不论企业采取何种方式或以何种名义收取价款，均应并入白酒的销售额中缴纳消费税。

税务风险

根据上述规定，“品牌使用费”属于应税白酒销售价款的组成部分，应并入白酒的销售额中缴纳消费税。

自查切入点

管理费用、其他业务收入、应交税费等科目

案例13

啤酒生产企业向其关联企业的啤酒销售公司销售啤酒的税务风险

案例资料

某啤酒生产公司的财务经理对本公司消费税的一个纳税筹划方案：

税法规定，消费税属于价内税，并实行单一环节征收，一般在应税消费品的生产、委托加工、进口环节缴纳，在以后的批发、零售等环节中，由于价款中已包含消费税，因此不必缴纳消费税。

我公司现在采用的销售方式主要是直接销售，若将公司的销售部门设立成一个独立核算的销售公司，可以起到节税的目的。生产公司作为总公司，销售公司作为子公司。总公司可以较低但不违反公平交易的原则的销售价格将公司产品销售给销售公司，再由销售公司实现对外销售。这样总公司可以降低销售额，减少缴纳消费税，而销售公司处在销售环节，只缴纳增值税，不缴纳消费税。这样可以降低整体消费税税负，但整体增值税税负不变。

另外，这样还可以增加一道营业收入，在整个利益集团的利润总额并未改变的前提下，招待费、广告费等费用限额扣除的标准可同时获得提高，还可以少缴纳企业所得税。

该财务经理对自己的筹划方案能起到消费税、企业所得税同时节税的效果非常满意。

税收政策

《国家税务总局关于啤酒计征消费税有关问题的批复》（国税函〔2002〕166号）对啤

酒生产企业销售的啤酒，不得以向其关联企业的啤酒销售公司销售的价格作为确定消费税税额的标准，而应当以其关联企业的啤酒销售公司对外的销售价格（含包装物及包装物押金）作为确定消费税税额的标准，并依此确定该啤酒消费税单位税额。

自查切入点

关联方啤酒销售公司的主营业务收入、库存商品等科目

税务风险

该筹划方案看似完美，实则行不通，其对企业所得税的节税效果是没有问题的，但是对消费税不仅没有节税效果，反而产生了不小的税务风险。因为根据上述税法规定，啤酒生产企业销售的啤酒，应当以其关联企业的啤酒销售公司对外的销售价格（含包装物及包装物押金）作为确定消费税税额的标准，并依此确定该啤酒消费税单位税额，而不是以向其关联企业的啤酒销售公司销售的价格作为确定消费税税额的标准。企业整体消费税税负并无改变。

案例14

啤酒集团内部企业间销售（调拨）啤酒液的税务风险

案例资料

某啤酒公司会计咨询：我们是一家大型啤酒企业集团公司，生产公司将啤酒液调拨给啤酒销售公司，由销售公司再进行罐装对外销售。最近，税务机关在对集团公司进行税务检查时，不仅要对生产公司调拨给销售公司的啤酒液征收一道消费税，而且还要对销售公司对外销售的啤酒成品再征收一道消费税，这不是重复征收消费税吗？税务机关这样做对吗？

税收政策

《国家税务总局关于啤酒集团内部企业间销售（调拨）啤酒液征收消费税问题的批复》（国税函〔2003〕382号）规定：

1. 啤酒生产集团内部企业间调拨销售的啤酒液，应由啤酒液生产企业按现行规定申报缴纳消费税。

2. 购入方企业应依据取得的销售方销售啤酒液所开具的增值税专用发票上记载的销售数量、销售额、销售单价确认销售方啤酒液适用的消费税单位税额，单独建立外购啤酒液购入使用台账，计算外购啤酒液已纳消费税额。

3. 购入方使用啤酒液连续灌装生产并对外销售的啤酒，应依据其销售价格确定适用单位税额计算缴纳消费税，但其外购啤酒液已纳的消费税额，可以从其当期应纳消费税额

中抵减。

税务风险

根据上述政策，税务机关的的做法是正确的。这并不会造成重复征税，因为其外购啤酒液已纳的消费税额，可以从其当期销售啤酒的应纳消费税额中抵减。

自查切入点

原材料、库存商品、应交税费等科目

案例15

啤酒消费税单位税额确定的税务风险

案例资料

甲公司7月份销售啤酒300吨，销售价格为2 900元/吨，随同啤酒出售包装物单独作价共计40 000元（不含增值税），另外提供可供重复使用的塑料周转箱，收取押金30 000元。甲公司计算消费税：

出厂价格＝2 900元/吨

应交消费税＝220×300＝66 000(元)

乙公司7月份销售啤酒500吨，销售价格为2 800元/吨，随同啤酒出售包装物单独作价共计60 000元（不含增值税），另外提供可供重复使用的塑料周转箱，收取押金50 000元。乙公司计算消费税：

出厂价格＝(2 800× 500＋60 000＋50 000)÷ 500＝3 020(元/吨)

应交消费税＝250× 500＝125 000(元)

税收政策

1.《财政部、国家税务总局关于调整酒类产品消费税政策的通知》（财税〔2001〕84号）第四条规定：

（1）每吨啤酒出厂价格（含包装物及包装物押金）在3 000元（含3 000元，不含增值税）以上的，单位税额250元/吨；

（2）每吨啤酒出厂价格在3 000元（不含3 000元，不含增值税）以下的，单位税额220元/吨。

（3）娱乐业、饮食业自制啤酒，单位税额250元/吨。

2.《财政部 国家税务总局关于明确啤酒包装物押金消费税政策的通知》（财税〔2006〕20号）、《财政部、国家税务总局关于调整酒类产品消费税政策的通知》（财税〔2001〕84号）规定啤酒消费税单位税额按照出厂价格（含包装物及包装物押金）划分档次，上述包装物押金不包括供重复使用的塑料周转箱的押金。

税务风险

从上述规定可以看出，每吨啤酒出厂价格包含包装物及包装物押金，但是不包含供重复使用的塑料周转箱的押金。

甲公司未将包装物及包装物押金并入出厂价格中，而乙公司虽然考虑了包装物及包装物押金，却将本不属于出厂价格的可供重复使用的塑料周转箱的押金也并入了出厂价格，造成甲、乙公司计税单位税额确定错误，导致甲公司少交消费税，乙公司多交消费税。正确的计算方法为：

甲公司：

出厂价格＝(2 900×300＋40 000)÷300＝3 033.33(元/吨)

应交消费税＝250×300＝75 000(元)

乙公司：

出厂价格＝(2 800× 500＋60 000)÷ 500＝2 920(元/吨)

应交消费税＝220× 500＝110 000(元)

自查切入点

其他应收款、其他业务收入、周转材料、库存商品、应交税费等科目

案例16

卷烟消费税计算的税务风险

案例资料

××牌卷烟由税务机关核定调拨价格为 40 元/条。

甲卷烟生产企业销售××牌卷烟 200 条，销售额 10 000 元，增值税 1 700 元，企业按照单位销售价格 50 元/条，确定××牌卷烟适用税率为 45%，并依实际销售额 10 000 元与税率 45%计算消费税。

乙卷烟生产企业销售××牌卷烟 200 条，销售额 6 000 元，增值税 1 020 元，企业按照单位销售价格 30 元/条，确定××牌卷烟适用税率为 30%，并依实际销售额 6 000 元与税率 30%计算消费税。

税收政策

1.《财政部 国家税务总局关于调整烟类产品消费税政策的通知》（财税〔2001〕91 号）规定：卷烟消费税税率由《中华人民共和国消费税暂行条例》规定的比例税率调整为定额税率和比例税率。税率具体调整如下：

（一）定额税率：每标准箱（50 000 支，下同）150 元。

（二）比例税率：

1. 每标准条（200 支，下同）调拨价格在 50 元（含 50 元，不含增值税）以上的卷烟税率为 45%。

2. 每标准条调拨价格在 50 元（不含增值税）以下的卷烟税率为 30%。

3. 下列卷烟一律适用 45%的比例税率：

——进口卷烟

——白包卷烟

——手工卷烟

——自产自用没有同牌号、规格调拨价格的卷烟

——委托加工没有同牌号、规格调拨价格的卷烟

——未经国务院批准纳入计划的企业和个人生产的卷烟

2.《国家税务总局关于卷烟消费税计税依据有关问题的通知》（国税函〔2009〕271 号）卷烟工业环节纳税人销售的卷烟，应按实际销售价格申报纳税，实际销售价格低于最低计税价格的，按照最低计税价格申报纳税。

税务风险

甲企业××牌卷烟实际销售单价为 50 元/条，看似适用税率为 45%，但是消费税适用税率的确定标准为调拨价格，××牌卷烟由税务机关核定调拨价格为 40 元/条，所以适用税率应为 30%，企业多缴纳消费税 10 000×45%－10 000×30%＝1 500 元。

乙企业××牌卷烟实际销售单价为 30 元/条，每标准条调拨价格在 50 元（不含增值税）以下的卷烟税率为 30%，所以适用税率应为 30%，但是该卷烟的调拨价格为 40 元，因此企业不能以实际销售额 6 000 元计算消费税，应当按照调拨价格计算，企业少缴纳消费税 40×200×30%－6 000×30%＝600 元。

自查切入点

库存商品、主营业务收入、应交税费等科目

相关阅读

卷烟消费税的税务风险，一是税率确定，二是计税依据确定。

与卷烟计税依据税务风险相似，白酒的计税依据也是按照最低计税价格和实际销售价格的较大者确定。《国家税务总局关于加强白酒消费税征收管理的通知》（国税函〔2009〕380 号）附件《白酒消费税最低计税价格核定管理办法（试行）》规定：

白酒生产企业销售给销售单位的白酒，生产企业消费税计税价格低于销售单位对外销售价格（不含增值税，下同）70%以下的，税务机关应核定消费税最低计税价格。

已核定最低计税价格的白酒，生产企业实际销售价格高于消费税最低计税价格的，按实际销售价格申报纳税；实际销售价格低于消费税最低计税价格的，按最低计税价格申报纳税。

CHAPTER

5 第五章 税务风险案例——营业税

营业税，是对在中国境内提供应税劳务、转让无形资产或销售不动产的单位和个人，就其所取得的营业额征收的一种税。营业税属于流转税制中的一个主要税种。

营业税具有以下几个特点：

1. 征税范围广、税源普遍。

营业税的征税范围包括在中国境内提供应税劳务、转让无形资产和销售不动产的经营行为，涉及国民经济中第三产业这一广泛的领域。第三产业直接关系着城乡人民群众的日常生活，因而营业税的征税范围具有广泛性和普遍性。

2. 以营业额为计税依据，计算方法简便。

营业税的计税依据为各种应税劳务收入的营业额、转让无形资产的转让额、销售不动产的销售额，三者统称为营业额，税收收入不受成本、费用高低影响，收入比较稳定。营业税实行比例税率，计征方法简便。

3. 按行业设计税目税率。

营业税与其他流转税税种不同，它不按商品或征税项目的种类、品种设置税目、税率，而是从应税劳务的综合性经营特点出发，按照不同经营行业设计不同的税目、税率，即行业相同，税目、税率相同；行业不同，税目、税率不同。

2011 年 10 月 26 日，中国国务院常务会议决定，为进一步解决货物和劳务税制中的重复征税问题，完善税收制度，支持现代服务业发展，从 2012 年 1 月 1 日起，在部分地区和行业开展深化增值税制度改革试点，逐步将征收营业税的行业改为征收增值税。因此，本章所涉及案例不包括营业税改增值税试点地区和行业。

由于大部分省市尚未实行营改增，营业税仍然属于目前比较重要的一个税种，对其税务风险仍然不可小视，因此，笔者仍然对部分行业的营业税常见税务风险进行了梳理，以帮助广大营业税纳税人在实际工作中规避税务风险。

案例1

企业将自有资金或银行借款无偿转借他人使用的税务风险

案例资料

某企业将自有资金或银行借款无偿提供给关联企业使用，未申报缴纳营业税。

税收政策

《中华人民共和国税收征收管理法》第三十六条规定：企业或者外国企业在中国境内设立的从事生产、经营的机构、场所与其关联企业之间的业务往来，应当按照独立企业之间的业务往来收取或者支付价款、费用；不按照独立企业之间的业务往来收取或者支付价款、费用，而减少其应纳税的收入或者所得额的，税务机关有权进行合理调整。

税务风险

企业将自有资金或银行借款无偿转借他人，实质上是将企业获得的利益转赠他人的一种行为，根据上述政策，税务部门有权按银行同期借款利率核定其转借收入，并就其适用《营业税暂行条例》按金融业税目征收营业税。

自查切入点

其他应收款、银行存款等科目

相关阅读

1. 企业将银行借款无偿转借他人使用，在企业所得税上也存在税务风险。

《中华人民共和国企业所得税法》第八条规定，企业实际发生的与取得收入有关的、合理的支出，包括成本、费用、税金、损失和其他支出，准予在计算应纳税所得额时扣除。据此，企业将银行借款无偿让渡给另外一家企业使用，所支付的利息与取得收入无关，应调增应税所得额。

2. 企业将自有资金无偿转借他人使用，未取得利息收入，也未有利息支出，不涉及企业所得税问题，但是借贷双方若存在关联关系，税务机关有权核定其利息收入并缴纳企业所得税。

案例2

企业集团使用结算中心进行资金管理的模式下，子公司收取“资金池”存款利息是否缴纳营业税

案例资料

在实际工作中我们发现，在企业集团使用结算中心进行资金管理的模式下，子公司收取结算中心资金池账户的存款利息通常都未缴纳营业税。纳税人认为：“资金池”只是企业集团资金管理的一种方式，子公司按集团资金管理办法将自己的资金上存结算中心，是一种归集资金的行为，而不是将资金贷与集团结算中心，况且资金结算中心与银行功能相似，它与一般的公司之间借贷性质上有所不同。“资金池”成员企业在集团公司的监管下可以自由支配各自在资金池内的资金，其资金使用模式更像企业在银行的存款，所以，“资金池”成员企业取得的利息收入实质上与银行存款利息收入并无二致，只要存款利率不超过银行同期存款利率，并不属于国税函发〔1995〕156号文件规定的“金融保险业”，不需要缴纳营业税。

税收政策

《营业税问题解答（之一）的通知》（国税函发〔1995〕156号）第十条规定：贷款属于“金融保险业”税目的征收范围，而贷款是指将资金贷与他人使用的行为。不论金融机构还是其他单位，只要是发生将资金贷与他人使用的行为，均应视为发生贷款行为，按“金融保险业”税目征收营业税。

税务风险

集团公司资金池，是指集团公司将所有下属单位的资金统一汇总在一个资金池内，统一调度集团内部的资金使用，并向上划资金的下属单位支付利息，同时向使用资金的下属单位收取利息的业务行为。资金池的运行模式主要分为两种，一是通过集团内部的结算中心运作，二是通过集团的财务公司运营。

目前，税法对子公司收取结算中心资金池账户的存款利息是否缴纳营业税没有明确规定。大多数税务机关从征税角度出发，认为集团结算中心不是金融机构，集团与各子公司之间又是不同的法律实体，“资金池”导致了不同法人账户间资金的转移，形成了公司之间的借贷，应按国税函发〔1995〕156号文件规定的“金融保险业”税目征收营业税。而企业出于对税法的朴素理解并从自身经济利益考虑，认为不应该缴纳营业税，对这部分利息收入大都未进行营业税的申报和缴纳，进而形成税企争议。

税企争议最终的处理结果往往存在很大的不确定性，本身就是一块很大的税收风险，再加上税企争议的最后自由裁量权在主管税务机关，在企业与税务机关的博弈中，企业往往处于弱势地位，子公司收取结算中心资金池账户的存款利息很可能面临缴纳补税、罚款

和滞纳金的税务风险。

采用结算中心的模式，存在子公司存款利息缴纳营业税的纳税风险，那怎样规避税务风险呢？企业集团的财务部门应就这个问题向主管税务机关提出书面申请，说明结算中心“资金池”运作模式的实质和做出的税务判断，同时提供税收文件的支持，并采取有效的沟通方式，让主管税务机关认可其税务判断。为了减低企业税务风险，最好还要尽可能地拿到税务机关书面同意的证明资料，这种资料包括但不限于书面批复、往来函件、会谈纪要、以及电话记录等。对于会谈纪要，应该注意让参与会谈的所有人员签名，对于电话记录，最好能保留电话录音。

有条件的话，企业集团应尽量采用财务公司的运作模式进行资金池的管理运作，与结算中心管理资金池不同，财务公司作为集团的子公司，具有独立的法人地位，是经中国银监会批准成立的非银行金融机构。“资金池”成员企业从财务公司取得的存款利息，和在银行取得存款利息一样，不需要缴纳营业税。当然，成立审批财务公司要比结算中心门槛高、程序复杂，但从规避金融和税收风险的角度看，还是合适的。

检查切入点

财务费用科目

相关阅读

集团收取“资金池”借款利息是否缴纳营业税？

无论是结算中心模式，还是财务公司模式，只要是成员企业从“资金池”借入资金，都属于企业拆借行为，因此，集团母公司向成员企业收取的“资金池”借（贷）款利息应缴纳营业税。

案例3

不按纳税义务发生时间缴纳营业税的税务风险

案例资料

甲公司在免租期间收取了承租人的定金，计入其他应付款科目，并预收了一部分租金，计入应收账款科目，公司并未对这两笔收款进行营业税纳税申报。

税收政策

1.《中华人民共和国营业税暂行条例》（国务院令第540号）第十二条规定：营业税纳税义务发生时间为纳税人提供应税劳务、转让无形资产或者销售不动产并收讫营业收入款项或者取得索取营业收入款项凭据的当天。国务院财政、税务主管部门另有规定的，从其规定。

2.《中华人民共和国营业税暂行条例实施细则》（财政部、国家税务总局第52号令）第二十四条规定：条例第十二条所称收讫营业收入款项，是指纳税人应税行为发生过程中或者完成后收取的款项。条例第十二条所称取得索取营业收入款项凭据的当天，为书面合同确定的付款日期的当天；未签订书面合同或者书面合同未确定付款日期的，为应税行为完成的当天。

3.《中华人民共和国营业税暂行条例实施细则》第二十五条规定：纳税人转让土地使用权或者销售不动产，采取预收款方式的，其纳税义务发生时间为收到预收款的当天。纳税人提供建筑业或者租赁业劳务，采取预收款方式的，其纳税义务发生时间为收到预收款的当天。纳税人发生本细则第五条所称将不动产或者土地使用权无偿赠送其他单位或者个人的，其纳税义务发生时间为不动产所有权、土地使用权转移的当天。纳税人发生本细则第五条所称自建行为的，其纳税义务发生时间为销售自建建筑物的纳税义务发生时间。

税务风险

根据上述政策规定，企业在免租期间未取得租金收入的，不用缴纳营业税，但在免租期间收取了定金或者是预收了房屋租金的，则于收到定金或预收房屋租金的当天发生营业税纳税义务。另外，在合同约定的付款时间到期后，不论承租方是否支付租金，都应确认营业税纳税义务的发生，应按规定申报缴纳营业税。

自查切入点

预收账款、应收账款、其他应付款等科目

相关阅读

在增值税、消费税和企业所得税中预收款项并不与纳税义务发生时间一致，注意营业税的特殊规定。

纳税人必须关注预收款项需要申报缴纳营业税的几种业务：转让土地使用权、销售不动产、提供建筑业劳务、提供租赁业劳务。

$$\text{本期应税营业额}=\text{截止本期底止已与对方结算确认的收入总额}-\text{截止上纳税期累计已经确认并计纳税款的收入总额}+\text{本期从对方收到的预收款}-\text{已计算缴纳税款但在本期应确认为收入的预收款}$$

案例4

开采矿产资源提供劳务应区分营业税应税劳务和增值税应税劳务

案例资料

开采矿产资源提供的劳务主要有：矿山爆破、穿孔、表面附着物（包括岩层、土层、沙层等）剥离和清理、矿井和巷道构筑、开采、挖掘、切割、破碎、分拣、洗选等，这些劳务有的需要缴纳营业税，有的则需要缴纳增值税，纳税人容易混淆，造成交错税种的税务风险。

税收政策

《国家税务总局关于纳税人为其他单位和个人开采矿产资源提供劳务有关货物和劳务税问题的公告》（国家税务总局公告〔2011〕第56号）规定：

纳税人提供的矿山爆破、穿孔、表面附着物（包括岩层、土层、沙层等）剥离和清理劳务，以及矿井、巷道构筑劳务，属于营业税应税劳务，应当缴纳营业税。

纳税人提供的矿产资源开采、挖掘、切割、破碎、分拣、洗选等劳务，属于增值税应税劳务，应当缴纳增值税。

税务风险

国家税务总局公告〔2011〕第56号文件对开采矿产资源提供劳务的应缴税种进行了明确，企业应当按照该文件要求缴纳营业税或增值税，否则会造成交错税种的税务风险。

自查切入点

主营业务收入、其他业务收入、应交税费科目

案例5

融资性售后回租业务中，承租人出售资产不需要缴纳营业税

案例资料

甲企业以融资为目的将生产车间出售给经批准从事融资租赁业务的乙企业后，又将该车间从乙企业租回，甲企业出售车间时确认了出售收入并缴纳了营业税。

税收政策

《国家税务总局关于融资性售后回租业务中承租方出售资产行为有关税收问题的公告》（国家税务总局公告〔2010〕第13号）规定：

融资性售后回租业务是指承租方以融资为目的将资产出售给经批准从事融资租赁业务的企业后，又将该项资产从该融资租赁企业租回的行为。融资性售后回租业务中承租方出售资产时，资产所有权以及与资产所有权有关的全部报酬和风险并未完全转移。

一、增值税和营业税

根据现行增值税和营业税有关规定，融资性售后回租业务中承租方出售资产的行为，

不属于增值税和营业税征收范围，不征收增值税和营业税。

二、企业所得税

根据现行企业所得税法及有关收入确定规定，融资性售后回租业务中，承租人出售资产的行为，不确认为销售收入，对融资性租赁的资产，仍按承租人出售前原账面价值作为计税基础计提折旧。租赁期间，承租人支付的属于融资利息的部分，作为企业财务费用在税前扣除。

税务风险

根据上述政策规定，甲企业以融资为目的将资产出售给经批准从事融资租赁业务的乙企业后，又将该项资产从乙企业租回的业务，属于融资性售后回租业务，不属于增值税和营业税征收范围，不征收增值税和营业税，而且在企业所得税上甲企业也不用确认销售收入，还可以按承租人出售前原账面价值作为计税基础计提折旧。

根据《企业会计准则第 14 号——收入》规定，构成确认销售商品收入的重要条件是企业已将商品所有权上的主要风险和报酬转移给购货方。显然，融资性售后回租不能拆解为“销售”和“回租”两笔业务，应把“销售”理解为基于双方合同约定回租前提下的行为条件，实质是融资租赁，在会计上也不能作为销售处理。

需要注意：融资性售后回租业务中不征收增值税和营业税的规定只适用于承租人，对于出租人仍须缴纳营业税。

自查切入点

营业外收入、应交税费科目，融资性售后回租合同

案例6

打包转让土地使用权、生产车间、机器设备等合并缴纳营业税的税务风险

案例资料

某企业打包转让土地使用权、生产车间、机器设备等合并缴纳营业税，其依据为：

《国家税务总局关于煤炭企业转让井口征收营业税问题的批复》（国税函〔1997〕556号）和《国家税务总局关于煤矿转让征收营业税问题的批复》（国税函〔2007〕1018号）两个文件的相同规定：对单位和个人在转让煤矿土地使用权和销售不动产的同时一并转让附着于土地或不动产上的机电设备，一并按“销售不动产”征收营业税。

税收政策

《国家税务总局关于纳税人转让土地使用权或者销售不动产同时一并销售附着于土地

或者不动产上的固定资产有关税收问题的公告》（国家税务总局公告 2011 年第 47 号）规定：

纳税人转让土地使用权或者销售不动产的同时一并销售的附着于土地或者不动产上的固定资产中，凡属于增值税应税货物的，应按照《财政部 国家税务总局关于部分货物适用增值税低税率和简易办法征收增值税政策的通知》（财税〔2009〕9 号）第二条有关规定，计算缴纳增值税；凡属于不动产的，应按照《中华人民共和国营业税暂行条例》“销售不动产”税目计算缴纳营业税。

纳税人应分别核算增值税应税货物和不动产的销售额，未分别核算或核算不清的，由主管税务机关核定其增值税应税货物的销售额和不动产的销售额。

本公告自 2011 年 9 月 1 日起施行。《国家税务总局关于煤炭企业转让井口征收营业税问题的批复》（国税函〔1997〕556 号）和《国家税务总局关于煤矿转让征收营业税问题的批复》（国税函〔2007〕1018 号）中“对单位和个人在转让煤矿土地使用权和销售不动产的同时一并转让附着于土地或不动产上的机电设备，一并按‘销售不动产’征收营业税”的规定同时废止。本公告施行前已处理的事项不再作调整，未处理事项依据本公告处理。

税务风险

该企业依据的文件相关规定已经被国家税务总局公告 2011 年第 47 号文件作废，因此该企业应把机器设备的销售收入与转让土地使用权、生产车间销售收入分开核算，分别计算缴纳增值税和营业税。

自查切入点

无形资产、固定资产清理、营业外收入等科目

案例7

采矿权收入不申报缴纳营业税的税务风险

案例资料

2012 年 7 月甲煤矿企业向本市乙企业转让采矿权，取得采矿权收入，没有申报缴纳营业税。该企业的理由有两点：

在《营业税税目注释》（国税发〔1993〕149 号）中，对转让无形资产税目的征收范围设定了六个子税目：转让土地使用权、转让商标权、转让专利权、转让非专利技术、转让著作权、转让商誉。该文件未将“转让自然资源使用权”纳入征税范围。基于此规定，煤矿企业转让采矿权不缴纳营业税。

《关于煤矿转让征收营业税问题的批复》（国税函〔2007〕1018 号）规定：“单位和个

人在转让土地使用权或销售不动产的同时有偿转让采矿权的，对可以明确划分其转让采矿权收入与转让煤矿土地使用权或销售不动产的，对其取得的转让采矿权收入不征收营业税；对无法明确划分采矿权收入与转让煤矿土地使用权或销售不动产收入的，对其取得的转让采矿权收入应与转让煤矿土地使用权或销售不动产的收入一并征收营业税。”该企业可以明确划分转让采矿权收入，因此煤矿企业转让采矿权不缴纳营业税。

税收政策

《财政部、国家税务总局关于转让自然资源使用权营业税政策的通知》（财税〔2012〕6号）规定：

根据经济发展形势，经研究，现将在中华人民共和国境内（以下称境内）转让自然资源使用权有关营业税政策明确如下：

一、在《国家税务总局关于印发〈营业税税目注释〉（试行稿）的通知》（国税发〔1993〕149号）第八条“转让无形资产”税目注释中增加“转让自然资源使用权”子目。

转让自然资源使用权，是指权利人转让勘探、开采、使用自然资源权利的行为。

自然资源使用权，是指海域使用权、探矿权、采矿权、取水权和其他自然资源使用权（不含土地使用权）。

县级以上地方人民政府或自然资源行政主管部门出让、转让或收回自然资源使用权的行为，不征收营业税。

二、在境内转让自然资源使用权，是指所转让的自然资源使用权涉及的自然资源在境内。

本通知自2012年2月1日起执行。

税务风险

企业依据的《关于煤矿转让征收营业税问题的批复》（国税函〔2007〕1018号）对采矿权的规定已经因为新政策的出台而作废。

根据财税〔2012〕6号文件的规定，自2012年2月1日起，煤矿企业把中国境内的煤矿采矿权转让给另一方时必须申报缴纳营业税。只有两种情况采矿权转让不缴纳营业税：

1. 县级以上地方人民政府或自然资源行政主管部门出让、转让或收回煤炭资源探矿权和采矿权的行为，不征收营业税。

2. 煤矿企业转让境外的采矿权不缴纳营业税。例如，中国境内的煤矿企业甲，在苏丹境内取得煤炭采矿权，将其转让给中国境内的乙企业，虽然转让方与接收方均是境内企业，但是由于转让的标的物在国外，因此该项转让不征收营业税。

企业应随时关注新发布的税收政策，特别是要注意税法政策的有效性，这样才能规避税法政策变化带来的税务风险。

自查切入点

无形资产、营业外收入等科目

案例8

建筑工程总分包抵扣营业税的税收风险

案例资料

甲公司将总额500万元的建筑工程分包给乙建筑公司（有资质）100万元、丙建筑公司（无资质）50万元和李某50万元，乙建筑公司又将工程分包给丁建筑公司（有资质）30万元。甲、乙公司营业额计算为：

甲公司营业额＝500－100－50－50＝300(万元)

乙公司营业额＝100－30＝70(万元)

税收政策

1.《中华人民共和国营业税暂行条例》第五条规定：纳税人将建筑工程分包给其他单位的，以其取得的全部价款和价外费用扣除其支付给其他单位的分包款后的余额为营业额。

2.《中华人民共和国营业税暂行条例》第六条规定：纳税人按照本条例第五条规定扣除有关项目，取得的凭证不符合法律、行政法规或者国务院税务主管部门有关规定的，该项目金额不得扣除。

税务风险

除了关注税法规定外，还必须注意其他法律规定。

1. 总承包人把建筑工程分包给个人或没有建筑资质的公司，不可以差额抵扣营业税。

《中华人民共和国建筑法》（中华人民共和国主席令第46号）第二十九条规定："建筑工程总承包单位可以将承包工程中的部分工程发包给具有相应资质条件的分包单位；禁止总承包单位将工程分包给不具备相应资质条件的单位。"

《房屋建筑和市政基础设施工程施工分包管理办法》（中华人民共和国建设部124号令）第八条规定："严禁个人承揽分包工程业务。"第十四条第一项规定："分包工程发包人将专业工程或者劳务作业分包给不具备相应资质条件的分包工程承包人的是违法分包。"

根据以上政策法律规定，如果总承包人将建筑工程分包给个人或没有建筑资质的公司，必须全额缴纳营业税，而不可以差额抵扣营业税。

2. 分包单位将其承包的工程再分包，不可以差额抵扣营业税。

《中华人民共和国建筑法》规定，只有建筑工程总承包人才可以将工程承包给其他具有相应资质条件的分包单位，而不能分包给个人，同时禁止分包单位将其承包的工程再分包。因此，只有总承包人才有可能差额纳税，而分包单位再分包不仅违法，而且要全额纳税。

因此营业额正确计算方法为：

甲公司营业额=500－100=400(万元)

乙公司营业额=100 万元

自查切入点

工程结算、工程施工等科目，建筑工程总分包合同

相关阅读

工程分包抵扣营业税还必须关注下列风险：

1. 注意分包与转包的区别，建筑工程的转包不可以差额抵扣营业税。

《房屋建筑和市政基础设施工程施工分包管理办法》（中华人民共和国建设部 124 号令）第十三条规定："禁止将承包的工程进行转包。不履行合同约定，将其承包的全部工程发包给他人或者将其承包的全部工程肢解后以分包的名义分别发包给他人的，属于转包行为。"《中华人民共和国建筑法》（中华人民共和国主席令第 46 号）第二十八条规定："禁止承包单位将其承包的全部建筑工程转包给他人，禁止承包单位将其承包的全部建筑工程肢解以后以分包的名义分别转包给他人。"

《中华人民共和国建筑法》（中华人民共和国主席令第 46 号）第二十九条第二项规定："施工总承包的，建筑工程主体结构的施工必须由总承包单位自行完成。"基于此规定，一个建筑工程的主体工程在总工程中一定超过 50%，有的地方税务局在审查总分包时，如果总包只做工程的一小部分，则认定为总包发生转包行为，不可以差额抵扣营业税。

基于这些政策法律规定，在建筑工程总分包之间，如果总承包方把工程转包给个人或者建筑企业（无论有无建筑资质），则总承包方必须全额缴纳营业税，而不能差额抵扣营业税。

2. 总包人没有履行抵扣营业税的法定申报程序，不可以差额抵扣营业税。

总承包人必须履行一定的法定申报程序才可以抵扣营业税。主要符合以下申报程序：分包人必须向总包人开具建安发票，而且总承包人必须向建筑劳务所在地地税局提供分包人开具的建筑业发票和税收缴款书复印件。

另外，总承包人必须持总分包合同到工程所在地的地税局进行备案登记，并且必须向工程所在地的地税局进行建筑工程项目登记，申报纳税。

3. 安装工程、装修工程、修缮工程和其他工程的总分包之间不可以差额抵扣营业税。

总分包之间差额抵扣营业税，目前税法规定只限于建筑工程。《国家税务总局关于印发〈营业税税目注释〉（试行稿）的通知》（国税发〔1993〕149 号）第二条规定，所谓建筑工程是指新建、改建、扩建各种建筑物、构筑物的工程作业，包括与建筑物相连的各种设备或支柱、操作平台的安装或装设工程作业，以及各种窑炉和金属结构工程作业在内。因此，安装工程、装修工程、修缮工程和其他工程的总承包方把其中的部分安装工程、装修工程、修缮工程和其他工程分包给其他单位，都不能享受差额抵扣营业税的税收待遇。

案例9

总包向分包收取总包管理费与配合费缴纳营业税的税务风险

案例资料

在实践中，总包向分包方收取一定的管理费与配合费，在总包与分包人结算工程款时进行扣除。对总包向分包收取的管理费与配合费，不同的企业有不同的处理方法，有的企业直接冲减管理费用，不申报缴纳营业税，有的企业计入其他业务收入，作为价外费用按照建筑业3%申报缴纳营业税，有的企业按照服务业5%申报缴纳营业税。那总包管理费与配合费究竟怎样缴纳营业税呢?

税收政策

1.《中华人民共和国营业税暂行条例》第五条规定：纳税人的营业额为纳税人提供应税劳务、转让无形资产或者销售不动产收取的全部价款和价外费用。但是，下列情形除外：

（1）纳税人将承揽的运输业务分给其他单位或者个人的，以其取得的全部价款和价外费用扣除其支付给其他单位或者个人的运输费用后的余额为营业额；

（2）纳税人从事旅游业务的，以其取得的全部价款和价外费用扣除替旅游者支付给其他单位或者个人的住宿费、餐费、交通费、旅游景点门票和支付给其他接团旅游企业的旅游费后的余额为营业额；

（3）纳税人将建筑工程分包给其他单位的，以其取得的全部价款和价外费用扣除其支付给其他单位的分包款后的余额为营业额；

（4）外汇、有价证券、期货等金融商品买卖业务，以卖出价减去买入价后的余额为营业额；

（5）国务院财政、税务主管部门规定的其他情形。

2.《中华人民共和国营业税暂行条例实施细则》第十三条规定：条例第五条所称价外费用，包括收取的手续费、补贴、基金、集资费、返还利润、奖励费、违约金、滞纳金、延期付款利息、赔偿金、代收款项、代垫款项、罚息及其他各种性质的价外收费，但不包括同时符合以下条件代为收取的政府性基金或者行政事业性收费：

（1）由国务院或者财政部批准设立的政府性基金，由国务院或者省级人民政府及其财政、价格主管部门批准设立的行政事业性收费；

（2）收取时开具省级以上财政部门印制的财政票据；

（3）所收款项全额上缴财政。

税务风险

总包是接受分包的建筑劳务，即总包是劳务的接受方，总包向分包收取或在与分包工程结算时扣下的配合费用不是“价外费用”。因此，总包向分包收取的配合费用应该按照服务业税目5%申报缴纳营业税。

自查切入点

管理费用、其他业务收入、应交税费等科目

相关阅读

总包管理费与总包配合费所约定的主体和取费的形式相同并且取费比例相近，因此，在实际工作中，二者往往容易混淆。

所谓总包管理费，《建筑法》第二十九条规定：“建筑工程总承包单位可以将承包工程中的部分工程发包给具有相应资质条件的分包单位；但是，除总承包合同中约定的分包外，必须经建设单位认可。”如果当总承包人要求发包人同意其分包时，发包人往往要求总承包人同意由其直接与分包人结算，并约定以分包工程价款的一定比例向总承包人支付总包管理费。此时总承包单位收取的是名符其实的总包管理费。

所谓总包配合费，根据《合同法》第二百八十三条规定，发包人除具有按时足额支付工程价款的法定义务外，还应承担向承包人提供符合要求的施工条件的义务。因此，当发包人采取总包加平行发包模式时，也就是我们一般所说的由发包人指定直接发包的专业工程项目，其施工条件往往需要总承包人配合才能满足，此时，发包人会与总承包人签订就总包人提供的配合工作（例如脚手架、垂直运输等）而约定双方的权利和义务。总承包人在切实提供了这些配合工作后，向发包人收取的一定费用，有时双方在合同约定中往往也将其称之为总包管理费，但是，其实质收取的是总包配合费。

总承包人收取总包管理费与总包配合费二者的主要区别是：总承包人对该专业工程项目是否有发包权，若有，则对该专业工程项目有管理的义务，则收取的费用无论如何，其性质是总包管理费；若无，则对该专业工程项目无管理的义务，其性质仅是总包配合费。

案例10

总包方向分包方收取的违约金或分包方向总包方收取的违约金是否要缴纳营业税

案例资料

在平时工作中，纳税人对总分包业务中收取的违约金是否缴纳营业税存在不同的认识，往往存在少缴或多缴营业税的情况。

税收政策

《中华人民共和国营业税暂行条例实施细则》第十三条规定，见案例9。

税务风险

违约主要有两种情况，一种为分包方违约，总包方向分包方收取违约金；一种为总包方违约，分包方向总包方收取违约金。

第一种情况，不需缴纳营业税，不需要开具发票。

根据《中华人民共和国营业税暂行条例》和《中华人民共和国营业税暂行条例实施细则》的规定，营业税的纳税义务人是劳务提供方而不是劳务的接受方。在总分合同之间，总包方是建筑劳务的接受方，分包方是建筑劳务的提供方，因此，总包方向分包方收取的违约金，不需要申报缴纳营业税。

另外，由于并不需要缴纳营业税，根据《中华人民共和国发票管理办法》的规定不需要开具发票。分包方只需根据违约金收据和总分包合同中的违约条款就可以在企业所得税前扣除支付给总包方的违约金。

第一种情况，需缴纳营业税，需要开具建筑业发票。

分包方向总包方收取的违约金，符合《中华人民共和国营业税暂行条例实施细则》第十三条规定的价外费用，因此需要申报缴纳营业税，并向总包方开具建筑业发票。

自查切入点

营业外收入、应交税费等科目

案例11

甲供材料的税务风险

案例资料

甲、乙公司签定了一份建筑安装工程合同，金额为100万元，包括主建筑材料50万元和建筑劳务50万元。合同中确定了主要建筑材料的数量、型号和种类，并由发包方甲公司负责采购，发给承包方乙公司使用或乙公司领用用于建筑工程。在甲、乙公司进行工程结算时，甲公司会在工程款中扣下发给乙公司使用或乙公司领用的建筑材料款。乙公司向甲公司开具50万元的建安发票，并按50万元申报缴纳营业税。

税收政策

1.《中华人民共和国营业税暂行条例实施细则》第十六条规定：纳税人提供建筑业劳务（不含装饰劳务）的，其营业额应当包括工程所用原材料、设备及其他物资和动力价款在内，但不包括建设方提供的设备的价款。

2.《浙江省地方税务局关于建筑业应税劳务甲供材料有关税收问题的批复》（浙地税函〔2007〕335号）规定：根据《中华人民共和国发票管理办法实施细则》第三十三条规

定："填开发票的单位和个人必须在发生经营业务确认营业收入时开具发票。未发生经营业务一律不准开具发票。"因此，建筑施工企业在提供建筑业应税劳务后，如发生建设单位提供材料（以下简称"甲供材料"）情形，在开具发票时，"甲供材料"价款不能作为发票开具金额。

3.《南通市地方税务局关于加强"甲供材"建筑项目税收管理的通知》（通地税发〔2008〕154号）规定：对由工程建设方（工程发包方）直接采购的"甲供材"，或者委托工程承接方采购"甲供材"，工程承接方不垫付采购资金、材料发票交由工程建设方（工程发包方）会计处理的，工程承接方出具的建筑业专用发票中大、小写金额栏数据不得包含"甲供材"的金额。

税务风险

建筑业一般采用包工包料的方式经营，但实际工作中也有建筑施工企业采用包工不包料的方式经营，为平衡包工包料与包工不包料之间的税负，也为堵塞税收漏洞，因此，税法规定不管采用何种方式经营，都需要将材料价款并入营业额内。

承包方乙公司只针对建筑劳务部分申报缴纳营业税是不对的。该项建筑业劳务营业税的计税依据应包括甲供材料和建筑劳务，共计100万元，营业税由乙公司缴纳。

虽然营业税计税依据包含甲供材料，但这只是征税的政策规定，不是会计账务处理的规定。对于提供建筑业劳务的承包方乙公司来说，其实际收入中未包括甲供材料金额，因此，会计账务处理时仍按实际收入确认营业收入，同时按实际收入开具发票。

乙公司会计处理时按实际收入确认营业收入为50万元，并按50万元开具建筑业劳务发票给甲方。同时，按100万元计税依据计算缴纳的营业税金及相关税费，税费计入"营业税金及附加"科目。乙公司会计处理不确认甲供材料收入，不存在甲供材料无法取得发票计入成本的问题。

甲公司可以按照实际支出确认成本，并以按规定取得的各种合法票据确认为资产的计税基础。甲公司如属于房地产开发企业建造可供销售的开发产品，可以将自己购买取得的建材发票50万元和乙方提供的建筑业劳务50万元合计100万元，计入开发成本。如甲公司属于其他单位建造固定资产，也可以将50万元支出与50万元的付款合计全部计入"在建工程"，后按规定转入"固定资产"核算。

上述业务处理中，乙公司不需要因为按100万元纳税而开具100万元的建筑业劳务收入发票。甲方会计处理时，也不需要以100万元建筑业发票入账核算。

自查切入点

主营业务收入、应交税费等科目、发票、建筑安装工程合同

相关阅读

1. 关于包工不包料合同的甲供材料，施工企业如何开具发票的问题，国家税务总局并无明确规定，但是根据发票管理办法，参考浙地税函〔2007〕335号、通地税发〔2008〕154号等地方性文件，甲供材不需要开具营业税发票在实践中是完全行得通的，

而且在实务中一般也是这样处理的。相反，施工企业将包工不包料的甲供材纳入自身的营业税发票开具金额之中，反而有虚开发票的嫌疑。

2. 关于计税营业额和发票开具金额不一致的问题，《营业税最新政策解析及案例分析与会计处理》（国家税务总局流转税管理司司长李三江、副司长王继德、龙岳辉等有关权威专家主编）一书就曾经将计税营业额做出归纳，营业税计税营业额的两个基本原则就是按照全额征税和坏账损失不得冲减营业额，但同时又存在四类特殊规定：按照差额征税（比如总分包）、按照溢额征税（甲供材料）和折算、评估。在差额、溢额、折算和评估这几种特殊计税方式下，都存在营业税的营业额（即计税依据）和发票金额不一致的情形，这种情形是正常的，营业额是指税法规定的计税依据，而开票额是指实际交易的金额，两者不能相混淆。

3. 本例中，若建筑材料、建筑构配件和设备等全部由工程承包方乙公司采购，就属于包工包料合同。这种情形的建筑业工程，营业税计税依据与会计收入、税务开票金额三者是一致的，都是100万元。但如果甲公司在工程施工过程中，仍自行提供建筑材料（非代购材料），且将这部分材料价款直接冲抵工程款，则属于视同销售行为，不视为甲供材的包工不包料合同行为。因此，乙公司仍应以100万元作为营业税计税依据，以100万元作为企业营业收入并开具100万元税务发票结算。甲公司必须以100万元发票作为计入开发成本或固定资产的合法有效凭证，其抵偿工程款的货物要按规定缴纳增值税。如果甲公司是为乙公司代购材料，则应将购买货物发票单位写明为乙公司并将发票转交给乙公司，作为乙公司的成本费用合法凭证，不视为甲公司销售材料。

在实践中，甲公司若属于房地产开发企业，由于材料购进未抵扣进项税额，大都不视同销售缴纳增值税，许多地方的税务部门一般也是认可的，但也不排除让其按照小规模纳税人补缴税款的可能（房地产开发企业一般都未取得一般纳税人资格）。甲公司若属于工业企业，不视同销售缴纳增值税，则有被税务机关处以补缴增值税并罚款加收滞纳金的风险。

4. 关于建筑安装工程营业税计税营业额中设备与材料划分问题，国家税务总局并无明确规定，大家可以参考各自省市的地方性文件，没有地方性文件的省市可以参考《中华人民共和国建设工程计价设备材料划分标准》（GB/T50531－2009）。

以《山东省地方税务局关于建筑安装工程营业税计税营业额中设备与材料划分问题的公告》（山东省地方税务局公告2010年第1号）的规定为例：

根据《中华人民共和国营业税暂行条例》及其实施细则的规定，现对建筑安装工程营业税计税营业额中设备与材料的划分问题公告如下：

一、参照《中华人民共和国建设工程计价设备材料划分标准》（GB/T50531－2009），建筑安装工程营业税计税营业额中设备与材料按以下原则进行划分。

（一）设备：是指经过加工制造，由多种部件按各自用途组成独特结构，具有生产加工、动力、传送、储存、运输、科研、容量及能量传递或转换等功能的机器、容器和成套装置等。

设备按生产和生活使用目的分为建筑设备和工艺设备；按是否定型生产分为标准设备和非标准设备。

1. 建筑设备：房屋建筑及其配套的附属工程中电气、采暖、通风空调、给排水、通信及建筑智能等为房屋功能服务的设备。

2. 工艺设备：为工业、交通等生产性建设项目服务的各类固定和移动设备。

3. 标准设备：按国家或行业规定的产品标准进行批量生产并形成系列的设备。

4. 非标准设备：没有国家或行业标准。非批量生产的，一般要进行专门设计、由设备制造厂家或施工企业在工厂或施工现场进行加工制作的特殊设备。

（二）材料：为完成建筑、安装工程所需的，经过工业加工的原料和设备本体以外的零配件、附件、成品、半成品等。

二、纳税人提供建筑业劳务（不含装饰劳务）的，其营业额应当包括工程所用原材料、设备及其他物资和动力价款在内，但不包括建设方提供的设备的价款。纳税人应当按照有关政策规定如实申报缴纳建筑业营业税，主管税务机关对纳税人申报的计税营业额进行审核，对设备和材料按照上述原则进行界定。

三、纳税人应当对设备和材料分建设项目、分别收入进行核算。对未分别核算或不能提供准确核算资料的，全部纳入计税营业额征收营业税。

四、《山东省地方税务局关于建筑安装工程营业税计税营业额问题的通知》（鲁地税函〔2004〕229号）、《山东省地方税务局关于电力工程计税营业额问题的通知》（鲁地税函〔2004〕114号）文件同时废止。

五、本公告自2010年9月1日起施行。

案例12

建筑企业因建筑工程质量问题而发生的赔款不得抵减营业额

案例资料

某建筑企业因建筑工程质量问题而发生赔款支出，企业冲减主营业务收入，在计算营业税时，将该赔款额从当期营业额中扣除。

税收政策

《中华人民共和国营业税暂行条例》第十四条规定：纳税人的营业额计算缴纳营业税后因发生退款减除营业额的，应当退还已缴纳营业税税款或者从纳税人以后的应缴纳营业税税额中减除。

税务风险

该企业误用了上述政策规定，退款不同于赔款，建筑企业因建筑工程质量问题而发生的赔款不适用上述规定，赔款属于企业的营业外支出，只能作为企业的成本费用在计算企业所得税时扣除，而不能作为建筑业营业额的扣除项目。

自查切入点

营业外支出、主营业务收入等科目

案例13

建筑企业所取得的收入并非均按建筑业缴纳营业税

案例资料

许多建筑企业财务人员片面地认为，建筑企业发生的业务取得的收入都是按照建筑业缴纳营业税。

建筑企业对于一些与建筑业有关的设计、制图、测绘、勘探、打包、咨询等收入，应按服务业5%缴纳营业税的也错误地按照建筑业3%缴纳营业税，甚至直接通过营业外收入核算不缴纳营业税。

建筑企业对于工地发生的建筑余料、废品之类销售收入按规定应该缴纳增值税，大多数建筑企业也没有缴纳。

建筑企业附设的车间生产的建筑材料，用于本企业的建筑工程的，在移送使用时直接计入工程施工，未缴纳增值税。

税收政策

1.《营业税税目注释》(国税发〔1993〕149号）第二条规定：

建筑业，是指建筑安装工程作业。

本税目的征收范围包括：建筑、安装、修缮、装饰、其他工程作业。

(1) 建筑，是指新建、改建、扩建各种建筑物、构筑物的工程作业，包括与建筑相连的各种设备或支柱、操作平台的安装或装设工程作业，以及各种窑炉和金属结构工程作业在内。

(2) 安装，是指生产设备、动力设备、起重设备、运输设备、传动设备、医疗实验设备及其他各种设备的安装配、安置工程作业，包括与设备相连的工作台、梯子、栏杆的装设工程作业和被安装设备的绝缘、防腐、保温、油漆等工程作业在内。

(3) 修缮，是指对建筑物、构筑物进行修补、加固、养护、改善，使之恢复原来的使用价值或延长其使用期限的工程作业。

(4) 装饰，是指对建筑、构筑物进行修饰，使之美观或具有特定用途的工程作业。

(5) 其他工程作业，是指上列工程作业以外的各种工程作业，如代办电信工程、水利工程、道路修建、疏浚、钻井（打井)、拆除建筑物或构筑物、平整土地、搭脚手架、爆破等工程作业。

2.《营业税税目注释》(国税发〔1993〕149号)第七条规定:

服务业,指利用设备、工具、场所、信息或技能为社会提供服务的业务。

本税目的征收范围包括:代理业、旅店业、饮食业、旅游业、仓储业、租赁业、广告业、其他服务业。

其他服务业,是指上列业务以外的服务业务,如沐浴、理发、洗染、照相、美术、裱画、誊写、打字、镌刻、计算、测试、试验、化验、录音、录像、复印、晒图、设计、制图、测绘、勘探、打包、咨询等。

3.《中华人民共和国增值税暂行条例》第一条规定:在中华人民共和国境内销售货物或者提供加工、修理修配劳务以及进口货物的单位和个人,为增值税的纳税人,应当依照本条例缴纳增值税。

4.《增值税若干具体问题的规定》(国税发〔1993〕154号)第一条第四项规定:

基本建设单位和从事建筑安装业务的企业附设的工厂、车间生产的水泥预制构件、其他构件或建筑材料,用于本单位或本企业的建筑工程的,应在移送使用时征收增值税。但对其在建筑现场制造的预制构件,凡直接用于本单位或本企业建筑工程的,不征收增值税。

税务风险

建筑业企业并非只有建筑业营业税,也可能涉及服务业、金融保险业、销售不动产、转让无形资产等其他税目的营业税,发生增值税应税项目的,还涉及增值税。

自查切入点

其他业务收入、营业外收入、工程施工等科目

案例14

房地产开发企业营业税视同销售的税务风险

案例资料

某些房地产开发企业将营业用房等完工产品抵付工程承包人工程款,一方面,房地产开发企业未及时确认销售收入,另一方面,建筑施工企业未及时确认营业收入,从而造成双方营业税申报不及时。

税收政策

《国家税务总局关于印发〈房地产开发经营业务企业所得税处理办法〉的通知》(国税发〔2009〕31号)第七条规定:企业将开发产品用于捐赠、赞助、职工福利、奖励、对

外投资、分配给股东或投资人、抵偿债务、换取其他企事业单位和个人的非货币性资产等行为，应视同销售，于开发产品所有权或使用权转移，或于实际取得利益权利时确认收入（或利润）的实现。确认收入（或利润）的方法和顺序为：

（1）按本企业近期或本年度最近月份同类开发产品市场销售价格确定；

（2）由主管税务机关参照当地同类开发产品市场公允价值确定；

（3）按开发产品的成本利润率确定。开发产品的成本利润率不得低于15%，具体比例由主管税务机关确定。

税务风险

企业将开发产品用于捐赠、赞助、职工福利、奖励、对外投资、分配给股东或投资人、抵偿债务、换取其他企事业单位和个人的非货币性资产等行为，应视同销售，及时确认销售缴纳营业税。

自查切入点

开发产品科目及其对应的除主营业务成本以外的借方科目

案例15

自建房屋自用、对外赠送、对外投资的营业税税务风险

案例资料

许多企业对于自建房屋自用、对外赠送、对外投资是否缴纳营业税和怎样缴纳营业税把握不准，易造成多（少）缴税款的税务风险。

税收政策

1.《中华人民共和国营业税暂行条例》第五条规定：纳税人有下列情形之一的，视同发生应税行为：

（1）单位或者个人将不动产或者土地使用权无偿赠送其他单位或者个人；

（2）单位或者个人自己新建（以下简称自建）建筑物后销售，其所发生的自建行为；

（3）财政部、国家税务总局规定的其他情形。

2.《中华人民共和国营业税暂行条例》第二十条规定：纳税人有条例第七条所称价格明显偏低并无正当理由或者本细则第五条所列视同发生应税行为而无营业额的，按下列顺序确定其营业额：

（1）按纳税人最近时期发生同类应税行为的平均价格核定；

（2）按其他纳税人最近时期发生同类应税行为的平均价格核定；

（3）按下列公式核定：

营业额=营业成本或者工程成本×(1+成本利润率)÷(1-营业税税率)

公式中的成本利润率，由省、自治区、直辖市税务局确定。

3.《财政部、国家税务总局关于股权转让有关营业税问题的通知》(财税〔2002〕191号）规定：以无形资产、不动产投资入股，参与接受投资方利润分配，共同承担投资风险的行为，不征收营业税。

4.《国家税务总局关于以不动产或无形资产投资入股收取固定利润征收营业税问题的批复》(国税函〔1997〕490号）规定：以不动产、土地使用权投资入股，收取固定利润的，属于将场地、房屋等转让他人使用的业务，应按“服务业”税目中“租赁业”项目征收营业税。

税务风险

根据上述政策规定，自建房屋自用不缴纳营业税；自建房屋用于对外赠送的，要按建筑业3%和销售不动产5%缴纳两道营业税，营业额按照《中华人民共和国营业税暂行条例》第二十条规定的顺序确定；自建房屋用于对外投资，参与接受投资方利润分配，共同承担投资风险的行为，不征收营业税；自建房屋用于对外投资，收取固定利润的，按“服务业”税目中“租赁业”项目征收营业税。

自查切入点

开发产品、固定资产、营业外支出、长期股权投资、其他业务收入等科目

相关阅读

自建房屋用于对外投资，在企业所得税上视同销售，与营业税规定不同。

《关于企业处置资产所得税处理问题的通知》(国税函〔2008〕828号）规定：企业将资产移送他人的情形，因资产所有权属已发生改变而不属于内部处置资产，应按规定视同销售确定收入。自建房屋用于对外投资，应在投资交易发生时，将其分解为按公允价值销售有关非货币性资产和投资两项经济业务进行所得税处理，按规定计算确认资产转让所得缴纳企业所得税。

CHAPTER

6 第六章 税务风险案例——其他税费

相对于企业所得税、增值税、营业税、消费税等几大税种来说，其他税种习惯上被称作小税种，小税种通常具有税目多、税源散、税额小、易忽视等特点，因此，企业往往忽视小税种的纳税风险控制，小税种成为企业税务管理的薄弱环节。近年来，税务机关在强化所得税、增值税等主体税种征管的同时，也在不断加强小税种的征管工作、全面规范小税种征收管理。因此，企业应当重视小税种的税务风险控制，不能因为小税种带来的税务风险给企业造成不必要的损失。

案例1

预缴、补缴流转税税款，应同时缴纳城建税等附加税费

案例资料

甲公司为辅导期一般纳税人，6月份因增购发票预缴税款10 000元，本期实现增值税款4 000元，抵减预缴税款10 000元后期末多缴税款为6 000元。甲公司城市建设维护税、教育费附加、地方教育费附加税率分别为7%、3%、2%。

甲公司计提本期营业税金及附加：

城市维护建设税=4 000×7%=280(元)

教育费附加=4 000×3%=120(元)

地方教育费附加=4 000×2%=80(元)

税收政策

1.《中华人民共和国城市维护建设税暂行条例》(中华人民共和国国务院令第588号，2011年修改版）第三条规定：城市维护建设税，以纳税人实际缴纳的消费税、增值税、营业税税额为计税依据，分别与消费税、增值税、营业税同时缴纳。

2.《中华人民共和国征收教育费附加的暂行规定》（中华人民共和国国务院令第448号，2005年修改版）第三条规定：教育费附加，以各单位和个人实际缴纳的增值税、营业税、消费税的税额为计征依据，教育费附加率为3%，分别与增值税、营业税、消费税同时缴纳。除国务院另有规定者外，任何地区、部门不得擅自提高或者降低教育费附加率。

3.《关于统一地方教育附加政策有关问题的通知》（财综〔2010〕98号）第二条规定：地方教育附加征收标准统一为单位和个人（包括外商投资企业、外国企业及外籍个人）实际缴纳的增值税、营业税和消费税税额的2%。

税务风险

其实，这并不是纳税人故意想少缴附加税，只是对税法规定研究不细。我们来看城建税的计税依据是怎么规定的：城建税的计税依据是指纳税人实际缴纳的“增值税、消费税、营业税”之和。公式为：应纳税额＝实际缴纳的“增值税、消费税、营业税”税额之和×适用税率。

关键在“实际缴纳”四个字，而不是“应该缴纳”或者“实际实现”四个字，被税务机关补税加罚款加收滞纳金也就不足为怪了。

甲公司计提本期营业税金及附加应该是：

城市建设维护税＝10 000×7%＝700(元)

教育费附加＝10 000×3%＝300(元)

地方教育费附加＝10 000×2%＝200(元)

自查切入点

应交税费科目

相关阅读

预缴增值税、消费税、营业税需要同时缴纳城建税等附加税费，补缴亦然。但是，在实际工作中，不少纳税人在因自查或税务机关检查而补缴增值税、消费税时，往往不同时补缴城建税等附加税费，这是因为增值税、消费税在国税局缴纳，而附加税费则在地税局缴纳，造成一部分纳税人忽视了地方附加税费的缴纳，也有的纳税人是因为存在侥幸心理而故意不缴纳或者拖延缴纳。

案例2

生产企业出口退税也要缴纳城市维护建设税和教育费附加

案例资料

实际工作中，许多出口货物的生产企业由于没有实际缴纳增值税，也未申报缴纳城市维护建设税和教育费附加。

税收政策

《财政部 国家税务总局关于生产企业出口货物实行免抵退税办法后有关城市维护建设税教育费附加政策的通知》(财税〔2005〕25号)规定：自2005年1月1日起，经国家税务局正式审核批准的当期免抵的增值税税额应纳入城市维护建设税和教育费附加的计征范围，分别按规定的税（费）率征收城市维护建设税和教育费附加。

税务风险

尽管某些出口退税的生产企业没有实际缴纳增值税，但根据财税〔2005〕25号文件规定，也需要对其免抵税额缴纳城市维护建设税和教育费附加。这是城市维护建设税和教育费附加的特殊规定。

如果出口企业当期的应纳税额＞0，企业应进行以下会计处理：

借：应交税金——应交增值税（已交税金）

贷：银行存款

出口企业根据税务机关出口退税审核系统的预审反馈情况，计算当期的应退税额和应免抵税额，如果当期的应免抵税额＞0，企业应进行以下会计处理：

借：应交税金——应交增值税（出口抵减内销产品应纳税额）

贷：应交税金——应交增值税（出口退税）

显然，出口企业应该根据“应交税金——应交增值税（已交税金）”和“应交税金——应交增值税（出口抵减内销产品应纳税额）”这两个科目当期的借方发生额作为计税依据，计算当期应纳的城建税和教育费附加。

自查切入点

应交税费科目

相关阅读

1. 根据《国家税务总局关于出口货物退（免）税若干问题的通知》(国税发〔2003〕139号）有关规定，对新发生出口业务的企业，除另有规定者外，自发生首笔出口业务之日起12个月内发生的应退税额，不实行按月退税的办法，而是采取结转下期继续抵顶其内销货物应纳税额，即实行“免、抵”税办法的生产企业也应按规定申报缴纳城建税和教育费附加。

2. 外贸公司是按照进项税额来计算应退税额的，其出口环节增值部分是不计算免、抵税额的，自然不用负担城建税和教育费附加。

案例3

宣传活动赠送礼品需代扣个税

案例资料

某企业搞宣传活动，随机赠送路人礼品 8 000 元，在公司抽奖活动中赠送奖品 10 000 元，赠送礼品和奖品均为企业外购商品。企业未进行代扣代缴个人所得税。

税收政策

《财政部 国家税务总局关于企业促销展业赠送礼品有关个人所得税问题的通知》（财税〔2011〕50 号）规定：

1. 企业在销售商品（产品）和提供服务过程中向个人赠送礼品，属于下列情形之一的，不征收个人所得税：

（1）企业通过价格折扣、折让方式向个人销售商品（产品）和提供服务；

（2）企业在向个人销售商品（产品）和提供服务的同时给予赠品，如通信企业对个人购买手机赠话费、入网费，或者购话费赠手机等；

（3）企业对累积消费达到一定额度的个人按消费积分反馈礼品。

2. 企业向个人赠送礼品，属于下列情形之一的，取得该项所得的个人应依法缴纳个人所得税，税款由赠送礼品的企业代扣代缴：

（1）企业在业务宣传、广告等活动中，随机向本单位以外的个人赠送礼品，对个人取得的礼品所得，按照“其他所得”项目，全额适用 20%的税率缴纳个人所得税。

（2）企业在年会、座谈会、庆典以及其他活动中向本单位以外的个人赠送礼品，对个人取得的礼品所得，按照“其他所得”项目，全额适用 20%的税率缴纳个人所得税。

（3）企业对累积消费达到一定额度的顾客，给予额外抽奖机会，个人的获奖所得，按照“偶然所得”项目，全额适用 20%的税率缴纳个人所得税。

3. 企业赠送的礼品是自产产品（服务）的，按该产品（服务）的市场销售价格确定个人的应税所得；是外购商品（服务）的，按该商品（服务）的实际购置价格确定个人的应税所得。

税务风险

该企业搞宣传活动随机赠送路人礼品和在公司抽奖活动中赠送奖品应代扣代缴个人所得税 18 000×20%＝3 600 元。

自查切入点

营业外支出、管理费用、销售费用等科目

案例4

投资者将企业资金用于消费性支出或财产性支出，应计征个人所得税

案例资料

某公司购买一辆小汽车，共支付28万元，汽车落户于A投资者名下，在固定资产中列支，该企业未代扣代缴个人所得税。

税收政策

1.《财政部、国家税务总局关于企业为个人购买房屋或其他财产征收个人所得税问题的批复》（财税〔2008〕83号）规定：

符合以下情形的房屋或其他财产，不论所有权人是否将财产无偿或有偿交付企业使用，其实质均为企业对个人进行了实物性质的分配，应依法计征个人所得税。

（1）企业出资购买房屋及其他财产，将所有权登记为投资者个人、投资者家庭成员或企业其他人员的；

（2）企业投资者个人、投资者家庭成员或企业其他人员向企业借款用于购买房屋及其他财产，将所有权登记为投资者、投资者家庭成员或企业其他人员，且借款年度终了后未归还借款的。

对除个人独资企业、合伙企业以外其他企业的个人投资者或其家庭成员取得的上述所得，视为企业对个人投资者的红利分配，按照“利息、股息、红利所得”项目计征个人所得税；对企业其他人员取得的上述所得，按照“工资、薪金所得”项目计征个人所得税。

2.《财政部、国家税务总局关于规范个人投资者个人所得税征收管理的通知》（财税〔2003〕158号）第一条规定：除个人独资企业、合伙企业以外的其他企业的个人投资者，以企业资金为本人、家庭成员及其相关人员支付与企业生产经营无关的消费性支出及购买汽车、住房等财产性支出，视为企业对个人投资者的红利分配，依照“利息、股息、红利所得”项目计征个人所得税。企业的上述支出不允许在所得税税前扣除。

税务风险

在企业实际经营过程中，存在大量企业的资产（多见于车辆）计入个人名下的情形，按照税法规定，这些资产即使为企业使用，同样要征收个人所得税。同时，为企业所用的个人名下资产提取的折旧不得在企业所得税税前扣除。该公司为投资者A购买小汽车应视同投资者A取得28万元的股息、红利，应缴纳5.6万元的个人所得税。

自查切入点

固定资产、营业外支出、成本费用类科目，抬头为个人名称的发票

案例5

股东借款年终未还且未用于生产经营，应计征个人所得税

案例资料

某公司在“其他应收款”账户上挂了一笔该公司股东李某向公司的借款。李某于2月20日从公司借款10万元用于住房装修，年底未归还，凭证后附有李某手写的借据。

税收政策

《财政部、国家税务总局关于规范个人投资者个人所得税征收管理的通知》（财税〔2003〕158号）第二条规定，纳税年度内个人投资者从其投资企业（个人独资企业、合伙企业除外）借款，在该纳税年度终了后既不归还，又未用于企业生产经营的，其未归还的借款可视为企业对个人投资者的红利分配，依照“利息、股息、红利所得”项目计征个人所得税。

税务风险

根据税法规定，李某从公司所借的10万元非生产经营用款应按“利息、股息、红利”税目缴纳个人所得税2万元。

自查切入点

其他应收款科目

案例6

盈余公积、未分配利润转增实收资本，对个人取得的红股数额，应代扣代缴个人所得税

案例资料

某有限责任公司由甲、乙、丙三个自然人投资设立，投资比例为5∶3∶2。为了扩大资本总额，决定用企业600 000元的盈余公积金转增资本。

税收政策

1.《国家税务总局关于股份制企业转增股本和派发红股征免个人所得税的通知》（国

税发〔1997〕198 号）规定：股份制企业用盈余公积金派发红股属于股息、红利性质的分配，对个人取得的红股数额，应作为个人所得征税。

2.《关于转增注册资本征收个人所得税问题的批复》（国税函〔1998〕333 号）规定：从税后利润中提取的法定公积金和任意公积金转增注册资本，实际上是该公司将盈余公积金向股东分配了股息、红利，股东再以分得的股息、红利增加注册资本。因此，对属于个人股东分得并再投入公司（转增注册资本）的部分应按照"利息、股息、红利所得"项目征收个人所得税，税款由股份有限公司在有关部门批准增资、公司股东会决议通过后代扣代缴。

税务风险

盈余公积和未分配利润来源于企业在生产经营活动中所实现的净利润，所以盈余公积和未分配利润转增资本实质上是把净利润分配给股东，股东个人应当缴纳个人所得税，税款由公司代扣代缴。

股东甲应纳个人所得税 600 000×50%×20%＝60 000 元，股东乙应纳个人所得税 600 000×30%×20%＝36 000 元，股东丙应纳个人所得税 600 000×20%×20%＝24 000元。

自查切入点

实收资本、盈余公积、未分配利润等科目

案例7

其他资本公积金转增实收资本由个人所得部分，应当依法征收个人所得税

案例资料

现实中，不少企业投资者为了增加企业和股东自己的资本，在实际不增加投资资金的情况下，采取对资产评估增值，来增加企业权益的资本公积金，然后再将增加的资本公积金分配转增投资者个人股本。

某有限责任公司股东全是个人股东，"资本公积——其他资本公积"科目余额 100 万元，为资产评估增值。根据股东会决议，其他资本公积 100 万元全部转增股本，企业账务处理如下：

借：资本公积——其他资本公积　　100 万

　贷：实收资本　　100 万

企业未代扣代缴个人所得税。

税收政策

1.《国家税务总局关于股份制企业转增股本和派发红股征免个人所得税的通知》（国

税发〔1997〕198号）规定：股份制企业用资本公积金转增股本不属于股息、红利性质的分配，对个人取得的转增股本数额，不作为个人所得，不征收个人所得税。

2.《国家税务总局关于原城市信用社在转制为城市合作银行过程中个人股增值所得应纳个人所得税的批复》（国税函〔1998〕289号）规定：《国家税务总局关于股份制企业转增股本和派发红股征免个人所得税的通知》（国税发〔1997〕198号）中所表述的"资本公积金"是指股份制企业股票溢价发行收入所形成的资本公积金。将此转增股本由个人取得的数额，不作为应税所得征收个人所得税。而与此不相符合的其他资本公积金分配个人所得部分，应当依法征收个人所得税。

税务风险

根据上述文件规定，股份制企业股票溢价发行收入形成的资本公积金转增个人股本不作为应税所得，不征收个人所得税，而其他资本公积金转增个人股本，应当依法征收个人所得税，其他资本公积金包括企业接受捐赠、拨款转入、外币资本折算差额、资产评估增值等形成的资本公积金。

该企业个人股东从被投资企业取得的以企业资产评估增值转增个人股本的部分，属于企业对个人股东股息、红利性质的分配，按照"利息、股息、红利所得"项目计征个人所得税。税款由企业在转增个人股本时代扣代缴。因此，企业应代扣代缴个人所得税20万元（100×20%）。

自查切入点

实收资本、资本公积等科目

案例8

已分配挂账但未支付的股利也应代扣代缴个人所得税

案例资料

某企业"应付股利——李某"科目余额10万元，为企业应当分配给投资者李某的股利，但尚未支付，企业未代扣代缴个人所得税。

税收政策

《国家税务总局关于利息、股息、红利所得征税问题的通知》（国税函〔1997〕656号）规定：扣缴义务人将属于纳税义务人应得的利息、股息、红利收入，通过扣缴义务人的往来会计科目分配到个人名下，收入所有人有权随时提取，在这种情况下，扣缴义务人将利息、股息、红利所得分配到个人名下时，即应认为所得的支付，应按税收法规规定及时代扣代缴个人应缴纳的个人所得税。

税务风险

根据上述文件规定，企业将 10 万元的股息、红利所得分配到李某的个人名下时，即应确认为所得的支付，应按 20%税率代扣代缴 2 万元的个人所得税。

另外，还需注意，有的企业将计提未付的股息、红利计入其他应付款科目。

自查切入点

应付股利、其他应付款等科目

案例9

股权平价或低价转让，无正当理由的需要缴纳个人所得税

案例资料

某公司由自然人股东李某、赵某两人分别出资 300 万元和 200 万元于 2009 年 9 月成立。2012 年 9 月 9 日，李某、赵某两人分别与王某自然人签订股权转让协议，采取平价转让，约定李某将 150 万元股权转让给王某，赵某将 200 万元股权全部转让给王某。李某、赵某两人分别与王某均不存在国家规定的亲属关系及赡养、扶养关系。

该公司股权变更前的所有者权益为 650 万元，其中注册资本为 500 万元，未分配利润和盈余公积为 150 万元。

该公司认为平价转让，没有转让所得，无须申报缴纳或扣缴个人所得税。

税收政策

1.《中华人民共和国个人所得税法》第二条第九项规定：财产转让所得应纳个人所得税。

2.《中华人民共和国个人所得税法实施条例》第八条第九项规定：股权转让所得属于财产转让所得项目。

3.《中华人民共和国个人所得税法实施条例》第二十二条规定：财产转让所得按照一次转让财产的收入额减除财产原值和合理费用后的余额，作为应纳税所得额。

4.《国家税务总局关于加强股权转让所得征收个人所得税管理的通知》（国税函〔2009〕285 号）规定：对申报的计税依据明显偏低（如平价和低价转让等）且无正当理由的，主管税务机关可参照每股净资产或个人股东享有的股权比例所对应的净资产份额核定。

5.《国家税务总局关于股权转让所得个人所得税计税依据核定问题的公告》（国家税

务总局公告2010第27号）规定：

一、自然人转让所投资企业股权（份）（以下简称股权转让）取得所得，按照公平交易价格计算并确定计税依据。

计税依据明显偏低且无正当理由的，主管税务机关可采用本公告列举的方法核定。

二、计税依据明显偏低且无正当理由的判定方法

（一）符合下列情形之一且无正当理由的，可视为计税依据明显偏低：

1. 申报的股权转让价格低于初始投资成本或低于取得该股权所支付的价款及相关税费的；

2. 申报的股权转让价格低于对应的净资产份额的；

3. 申报的股权转让价格低于相同或类似条件下同一企业同一股东或其他股东股权转让价格的；

4. 申报的股权转让价格低于相同或类似条件下同类行业的企业股权转让价格的；

5. 经主管税务机关认定的其他情形。

（二）本条第一项所称正当理由，是指以下情形：

1. 所投资企业连续三年以上（含三年）亏损；

2. 因国家政策调整的原因而低价转让股权；

3. 将股权转让给配偶、父母、子女、祖父母、外祖父母、孙子女、外孙子女、兄弟姐妹以及对转让人承担直接抚养或者赡养义务的抚养人或者赡养人；

4. 经主管税务机关认定的其他合理情形。

三、对申报的计税依据明显偏低且无正当理由的，可采取以下核定方法：

（一）参照每股净资产或纳税人享有的股权比例所对应的净资产份额核定股权转让收入。

对知识产权、土地使用权、房屋、探矿权、采矿权、股权等合计占资产总额比例达50%以上的企业，净资产额须经中介机构评估核实。

（二）参照相同或类似条件下同一企业同一股东或其他股东股权转让价格核定股权转让收入。

（三）参照相同或类似条件下同类行业的企业股权转让价格核定股权转让收入。

（四）纳税人对主管税务机关采取的上述核定方法有异议的，应当提供相关证据，主管税务机关认定属实后，可采取其他合理的核定方法。

四、纳税人再次转让所受让的股权的，股权转让的成本为前次转让的交易价格及买方负担的相关税费。

税务风险

该公司此次平价转让行为属于计税依据明显偏低且无正当理由，税务机关可以采取按李某、赵某在该公司享有的净资产份额核定股权转让收入分别为650×300÷(300＋200)×150÷300＝195万元、650×200÷(300＋200)＝260万元。股权计税成本分别为150万元、200万元，可以扣除的税费分别为900元、1 200元。李某、赵某分别应纳个人所得税(1 950 000－1 500 000－900)×20%＝89 820元、(2 600 000－2 000 000－1 200)×20%＝119 760元。

自查切入点

实收资本科目

案例10

应税凭证勿忘申报缴纳印花税

案例资料

某公司“资本公积”科目增加60万元，“短期借款”科目贷方发生额100万元，“管理费用——租赁费”科目发生额10万元，“销售费用——运费”科目发生额30万元，该企业只对购销合同缴纳了印花税。

税收政策

《中华人民共和国印花税暂行条例》(国务院令第11号)第二条规定：

下列凭证为应纳税凭证：1. 购销、加工承揽、建设工程承包、财产租赁、货物运输、仓储保管、借款、财产保险、技术合同或者具有合同性质的凭证；2. 产权转移书据；3. 营业账簿；4. 权利、许可证照；5. 经财政部确定征税的其他凭证。

税务风险

企业一般重视主营业务所涉及的应税凭证申报缴纳印花税，比如商贸企业比较重视购销合同印花税，房地产企业比较重视商品房销售合同印花税，运输企业比较重视运输合同印花税，但是对于其他应税凭证往往不申报缴纳印花税。

该公司就是只申报缴纳了购销合同印花税，而忽视了营业账簿、借款合同、财产租赁合同、货物运输合同等应税凭证的印花税申报缴纳。

自查切入点

实收资本、资本公积、短期借款、长期借款、在建工程、无形资产、管理费用等科目，应税凭证

相关阅读

企业在经济活动中发生的经济凭证种类繁多，我国目前只对《印花税暂行条例》列举的凭证征收印花税。在申报过程中，要注意区分是否有属于征税范围的凭证而没有申报，或不属于征税范围的凭证而误申报的情况。例如，技术咨询合同，是合同当事人就有关项目的分析、论证、评价、预测和调查订立的技术合同，而一般的法律、会计、审计等方面的咨询不属于技术咨询，其所立合同不贴花。

此外，要注意因税收政策变动而导致征免范围的调整。如根据《国家税务总局关于印花税若干具体问题的解释和规定的通知》（国税发〔1991〕155号）规定，土地使用权出让和转让不属于产权转移，不需贴花。2006年11月，《财政部 国家税务总局关于印花税若干政策的通知》（财税〔2006〕162号）规定，为适应经济形势发展变化的需要，对土地使用权出让合同、土地使用权转让合同按产权转移书据征收印花税。

为了纳税人方便掌握印花税申报，对企业常见印花税税率进行了简单的总结，见表6-1。

表6-1 企业常见印花税税率总结

应税凭证类别	税目	税率形式	纳税人
一、合同或具有合同性质的凭证	1. 购销合同	按购销金额0.3‰	订合同人
	2. 加工承揽合同	按加工或承揽收入0.5‰	
	3. 建设工程勘察设计合同	按收取费用0.5‰	
	4. 建筑安装工程承包合同	按承包金额0.3‰	
	5. 财产租赁合同	按租赁金额1‰	
	6. 货物运输合同	按收取的运输费用0.5‰	
	7. 仓储保管合同	按仓储收取的保管费用1‰	
	8. 借款合同（包括融资租赁合同）	按借款金额0.05‰	
	9. 财产保险合同	按收取的保险费收入1‰	
	10. 技术合同	按所载金额0.3‰	
	技术转让合同：包括专利申请权转让和非专利技术转让		
二、书据	11. 产权转移书据 包括：专利权转让、专利实施许可、土地使用权出让合同、土地使用权转让合同、商品房销售合同等	按所载金额0.5‰	立据人
三、账簿	12. 营业账簿	记载资金的账簿，按实收资本和资本公积的合计0.5‰；其他账簿按件贴花5元	立账簿人
四、证照	13. 权利、许可证照 包括：房屋产权证、工商营业执照、商标注册证、专利证、土地使用证等	按件贴花5元	领受人

案例11

房产原值核算有误导致少缴房产税

案例资料

某企业对办公楼的供暖系统进行大修，将原来的铸铁管件全部更换成PVC塑料材质。

原供暖设备的原值是80万元，改建支出117万元，预计尚可使用10年。企业进行了账务处理：

借：长期待摊费用　　100万

　　应交税费——应交增值税（进项税额）　　17万

　贷：银行存款　　117万

同时，按照相关财务制度规定，该企业每年应摊销的长期待摊费用为10万元。账务处理为：

借：管理费用　　10万

　贷：长期待摊费用　　10万

该企业账面房产原值没有改变，仍按办公楼原值进行房产税申报。

税收政策

1.《财政部、国家税务总局关于房产税、城镇土地使用税有关问题的通知》（财税〔2008〕152号）第一条规定：对依照房产原值计税的房产，不论是否记载在会计账簿固定资产科目中，均应按照房屋原价计算缴纳房产税。房屋原价应根据国家有关会计制度规定进行核算。对纳税人未按国家会计制度规定核算并记载的，应按规定予以调整或重新评估。

2.《国家税务总局关于进一步明确房屋附属设备和配套设施计征房产税有关问题的通知》（国税发〔2005〕173号）规定：为了维持和增加房屋的使用功能或使房屋满足设计要求，凡以房屋为载体，不可随意移动的附属设备和配套设施，如给排水、采暖、消防、中央空调、电气及智能化楼宇设备等，无论在会计核算中是否单独记账与核算，都应计入房产原值，计征房产税。对于更换房屋附属设备和配套设施的，在将其价值计入房产原值时，可扣减原来相应设备和设施的价值；对附属设备和配套设施中易损坏、需要经常更换的零配件，更新后不再计入房产原值。

3.《关于固定资产进项税额抵扣问题的通知》（财税〔2009〕113号）规定：以建筑物或者构筑物为载体的附属设备和配套设施，无论在会计处理上是否单独记账与核算，均应作为建筑物或者构筑物的组成部分，其进项税额不得在销项税额中抵扣。附属设备和配套设施是指：给排水、采暖、卫生、通风、照明、通讯、煤气、消防、中央空调、电梯、电气、智能化楼宇设备和配套设施。

税务风险

按照上述规定，对办公楼供暖系统的维修与修缮，属于对不动产的维护，应将使用的材料成本以及进项税额计入办公楼的“在建工程”科目，相应增加原值。该企业正确的账务处理应该为：

借：在建工程　　117万

　贷：银行存款　　117万

工程完工投入使用后，

借：固定资产　　117万

贷：在建工程　117万

企业应当相应增加房屋原值117万元，按照37万元（117－80）进行计算补交房产税。

自查切入点

长期待摊费用、管理费用等科目

案例12

纳税人免收租金期间使用他人房产怎样缴纳房产税

案例资料

A公司将一间办公室（原值30万元）租赁给B公司，签订经营租赁合同，双方约定租赁起止日为2009年1月1日—2014年12月31日，2009—2010两年免除租金，2011年—2014年每年收取租金6万元，分别于年初1月1日预付当年租金。A公司按直线法平均确认租金收入，2009年和2010年均应确认租金收入＝24÷6＝4万元，相应申报缴纳房产税＝4×12%＝0.48万元，做出账务处理：

借：应收账款　40 000

　贷：其他业务收入　40 000

借：管理费用　4 800

　贷：应交税费——应交房产税　4 800

税收政策

1.《中华人民共和国房产税暂行条例》第三条规定：房产税依照房产原值一次减除10%至30%后的余值计算缴纳。具体减除幅度，由省、自治区、直辖市人民政府规定。没有房产原值作为依据的，由房产所在地税务机关参考同类房产核定。房产出租的，以房产租金收入为房产税的计税依据。

2.《中华人民共和国房产税暂行条例》第四条规定：房产税的税率，依照房产余值计算缴纳的，税率为1.2%；依照房产租金收入计算缴纳的，税率为12%。

3.《关于安置残疾人就业单位城镇土地使用税等政策的通知》（财税〔2010〕121号）第二条规定：对出租房产，租赁双方签订的租赁合同约定有免收租金期限的，免收租金期间由产权所有人按照房产原值缴纳房产税。

税务风险

根据上述政策规定，免收租金期间由产权所有人按照房产原值缴纳房产税，而不是依据房产租赁收入计算缴纳。假设减除比例为30%，则房产税应为30×（1－30%）×

1.2%=0.252万元。

自查切入点

其他业务收入等科目，租赁合同

案例13

纳税人无租使用其他单位房产怎样缴纳房产税

案例资料

A公司刚刚开业，规模较小，借用B公司的一套房屋作为经营场所，该套房屋的房产余值为20万元，该企业财务人员认为企业没有房屋，只是借用，不必缴纳房产税。

税收政策

《财政部、国家税务总局关于房产税城镇土地使用税有关问题的通知》（财税〔2009〕128号）第一条规定：无租使用其他单位房产的应税单位和个人，依照房产余值代缴纳房产税。

税务风险

A公司借用B公司的一套房屋，即无租使用其他单位房产，应当按照房产余值缴纳房产税0.24万元。

需要说明的是，按照财税〔2009〕128号文件的规定，A公司并不是房产税的纳税义务人，他只是负有代替B公司缴纳房产税的义务。根据《中华人民共和国房产税暂行条例》第二条规定“房产税由产权所有人缴纳”，B公司才是房产税纳税义务人。

现实中，A公司代替B公司缴纳的房产税，很多时候都是直接计入了管理费用，由于不是属于本公司应负担的税款，因此在计算企业所得税时不得税前扣除。

遇到无租使用其他单位房产的情形，房屋使用方应加强与房屋产权所有方沟通，让房屋产权所有方理解他才是房产税的法定纳税人，先通过其他应收款核算，收到产权所有方税款时，再冲销其他应收款。

倘若B公司认为出借房屋没有收益，也不负担税款，这时A公司就需要自己负担税款，通过管理费用核算，但需要在年终所得税汇算清缴时作调增应纳税所得额处理。

自查切入点

无租使用房屋合同

案例14

不按规定选择或变更计税方法少缴房产税

案例资料

某企业2012年初委托施工企业建造仓库一幢，9月末办理验收手续，仓库入账原值400万元：9月30日将原值300万元的旧车间对外投资联营，当年收取固定利润10万元。当地政府规定房产计税余值扣除比例为30%。2012年度该企业计算应缴纳房产税为400×(1－30%)×1.2%÷12×3＋300×(1－30%)×1.2%＝3.36万元。

税收政策

《国家税务总局关于安徽省若干房产税业务问题的批复》（国税函发〔1993〕368号）第一条规定：对于投资联营的房产，应根据投资联营的具体情况，在计征房产税时予以区别对待。对于以房产投资联营，投资者参与投资利润分红，共担风险的情况，按房产原值作为计税依据计征房产税；对于以房产投资，收取固定收入，不承担联营风险的情况，实际上是以联营名义取得房产的租金，应根据《中华人民共和国房产税暂行条例》的有关规定由出租方按租金收入计缴房产税。

税务风险

纳税人应当按其实际情况选择正确的计征方法，而有的企业存在不按规定选择或变更计税方法的情况，如将应从价计征的应税房产改为从租计征，或者将应从租计征的应税房产改为从价计征。

该企业以房产进行投资，收取固定收入，不承担投资风险，应按租金收入计算缴纳房产税。

$$
\begin{aligned}
\text{应缴纳房产税} &= 400\times(1-30\%)\times1.2\%\div12\times3+300\times(1-30\%)\\
&\quad\times1.2\%\div12\times9+10\times12\%\\
&= 3.93(\text{万元})
\end{aligned}
$$

企业不按规定选择计税方法少缴房产税0.57万元。

自查切入点

固定资产、其他业务收入、投资收益、应交税费等科目，投资联营合同

相关阅读

容易混淆计税方法的情况还有融资租赁房屋，计征房产税时应以房产余值计算征收。

《财政部、国家税务总局关于房产税、城镇土地使用税有关问题的通知》（财税〔2009〕128号）第三条规定：融资租赁的房产，由承租人自融资租赁合同约定开始日的

次月起依照房产余值缴纳房产税。合同未约定开始日的，由承租人自合同签订的次月起依照房产余值缴纳房产税。

案例15

房产原值未包含地价或地价计算不准少缴或多缴房产税

案例资料

甲公司2011年受让国有土地面积1 000平方米，合同约定受让金额为260 000元（实际支付260 000元后，当地政府返还60 000元，但未具体规定资金的专项用途），缴纳耕地占用税30 000元、契税5 200元，另支付原住户树木迁移费900元，2011年外包其他单位承建平房350 000元（年底已完工，建筑面积510平方米）。2012年该公司申报缴纳房产税为350 000×(1－30%)×1.2%＝2 940元。

乙公司有一宗土地，占地20 000平方米，每平方米平均地价1万元，该宗土地上房屋建筑面积8 000平方米，通过计算可知该宗地容积率为0.4，该公司2012年1月对该土地进行评估，评估增值后的每平方米平均地价1.5万元，2012年公司计入房产原值的地价＝应税房产建筑面积×2×土地单价＝8 000平方米×2×1万元/平方米＝16 000万元。某税务人员让其按照评估后的每平方米平均地价1.5万元计算，该企业便按照税务人员要求补缴了税款。

税收政策

《财政部、国家税务总局关于安置残疾人就业单位城镇土地使用税等政策的通知》（财税〔2010〕121号）规定：对按照房产原值计税的房产，无论会计上如何核算，房产原值均应包含地价，包括为取得土地使用权支付的价款、开发土地发生的成本费用等。宗地容积率低于0.5的，按房产建筑面积的2倍计算土地面积并据此确定计入房产原值的地价。

税务风险

甲公司未将地价并入原值计算缴纳房产税，造成漏交房产税。企业正确的计算方法应当为：

1. 容积率＝510÷1 000＝0.51
2. 应并入的土地价值＝260 000＋30 000＋5 200＋900＝296 100(元)
3. 房产税＝(350 000＋296 100)×(1－30%)×1.2%＝5 427.24(元)

乙公司按照每平方米平均地价1万元计算是正确的，税务人员的要求不合法，因为，评估价值不属于取得土地使用权支付的价款，不需要计入房产原值。企业财务人员应当认真研读税法，向专业人士咨询，保护自身的合法权益，不要因为个别税务人员对税法的误读而多缴了税。

自查切入点

固定资产、无形资产、应交税费等科目

相关阅读

1. 用于计算房产税的房产原值不完全等同于房产会计账面价值。

2. 购买的商品房，购买时的房屋价款已含土地价值，按照购买时的房屋价款计算房产税即可，不要重复计算地价。

3. 宗地和容积率。宗地是土地权属界址线围成的地块，是土地登记和地籍调查的基本单位，一般情况下，一宗土地为一个权属单位。容积率是指一宗土地上建筑物（不含地下建筑物）总建筑面积与该宗土地面积之比，是反映土地使用强度的指标。除宗地容积率低于0.5的，按房产建筑面积的2倍计算土地面积并据此确定计入房产原值的地价这种情况外，宗地容积率等于或高于0.5的，一律按照地价全额计入房产原值计征房产税，包括为取得土地使用权支付的价款、开发土地发生的成本费用等。

4. 当前有部分企业（主要是老的国有企业）的土地仍是国家划拨的，取得土地时没有支付成本。近年来随着国有企业改制，部分划拨土地虽以国家授权经营、作价入股等方式进行了价值评估，但这种评估价值不属于取得土地使用权支付的价款，不需要计入房产原值。

5. 土地价值应在不同房产中进行分摊。

如果一宗土地上既有已经建成投入使用的房产，又有在建或规划建设的房产，在将土地价值计入房产原值征收房产税时，是否可以将该宗土地的价值在不同房产中进行分摊?

在建房产和待建房产尚未建成使用，按照现行房产税有关规定不属于应税房产，不应当缴纳房产税，其占用土地的价值也不应该作为房产税的计税依据缴税。据此，该宗土地的地价，应按照建成和在建（包括待建）房产的建筑面积比例进行分摊。其中：建成房产所分摊的土地价值应计入房产原值征收房产税；在建和待建房产分摊的土地价值，待房产建成后再计入房产原值征收房产税。

6. 非应税建筑物所占土地的价值可扣除。

应税房产配建了一些非应税建筑物，如游泳池、烟囱、水塔等，在计算计入房产原值的土地价值时，是否应将这些建筑物所占土地的价值扣除?

按照现行房产税有关政策，独立于房屋之外的建筑物，如游泳池、烟囱、水塔等，不属于房产，不是房产税的征税对象，其所占用土地的价值也不应该计入应税房产的原值征收房产税。因此，在计算应计入房产原值的地价时，可将非房产税征税对象的建筑物所占的土地价值进行扣除。

7. 土地价值并入房产原值缴纳房产税后，城镇土地使用税仍应当按照实际占用土地面积乘以适用税额计算缴纳。

8. 本案例中当地政府返还60 000元，不能冲减土地使用权的账面价值。《关于财政性资金、行政事业性收费、政府性基金有关企业所得税政策问题的通知》（财税〔2008〕151号）规定，企业取得的各类财政性资金，除属于国家投资和资金使用后要求归还本金外，均应计入企业当年收入总额。所以，企业从政府取得的财政性资金60 000元，应计入“营业外收入”科目，不应理解成土地使用费的返还。理解成“返还”冲减土地使用权价值只会给企业带来不必要的税收风险：少计收入少缴企业所得税和少计房产原值少缴房产税。

9. 企业取得土地时跟地方政府约定，分期投资，土地也分为几期使用，这时计算房产税时需根据全部土地价值还是根据已开发的面积分开核算？另外，企业有部分厂房出租给别的公司使用，根据规定应从租计交房产税，那相应的土地价值如何分割分配到自用房产和出租房产，出租房产的房产税计税基础要不要增加土地价值？

对于土地分期投资的情形，计入房产原值的土地价值应当是根据项目预算总建筑面积分配确认，对于出租房产，从租计征房产税，计税依据不包括土地价值。

案例16

减少计税依据少缴房产税

案例资料

甲公司于1月份将2 000平方米的厂房出租给乙公司，租赁合同约定年租金为5元/平方米，计10 000元/年。该地区同类厂房出租价格约20元/平方米。另外，账面显示乙公司每年向甲公司提供3万元商品作为职工福利，该企业申报房产税为：10 000×12%＝1 200元。

税收政策

1.《中华人民共和国税收征收管理法》第三十五条规定：纳税人申报的计税依据明显偏低，又无正当理由的，税务机关有权核定其应纳税额。

2.《中华人民共和国税收征收管理法》第三十六条规定：企业或者外国企业在中国境内设立的从事生产、经营的机构、场所与其关联企业之间的业务往来，应当按照独立企业之间的业务往来收取或者支付价款、费用；不按照独立企业之间的业务往来收取或者支付价款、费用，而减少其应纳税的收入或者所得额的，税务机关有权进行合理调整。

税务风险

甲公司出租价格明显偏低。甲公司将一部分租金通过其他名义收取，使房产税的计税依据减少，少缴房产税。同时，企业也少缴营业税。

该企业应将以职工福利商品收取的3万元并入租金收入中缴纳房产税：40 000×12%＝4 800元。

自查切入点

其他业务收入、营业外收入、应交税费等科目，租赁合同

相关阅读

税务机关对出租房产的企业，应特别关注出租方与承租方企业之间的关系，若彼此间存在业务联系，应审查企业间出租房产的租金价格与市场价格是否相符，防止企业利用关联关系进行避税：不以实际应取得的租金收入计税，而是以租金收入扣除各种费用后的差额计税，甚至将租金收入化整为零，以其他的名义收取，从而减少计税依据，少缴房产税。

案例17

转租是否缴纳房产税

案例资料

乙公司以10万元的价格租用甲公司的房产后，又以30万元的价格租给丙公司，乙公司是否缴纳房产税？如何缴纳？

税收政策

1.《中华人民共和国房产税暂行条例》（国发〔1986〕90号）第二条规定：房产税由产权所有人缴纳。

2.《湖北省地方税务局关于转租房产租金收入停止征收房产税的通知》（鄂地税发〔2008〕97号）规定：房产税属于财产类税，不同于流转税，根据规定应由房产的产权所有人或代管人为纳税义务人。对出租房产已由产权所有人或代管人按租金收入缴纳房产税，是否要再对承租人将租入房产进行转租按收取租金高于原支付租金的差额征收房产税的问题，经请示国家税务总局，现明确如下：从发文之日（2008年5月6日）起对转租行为不再征收房产税。

税务风险

转租是指承租人在租赁期内将租入资产出租给第三方的行为。

对于转租行为是否征收房产税，国家税务总局对此未下文明确，由于房产税暂行条例仅规定产权所有人才是房产税的纳税义务人，而转租行为人不是产权所有人，因此，仅从房产税暂行条例来看，转租行为人不需要就其取得的转租收入缴纳房产税。

虽然国家税务总局对此未下文明确，但是就鄂地税发〔2008〕97号文件“经请示国家税务总局”这句话，可见国家税务总局是支持转租行为不征收房产税的。

目前，大多数省市都认可转租行为不需要缴纳房产税，但是出租人就有可能利用这一点进行避税，因此，也不排除有个别省市为了堵塞这一“漏洞”，要求转租人按差额缴纳房产税。为了减少转租行为缴纳房产税的税务风险，纳税人还需要了解当地的政策。

自查切入点

其他业务收入、应交税费等科目，租赁合同

相关阅读

转租业务需要缴纳营业税，《国家税务总局关于营业税若干问题的通知》（国税发〔1995〕76号）第五条规定：单位和个人将承租的场地、物品、设备等再转租给他人的行为也属于租赁行为，应按“服务业”税目中“租赁业”项目征收营业税。

案例18

自建房产无证也应缴纳房产税

案例资料

甲公司是一家工业企业，主要厂房为租赁使用，其“固定资产”明细账上反映该户有少量房产，价值150万元，但未申报缴纳房产税。原来是该公司租赁厂房不够用，自建了一部分配套和附属厂房，但没有办理房产证。企业财务人员认为主要厂房是租赁，自建房产没有办理房产证，故无产权，不需要缴纳房产税。

税收政策

《中华人民共和国房产税暂行条例》第二条规定：房产税由产权所有人缴纳。产权属于全民所有的，由经营管理的单位缴纳。产权出典的，由承典人缴纳。产权所有人、承典人不在房产所在地的，或者产权未确定及租典纠纷未解决的，由房产代管人或者使用人缴纳。

税务风险

根据上述规定，房产税由产权所有人缴纳。产权未确定的，由房产代管人或者使用人缴纳。甲公司自盖的附属厂房虽未办理房产证，没有取得房屋产权，但甲公司是房产的实际使用人，应当照章缴纳房产税。

自查切入点

固定资产、在建工程、应交税费等科目

案例19

闲置土地也应缴纳土地使用税

案例资料

某市税务人员在对某工业企业进行土地使用税缴纳情况检查时发现，企业的财务人员只对已使用的土地申报缴纳土地使用税，而对那些未开发使用的闲置土地没有申报缴纳土地使用税。

税收政策

1.《中华人民共和国城镇土地使用税暂行条例》第九条规定：新征用的土地，依照下列规定缴纳土地使用税：征用的耕地，自批准征用之日起满 1 年时开始缴纳土地使用税；征用的非耕地，自批准征用次月起缴纳土地使用税。

2.《财政部、国家税务总局关于房产税、城镇土地使用税有关政策的通知》（财税〔2006〕186 号）规定：以出让或转让方式有偿取得土地使用权的，应由受让方从合同约定交付土地时间的次月起缴纳城镇土地使用税；合同未约定交付土地时间的，由受让方从合同签订的次月起缴纳城镇土地使用税。

税务风险

根据上述规定，土地使用税的缴纳并不以土地是否使用为依据，因此，企业所购土地不管使用与否，都应依法申报缴纳土地使用税。

根据国家税务总局《关于城镇土地使用税部分行政审批项目取消后加强后续管理工作的通知》（国税函〔2004〕939 号）规定，对企业范围内的荒山等尚未利用的土地，凡企业申报暂免征收城镇土地使用税的，应事先向土地所在地的主管税务机关报送有关部门的批准文件或认定书等相关证明材料，以备税务机关查验。

对企业尚未利用的闲置土地，应出具有关部门的批准文件或认定书，经企业自行申报可免征城镇土地使用税，否则都应缴纳土地使用税。

自查切入点

无形资产、应交税费等科目，土地使用证

案例20

土地使用权未确定也应缴纳土地使用税

案例资料

甲企业有 A、B、C 三块生产经营用地，A 土地使用权属于甲企业，面积 10 000 平方米，其中幼儿园占地1 000平方米，厂区内绿化占地2 000平方米；B土地使用权属甲企业与乙企业共同拥有，面积5 000平方米，实际使用面积各半；C面积3 000平方米，甲企业一直使用但土地使用权未确定。假设A、B、C的城镇土地使用税的单位税额为8元/平方米，甲企业全年应纳城镇土地使用税计算为（10 000－1 000＋5 000÷2）×8＝92 000元。

税收政策

《关于土地使用税若干具体问题的解释和暂行规定》（国税地字〔1988〕15号）第四条规定：土地使用税由拥有土地使用权的单位或个人缴纳。拥有土地使用权的纳税人不在土地所在地的，由代管人或实际使用人纳税；土地使用权未确定或权属纠纷未解决的，由实际使用人纳税；土地使用权共有的，由共有各方分别纳税。

税务风险

根据上述规定，土地使用权未确定的，由实际使用人纳税，该企业面积3 000平方米的产权不确定的土地也应缴纳土地使用税。企业应补缴城镇土地使用税3 000×8＝24 000元。

自查切入点

无形资产、应交税费等科目，土地使用证

案例21

单独建造的地下建筑用地也需申报缴纳土地使用税

案例资料

甲公司有A、B两处单独地下建筑设施（两地段年税额8元/平方米）。其中，A设施现为地下商场，有地下土地使用证，登记面积为5 000平方米；B设施现用于储藏物品，地下土地使用证上未标明土地面积，但经有关部门测量该地下建筑垂直投影面积为2 000平方米。甲公司对A、B两处单独地下建筑设施未申报缴纳土地使用税。

税收政策

《财政部、国家税务总局关于房产税城镇土地使用税有关问题的通知》（财税〔2009〕128号）第四条规定，对在城镇土地使用税征税范围内单独建造的地下建筑用地，按规定征收城镇土地使用税。其中，已取得地下土地使用权证的，按土地使用权证确认的土地面积计算应征税款；未取得地下土地使用权证或地下土地使用权证上未标明土地面积的，按地下建筑垂直投影面积计算应征税款。对上述地下建筑用地暂按应征税款的50%征收城镇土地使用税。

税务风险

根据上述政策规定，对于这两个地下设施，甲公司每年应该缴纳土地使用税＝(5 000＋2 000)×8×50％＝28 000 元。

自查切入点

无形资产、应交税费等科目，土地使用证

相关阅读

随着经济的发展，城镇中的地下建筑也越来越多，有的是用于生产经营，有的是用于生活居住。那么这些地下建筑需要缴纳城镇土地使用税吗？如何缴纳呢？

在城镇土地使用税征税范围内单独建造的地下建筑用地，暂按应征税款的 50％征收城镇土地使用税。附属于建筑物的非单独建造的地下建筑，由于已经按规定计征了城镇土地使用税，则不用重复缴纳城镇土地使用税。个人所有的地下建筑用于居住的，根据国税地字〔1988〕15 号文件第十八条规定，个人所有的居住房屋及院落用地，由各省、自治区、直辖市税务局确定征免税。

案例 22

纳税人实际占用土地面积与土地使用证面积不一致，按实际占用面积计税

案例资料

甲公司土地使用证登记面积为 37 000 平方米（该地段年税额 8 元/平方米），但经有关部门清查后发现该纳税人实际占用土地面积为 40 000 平方米，甲公司仍然按照土地使用证登记面积 37 000 平方米缴纳土地使用税。然而，当地地税部门却要求按照实际占用面积缴纳土地使用税，地税部门的要求合理吗？

税收政策

《国家税务总局、财政部、国土资源部关于进一步加强土地税收管理工作的通知》（国税发〔2008〕14 号）第一条明确规定，各级国土资源部门要积极配合财税部门做好土地清查的技术、数据、资料等支持工作。各地要因地制宜选择清查方法，组织有资质的单位开展土地清查和地籍调查工作，并根据本地条件充分利用各种有效的科技手段。清查结果验收合格后，要及时应用到土地登记和城镇土地使用税的征管工作中。对清查中发现的纳税人实际占用土地面积与土地使用证登记面积或批准面积不一致的，财税部门按照实际占用面积征收城镇土地使用税和耕地占用税。

税务风险

地税部门的要求合理。在实际工作中，如果纳税人实际占用土地面积与土地使用证登记面积或批准面积不一致的，应按照实际占用土地面积缴纳土地使用税，该公司每年应该缴纳土地使用税 40 000×8＝320 000 元。

自查切入点

清查结果、土地使用证